**COORDENAÇÃO EDITORIAL**
Christiane Pelajo • Dea Mendonça • Flávia Lippi
Luciana Herrmann Pierri • Natasha de Caiado Castro

# UMA SOBE E PUXA A OUTRA

#riseandraiseothe

*Literare Books*
INTERNATIONAL
BRASIL · EUROPA · USA · JAPÃO

© LITERARE BOOKS INTERNATIONAL LTDA, 2023.
Todos os direitos desta edição são reservados à Literare Books International Ltda.

**PRESIDENTE**
Mauricio Sita

**VICE-PRESIDENTE**
Alessandra Ksenhuck

**DIRETORA EXECUTIVA**
Julyana Rosa

**DIRETORA COMERCIAL**
Claudia Pires

**DIRETORA DE PROJETOS**
Gleide Santos

**EDITOR**
Enrico Giglio de Oliveira

**EDITOR JÚNIOR**
Luis Gustavo da Silva Barboza

**REVISORES**
Ivani Rezende

**CAPA E DESIGN EDITORIAL**
Lucas Yamauchi

**IMPRESSÃO**
Gráfica Paym

---

Dados Internacionais de Catalogação na Publicação (CIP)
(eDOC BRASIL, Belo Horizonte/MG)

S677  Uma sobe e puxa a outra: histórias reais para impulsionar mulheres / Coordenadoras Christiane Pelajo... [et al.]. – São Paulo, SP: Literare Books International, 2023.
368 p. : il. ; 16 x 23 cm

Inclui bibliografia
ISBN 978-65-5922-542-2

1. Desenvolvimento pessoal. 2. Empreendedorismo. 3. Mulheres de negócios. I. Pelajo, Christiane. II. Mendonça, Dea. III. Lippi, Flávia. IV. Pierri, Luciana Herrmann. V. Castro, Natasha de Caiado.
CDD 650.1082

Elaborado por Maurício Amormino Júnior – CRB6/2422

---

**LITERARE BOOKS INTERNATIONAL LTDA.**
Rua Alameda dos Guatás, 102
Vila da Saúde — São Paulo, SP. CEP 04053-040
+55 11 2659-0968 | www.literarebooks.com.br
contato@literarebooks.com.br

MISTO
Papel produzido a partir de fontes responsáveis
FSC® C133282

# SUMÁRIO

7     PREFÁCIO
       **Manzar Feres**

11    APRESENTAÇÃO
       **Natasha de Caiado Castro**

19    A LUTA PELA INCLUSÃO DO MEU FILHO
       **Carolina Videira**

27    ENTRE MUNDOS
       **Ana Cortat**

35    POTÊNCIA É PALAVRA FEMININA
       **Andréa Freire Hoppe Martins**

43    TUDO É POSSÍVEL PARA QUEM ACREDITA
       **Andressa Martins**

51    A MINHA TRAJETÓRIA BASEADA NO *TECH FOR GOOD* (TECNOLOGIA PARA O BEM)
       **Carmela Borst**

59    EU SOBREVIVI A UM CÂNCER
       **Christiane Pelajo**

69    DO *GUINNESS BOOK* AO *BURNOUT*
       **Cláudia Campos**

77    CRIS E TINA, UMA DUPLA QUE SE COMPLETA
       **Cris Gouveia e Tina Ponte**

85    ESG, DIVERSIDADE E MULHERES: VAMOS JUNTAS?
       **Cristine Naum**

93    EMPREENDER ESTÁ NA NOSSA NATUREZA
       **Dea Mendonça**

103   A VIDA TRAZ AS EXPERIÊNCIAS NECESSÁRIAS PARA SEMEAR AS PRÁTICAS PARA UM FUTURO SUSTENTÁVEL
       **Dilma Campos**

| | | |
|---|---|---|
| 111 | A FORÇA DA SUA MARCA PESSOAL<br>**Eliana Cassandre** | |
| 119 | PARA MIM, NÃO FOI UMA GRIPEZINHA<br>**Fabi Raulino** | |
| 127 | PUXE-SE!<br>**Fernanda Mosaner** | |
| 137 | APRENDA A VIVER 99,9% EM TEMPO REAL<br>**Flávia Lippi** | |
| 147 | RAÍZES PARA CRESCER, ASAS PARA VOAR<br>**Gisele Perasolo Alves** | |
| 155 | A CORAGEM DE ME REINVENTAR É MEU LEGADO PARA MINHAS FILHAS<br>**Giuliana Tranquilini** | |
| 163 | DO SONHO À REALIDADE: UMA JORNADA DE DETERMINAÇÃO<br>**Heloísa Carvalho Godoy** | |
| 171 | A TODAS AS MULHERES, UM SALVE!<br>**Heloísa Santana** | |
| 179 | HIPERATIVOS SÃO INQUIETOS, ACELERADOS E MAL COMPREENDIDOS, MAS NOSSO PIOR DEFEITO PODE SER NOSSO SUPERPODER!<br>**Ingrid Barth** | |
| 187 | A *FLÂNEUR* E A FÊNIX<br>**Jane de Freitas Mündel** | |
| 195 | MULHER-MARAVILHA, EU?!<br>**Jucila Misseno** | |
| 203 | POTENCIAL HUMANO, TECNOLOGIA E INOVAÇÃO<br>**Juliana Fiuza** | |
| 211 | TEMPO, TEMPO, TEMPO<br>**Kiki Moretti** | |
| 219 | CONSTRUINDO A DONA LAURINHA: UM CAMINHO DE CORAGEM, APRENDIZADO E MULHERES FORTES<br>**Laura Chiavone** | |
| 227 | EMPURRA & SOBE & CAI & LEVANTA & PUXA & VOAMOS!<br>**Letícia Baddauy** | |
| 235 | QUANDO EMPATIA É REFLEXO<br>**Lo Braz** | |

241    É PRECISO ENTENDER AS ORIGENS E O PASSADO PARA SE AUTOCOMPREENDER E VISLUMBRAR O FUTURO
**Loredana Sarcinella**

253    QUEM DISSE QUE SERIA FÁCIL? PORÉM, NÃO É IMPOSSÍVEL!
**Luciana Herrmann Pierri**

261    O BRILHO NOS OLHOS É O MAIS IMPORTANTE
**Maria Cecília Andrade**

269    SOU MARIA, SOU PRETA, NORDESTINA E MULHER
**Maria Gal**

277    VULNERÁVEL E FORTE: UMA JORNADA PESSOAL E PROFISSIONAL PARA EQUILIBRAR O FEMININO
**Paola Campanari**

285    ENGOLE O CHORO COISA NENHUMA!
**Patrícia Marins**

293    MUDANÇAS, CONEXÕES E EXPERIÊNCIAS QUE FORTALECEM
**Patricia Rego**

301    OS CAMINHOS DO ACASO: OS SONHOS E AS DESCOBERTAS
**Regina Pekelmann Markus**

309    PIVOTANDO A CARREIRA PARA RESSIGNIFICAR A VIDA
**Renata Paes Mendonça**

319    TRILHAS E DESCOBERTAS: MULHERES COMO BASE PARA A CONSTRUÇÃO DE UM MUNDO MELHOR
**Roberta Lippi**

327    QUANDO O PLANO B SE TORNA A MELHOR HISTÓRIA DA SUA VIDA
**Roberta Machado**

335    ABRA-SE PARA A VIDA: EXEMPLOS INSPIRADORES DE COMO NOVAS EXPERIÊNCIAS E CONEXÕES PODEM TRANSFORMAR SUA JORNADA
**Roberta Suplicy**

343    NINGUÉM TIRA A NOSSA FORÇA
**Tatiana Foresta**

351    ABRINDO ESPAÇOS PARA REIMAGINAÇÃO RADICAL
**Vanessa Mathias**

359    TENHA UM PLANO E FAÇA ACONTECER
**Vivi Duarte**

# PREFÁCIO

Este livro conta histórias de mulheres. De forma geral, histórias bem diferentes, mas, em todas, vocês vão perceber algo em comum: essas mulheres não fogem à luta.

As autoras fazem parte de um grupo chamado *Uma sobe e puxa a outra*. Foi fundado em 2022 e, desde então, vem reunindo mulheres que têm o propósito de formar uma grande rede de apoio e inspiração para que outras não desistam dos seus sonhos. Parece simples, na sua visão? Então, essa leitura é para você.

Todo dia é dia de luta para garantir que todas as mulheres e meninas tenham espaços abertos e seguros na sociedade e nas empresas. Mas gosto do Dia Internacional da Mulher e do seu significado. É mobilizador. Um dia em que o mundo todo fala do assunto, então, para nós, melhor. Viva o dia das mulheres!

Sou uma mulher branca, cis e tive uma vida com certos privilégios. Podia estudar o que quisesse, em qualquer instituição que escolhesse. Idiomas, música clássica e balé fizeram parte de minha infância e adolescência. Comecei a trabalhar cedo nos negócios da família, importação/exportação de gêneros alimentícios. Para quem não me conhece, tenho esse nome incomum porque era o da minha avó paterna, nascida no Líbano, assim como meu avô, libanês também. Estudei Engenharia Elétrica e segui para uma especialização em Sistemas e Computação. Apaixonada por tecnologia desde muito pequena, troquei o negócio atacadista da família pelo mundo da engenharia de sistemas. Algum tempo depois, migrei para uma carreira de consultoria na PwCC e, depois, na IBM, onde trabalhei por 12 anos em 3 "empregos" totalmente distintos. Durante os últimos 4 anos na IBM, estive numa função global que me trouxe oportunidades de trabalhar com países e culturas muito diferentes entre si. Tinha times, clientes e pares na China, na Rússia, na Bélgica, nos EUA, no México, na Argentina e no Brasil. Aprendi muito sobre respeitar o que é diferente entendendo que diferente não é melhor nem pior, é só diferente.

Depois da "escola" IBM, trabalhei na Experian (Serasa Experian no Brasil). Queriam fazer uma transformação dos negócios e do posicionamento da empresa no mercado. Bureau de Crédito, sempre, mas com um portfólio muito maior e mais diversificado. Empresa de tecnologia e dados, muitos dados. Estive 4 anos vivendo esse projeto, do qual me orgulho muito.

E aí chegou a Globo em 2019. Uma mudança grande de carreira e que, confesso, tive que me jogar, usando um pouco de intuição para decidir que aquele seria um bom movimento e que me faria feliz. E assim foi. Assumi a área comercial da Globo no fim de 2019 com o desafio de desenhar e implementar uma nova estratégia de ida ao mercado para que a empresa acelerasse a transformação digital do seu negócio de publicidade e que já estivesse alinhada com o modelo operacional definido pelo projeto Uma Só Globo. A mudança aconteceria a partir de janeiro de 2020, quando TV Globo, canais de TV por assinatura (que compunham a antiga Globosat), Globo.com e Globoplay, até então entidades separadas, seriam consolidadas em uma única empresa. Tudo certo, viramos a chave, modelo implementado, nova organização, times misturados, um processo de *change management* robusto a ser executado... e aí veio a pandemia, todo mundo em casa, enfim, desafios não mapeados. E a gente fez o que? Aprendeu e foi em frente. Foi duro, mas muitas foram as recompensas. Em 2021, assumi a Direção Geral da Unidade de Negócios da Globo. E, a propósito, fui a primeira mulher nessa posição desde sempre. Quando assumi, eu era também a única mulher na liderança executiva dessa unidade. Todos os diretores com reporte direto a mim eram homens. Com muito orgulho, um ano depois, já tínhamos um quadro 50/50.

Imaginem, mulher, família árabe, engenheira e a maior parte da vida profissional em empresas de tecnologia. Comecei minha luta (estruturada, com metas e tal) por equidade de gênero em 2008, ainda na IBM, que foi uma empresa pioneira no Brasil a implementar um programa com foco em carreiras de mulheres. Foram muitas histórias e muitos aprendizados ao longo desse tempo. Já temos, no Brasil, números melhores no mundo corporativo, mas temos ainda uma luta muito grande pela frente. Luto pelas minhas duas filhas, pelas minhas duas irmãs, pelas minhas sobrinhas, mas, também, por todas as mulheres e meninas que merecem, ao menos, um lugar seguro e livre de preconceitos na sociedade e no mercado de trabalho.

Há alguns anos, abracei, também, a causa das mulheres que sofrem violência doméstica. Assumi uma posição no conselho do Instituto Bem Querer Mulher, ONG que tem como objetivo oferecer suporte jurídico, psicológico e social a mulheres agredidas. No Brasil em 2022, a cada 4 horas, uma mulher sofreu algum tipo de violência e, a cada 6 horas, uma foi morta só pelo fato de ser mulher. Então, lutemos!

E há tanto ainda por fazer. Que o dia das mulheres seja dedicado às mulheres negras, trans, às PCDs e às que têm mais desafios sociais e econômicos do que muitas de nós.

Boa leitura e espero que terminem este livro com mais inspiração, reflexões e muita vontade de se juntar à nossa luta!

**Manzar Feres**
@manzarferes

# APRESENTAÇÃO

Natasha de Caiado Castro

# Natasha de Caiado Castro

**Contatos**
wish.international/en/
natasha@wishinternational.solutions
LinkedIn: linkedin.com/in/natashadecaiadocastro
Instagram: @natashacastro1

Nasci bagunceira e barulhenta... causando! Primogênita de uma grande empresária disruptora e um neurologista/filósofo inveterado. Leonina com ascendente em escorpião. Empresária que fundou, sozinha, quatro empresas globais e dirige a WISH International Events Management, com seus quatro escritórios em três continentes, que me permitiram, nesses últimos 30+ anos, desenvolver um *network* internacional fenomenal, meu maior *asset*. Crio, como ninguém, experiências internacionais para marcas chegarem aos corações de seus públicos e se tornarem *case* de *branding*. Organizo grandes convenções, lançamentos, ativações, stands e viagens de incentivos. Sou professora universitária, como meus pais. Meu maior vicio é estudar. Tenho passagens pela USP, Sorbonne, UC Berkeley e Stanford. Sou investidora anjo em *startups tech*. *Board member* das Nações Unidas nos Estados Unidos, da secretaria de turismo de San Francisco, presidente de júri da United Nations Women Award e jurada em diversos festivais pelo mundo. Correspondente Internacional para vários veículos, colunista, articulista e autora de livro. Já plantei muita árvore. *Pet lover*, criei um enteado, sou separada, introspectiva e fundei este grupo porque estava cansada de ser traída. Fui traída de todas as formas que se pode imaginar, em todos os setores da vida e pelas pessoas que deveriam estar me protegendo. Queria circular entre pessoas que não tivessem necessidade de usar os seus "lados B" para atingir seus objetivos pessoais. Gente que tivesse o instinto de sobrevivência desmedido substituído por *acting on your best behavior* (se comportar). E deu certo! Virou uma missão liderar os esforços de tanta gente que respeito e admiro. Mulheres generosas, que usam seu lugar de fala e influência para "dividir palco" com outras pessoas e ideias. As Titans do grupo puxam outras e me puxam diariamente. Neste momento, estou em busca da maneira de me clonar ou duplicar as horas do dia. Aguardo sugestões.

Era uma vez... líderes modernas... idealistas, cheias de personalidade... *troublemakers*! Mulheres resilientes, encrenqueiras... não vieram ao mundo a passeio e já "chegaram lá"... seja "lá" onde for que a vontade ou destino as tenha levado profissional, intelectual, socialmente e na vida pessoal. Elas conquistaram um espaço que não lhes havia sido dado lá no início. Expandiram horizontes e quebraram barreiras, chutaram ou ignoraram as pedras do caminho, engoliram sapos, tiraram forças do nada e cavaram suas próprias trilhas, dando seu sotaque e tom a altos preços. O tal do destino decidiu unir os caminhos de 280 dessas mulheres, que, sozinhas, inspiravam e carregavam muitas outras e, agora, juntas no movimento #umasobeepuxaaoutra #riseandraiseothers empoderam, dão voz, desconsideram os limites impostos para deixar o mundo mais bacana do que encontraram.

O crescimento foi orgânico, como uma resposta à demanda reprimida, de dimensões e velocidade impressionantes. *Booming* de download da sororidade.

Cada uma contribuindo no seu "quadrado" e no seu ritmo. Salvando uma estrela do mar por dia, mas salvando todos os dias. Conto aqui como tudo começou.

Era Festival de Criação de Cannes, no sul da França, junho de 2022. O primeiro pós-pandêmico. Meu superpoder é inventar e produzir ativações de marcas internacionais. Cheguei antes da temporada das conferências para organizar algumas ativações de clientes. Inquieta com todas as mudanças impostas pelo *lockdown*, comecei nossa "bagunça" postando, diariamente, dicas, fotos e fatos das mudanças que estava vendo em Cannes, em um grupo de Whatsapp de mulheres que criei para preparar o espírito de quem estava a caminho. Aquele era um Cannes Lions diferente. Com gostinho de mistério. Muito estrago causado pelo fechamento dos charmosos restaurantes da Croisette e das baladas de Saint-Tropez. Mão de obra ainda escassa, o mundo reabrindo, insegurança instalada. Respostas para "onde fazer o que" com tom forte de humor e a euforia do final do "*cabin fever*" deram o tom das participantes. No final do festival, éramos "melhores amigas de infância", mesmo nunca tendo nos visto antes.

Uma tarde, no Palais des Festivals de Cannes, sentada ao lado da jornalista Elisangela Peres, as duas cobrindo a palestra do prêmio Nobel e ativista paquistanesa Malala Yousafzai. Ouvimos a história de luta e dor para garantir educação de meninas em seu país. Dela também ouvimos que, em todos os movimentos mundiais, alguém precisa começar e todos que têm o mesmo pensamento se unem em volta e seguem juntos. Coincidentemente, naquele dia, eu estava usando uma camiseta com o escrito "Uma sobe e puxa a outra", de uma ação também orgânica, criada por Juliana Tubino e Daniela Cachich, duas grandes líderes do mercado no Brasil.

— Elisangela, vamos "invadir" o *green room* e tirar foto com a Malala? Usando essa camiseta? Ela resume tudo que a Malala falou na palestra.

— Impossível, amiga – foi a resposta.

Expressão mágica para uma *troublemaker*! "IMPOSSÍVEL"? Quem tem limite é município! E parado vira poste!

*"It's kind of fun to make the impossible"* (é bacana realizar o impossível), já dizia meu guru Lee Cockerell, presidente da Disney quando trabalhava lá.

Malala mal tinha saído do palco e eu já estava dentro do camarim dela. Apesar da foto ter sido tirada, só foi liberada pela equipe de empresárias quase uma semana depois, e após muita argumentação. Fizeram "*due diligence*" em mim, na frase, na minha empresa, até se convencerem de que não havia agendas escondidas e de que a foto não seria utilizada de maneira negativa para a imagem da moça.

Postei no grupo, nas redes sociais e comemoramos, mudando o nome do grupo de Elle (elas, em francês) para #umasobeepuxaaoutra ou #riseandraiseothers. A partir de então criamos um *board* com Eliana Cassandre, nossa maior conectora, especialista em ESG e em fazer pessoas felizes; Fabíola Kassin, *digital influencer,* com mais de 1,5 milhão de seguidores, fundadora do Hypnotique e Mundo Mix, que lançou para o mundo grandes estilistas brasileiros. A engenheira, estrategista, Daniela de Luca, fundadora da Tuk Glasses. Heloísa Santana, uma das mulheres mais influentes do mercado de marketing, presidente da AMPRO. Um time de respeito!

O grupo estava tão fluido e gostoso que sugerimos a todas que convidássemos nossas mentoras para compor. Puxássemos mulheres com quem gostaríamos de conviver. Foram "PUXADAS" mulheres muito poderosas, influentes e com espírito de senioridade alto. O grupo se transformou organicamente em algo bem plural, pois cada uma teve a liberdade de puxar ilimitadamente suas "*rolemodels*", usando os critérios que julgassem importantes.

As regras eram:

1. **generosidade**: uma sobe e PUXA a outra;
2. **sororidade:** não competimos aqui dentro;
3. **empatia:** alguém, aqui dentro, te admira tanto que te puxou;
4. **rede de apoio:** somos *high achievers*! Histórias de superação. Faremos, aqui, nosso lugar seguro, quentinho e confortável;
5. **respeito:** os contrastes dão vida! Curtimos todas as cores, formas, aromas, pensamentos, valores, intensidades, texturas. Política e religião "não são nossa praia", estes dois pilares pertencem a nossos outros grupos.

Foram nos momentos das apresentações virtuais que surgiram as surpresas... uma sistêmica "síndrome de impostora" generalizada. Mesmo com tantas conquistas, se apresentavam por meio de justificativas.

— Estou neste cargo "porque" alguém...

Como assim por quê?

A resposta deveria ser:

— Conquistei esta posição como reconhecimento do meu superpoder de fazer X.

Sabendo que "preencho todos os requisitos com direito a estrelinhas", uai! E já passei da fase de provas, passei de ano com louvor!

Conquistas *versus* merecimentos *versus* Freud.

Brincadeiras à parte, a modéstia tomou conta das narrativas. Dados indicam que homens aplicam para vagas quando têm 30% das características requisitadas; e mulheres somente aplicam quando têm 100%... as eternas diferenças entre Marte e Vênus.

Minha teoria é que, quanto mais alto se chega, mais se está só e a solidão prolongada dói. As decisões, nem sempre populares, impactam mais gente na pirâmide corporativa e todos têm uma "opinião" a respeito, sem necessariamente entender as implicações das decisões. Os julgamentos, quando se é mulher, extrapolam a esfera profissional e nos atingem na vida pessoal em cheio. *Haters* não surgiram na internet, só ampliaram suas vozes. Então, o receio do julgamento injusto e a necessidade de neutralidade levam ao isolamento. E ao se depararem com mulheres que sofrem da mesma pressão, aquelas poderosas se intimidaram e confirmaram o que as pesquisas de recursos humanos indicam: homens de Marte nasceram já diretores. Nunca foram estagiários, contando as vidas nas entrevistas. Mulheres de Vênus "começaram em Barbacena", como no personagem do Chico Anysio. Narram cronologicamente o percurso, justificando as etapas.

As cinco, as mulheres do então *board* Sobe & Puxa, buscamos, dentro do grupo, as líderes que dessem letramentos de diversidade, tecnologias, mercado, dicas de *network* físico e virtual, imagem projetada e percebida. De bate-papos filosóficos, antropológicos e sociológicos a tutoriais de *fashion*. Era hora de trabalhar a autoestima, trazendo todas as informações direto da fonte pelas especialistas. Batizamos essa trilha de *Reboot* e nos encontrávamos, virtualmente, várias vezes por semana em palestras.

Imaginem a qualidade das conversas entre diretoras, presidentes, empresárias, profissionais liberais maduras falando sobre nas suas áreas de especialidade? A diretora do LinkedIn ensinando a melhorar a página, a do TikTok, Meta, YouTube, Twitter, Google a se posicionar, as consultoras de imagem, moda, *branding* e luxo sobre potencializar características pessoais. ESG, *boards*, diversidade, educação, saúde mental e física e várias outras. Um mês de "re--vamp". Foi intenso e delicioso o mergulho o que fizemos. Eliana Cassandre, Fabi Raulino, Ana Vaz, Ana Moisés, Cinara Bastos, Gaby Comazzetto, Leticia Baddauy, Mayte Carvalho, Ana Ferraz, Roberta Suplicy, Rossana Sadir, Silvana Marmonti, Leticia Galvão Bueno, Ana Luiza Azevedo, Fernanda Baker, Giuliana Tranquilini, Aline Moda, Carla Righi, Regina Markus, Cristine Naum, Fiamma, Mariana Manieri, Maristan, Patricia Muratori, Christiane Pelajo e todas as fundadoras que consigo relacionar em um único texto.

No meio da bagunça toda, a Carola (Carolina Videira, líder da Turma do Jiló) enviou um pedido de ajuda. Ela, que estava de luto do filho, precisava de votos para que sua voz fosse ouvida e outras crianças tivessem a opção de inclusão nas escolas, como seu filho teve a altas custas.

Sensibilizadas com a história do "João da Carola", todas nós, enquanto grupo, criamos, de maneira estruturada, uma campanha na madrugada e foram 380 mil votos originados de 257 mulheres. 38 mil foram angariados durante as últimas 24 horas em ajuste de posicionamento, desenhado por grandes estrategistas, a editora Daniela Abreu, a gestora de crise Patrícia Marins, e Kiki Moretti, que mudou o cenário da comunicação corporativa no Brasil. Não dou *spoiler*, pois a Carola conta a sua história aqui no livro. O resultado são milhares de crianças que não teriam chance de serem felizes e hoje têm professores que as entendem, cuidam de suas dores e salvam suas vidas e das suas famílias.

Este *case* mostrou a força do grupo enquanto "coletivo" e inspirou outro *case*, quando ajudamos a ONU na criação e organização do prêmio UN Women USA Rise and Raise Others Award.

Mas este é outro *case*... Uma história que levou, aos palcos do mundo, 32 grandes mulheres que estavam silenciosamente puxando milhares de outras. Projetos nos campos de Bali, nos palcos de Milão, nas quadras de tênis da Polônia, na função política das "Latinas in Tech", capitaneada por Rocio Van Nierop e Gretel Perera, que criaram um *network* de mais de 20 mil líderes latinas invisíveis em um local regrado pelo White Dude.

No Brasil, foram eleitas por voto público vindo dos 4 cantos do globo e também pelo júri especializado: a Carolina Videira, citada aqui; Carmela Borst, precursora do *Engage for Good*, e empreendedorismo social no Brasil; A Regina Markus, professora emérita da USP, uma das grandes cientistas que o Brasil produziu; e Marienne Coutinho, grande conectora e estrategista de empoderamento.

O prêmio dado pela ONU dos Estados Unidos foi possível graças ao esforço coletivo que fizemos no Brasil e engajamento de grandes mulheres em reconhecer o esforço de outras. Cito algumas: Dea Mendonça, Roberta Rivelino, Christiane Pelajo, Fernanda Delmas, Kiki Moretti, Nadejda Marques, Fabiana Correa, Lo Braz, Gisele Perasolo Alves, Marina Danieliades, Jane de Freitas, Tina Ponte e inúmeras grandes mulheres que usaram seu tempo, seu bem mais valioso, para puxar outras.

Outro *case* gostoso de ser contado foi a bagunça que fizemos para criar painéis e levantar a votação necessária e chamar atenção dos organizadores para que várias de nós estivéssemos nos palcos do maior festival de criatividade no planeta: o SXSW, que acontece em Austin, no Texas. Outra história também gostosa de lembrar e boa para contar em outro momento.

Na área social, foram tantos os projetos que engajamos que até me perco tentando lembrar (e contar).

Neste momento, estamos organizando a expansão internacional, juntando as "bolhas" que criamos em diversos países, com línguas diferentes. Temos uma fila gigantesca para entrada no grupo e estamos trabalhando na melhor tecnologia para acomodar todas as necessidades.

A potência é exponencial, pois incentiva a criatividade e proatividade de Titans. Vários institutos e organizações internacionais de peso já estão nos procurando e estamos procurando vários outros para interconectar nossos sistemas de *network* global. Assim, poderemos PUXAR, dar voz, aumentar oportunidades e permitir que nossos recursos e força do coletivo ajudem não só mulheres, mas todos que queiram fazer do mundo um lugar mais bacana de passar um tempo.

Essa mulherada tem o espírito inquieto, a alma questionadora, empurra os limites; desenvolveu ferramentas que, juntas, em movimento orquestrado, mudam o *status quo*. Acordamos todas as manhãs e olhamos no celular, no Whatsapp do grupo, para saber quem vamos fazer feliz hoje!

Espero que todos que leiam estas histórias se emocionem como eu me emociono todos os dias. São relatos reais de mulheres de verdade, que superaram seus medos para se expor por escrito aqui e contar, na primeira pessoa, fragmentos do que as fortaleceu e as trouxe até onde estão. Cada parágrafo que estiverem lendo é a memória de muitas lágrimas, gargalhadas, sonhos realizados e frustrados. Vidas bem vividas. Um livro costurado em 10 dias!

Dica: leiam de coração aberto, sem julgamentos. Empatia é o segredo para uma experiência bacana nas próximas páginas.

Valendo? Boa leitura! *Have fun*!

**Natasha de Caiado Castro**
Fundadora do #umasobeepuxaaoutra
#riseandraiseothers

# 1

# A LUTA PELA INCLUSÃO DO MEU FILHO

A professora leu um livro chamado "João Jiló". Era a história de um fruto, o jiló, que é amargo, que ninguém gostava dele, mas também ninguém nunca tinha experimentado para saber. João, meu filho, dava gargalhadas com esse livro. E aí, quando ele ficava triste, os colegas começavam a contar essa história para ele rir. Os alunos o apelidaram de João Jiló. Um dia, tive um sonho. Sonhei que meu filho havia partido, e ele me dizia: "Mãe, a Turma do Jiló não era o meu propósito, era o SEU propósito". Então, desistir não é uma opção. Aceitar a exclusão não é uma opção! Não pare de puxar!

CAROLINA VIDEIRA

# Carolina Videira

**Contatos**
turmadojilo.com.br
Instagram: @turmadojilo / @carolavideira

Carolina Videira, empreendedora social, educadora e consultora, atua nas áreas de educação, direitos humanos e ESG/ASG. Pesquisadora em Violência e Preconceito pela FEUSP, mestre em Neurociência Comportamental pela UNIFESP, pós-graduada em Gestão das Diferenças e Práticas Inclusivas, também em Neurociência pelo Instituto Singularidades. Certificada pela Fundação Dom Cabral no Programa para Formação de Conselheiros. Membro do Conselho de Direitos Humanos da ONU-Brasil. Presidente da Turma do Jiló e coordenadora de pós-graduação em Inclusão da Diversidade do Instituto Singularidades, com mais de 20 anos de experiências corporativas diversas. Vencedora do Prêmio Empreendedor Social do Ano (2022) e do UN Women USA Rise and Raise Others Award (2022) na categoria Redução das Desigualdades.

## A história de uma mulher privilegiada

Sou Carolina, "Carola" (como me chamam), mineira, natural de Belo Horizonte, mas quase uma nômade por ter morado em diversos locais como Rio, São Paulo e Nova York por causa do trabalho de meu pai. Minha infância foi bem movimentada nesse sentido. No entanto, num determinado momento, vim parar em São Paulo e criei raízes. Estudei na cidade por bastante tempo, tudo era novo, exceto as questões de *bullying* na escola, que todos os dias eram iguais. Quem nunca sofreu *bullying*, que atire a primeira pedra. Assim, fui crescendo e, passado esse período, realizei a minha primeira graduação em fisioterapia, mesmo não tendo pretensões de ser fisioterapeuta. Eu "sabia porque sabia" que meu futuro reservaria missões exigentes, e que minha jornada não seria como a das demais mulheres.

Desde bem nova, pressentia que um dia me tornaria mãe, e a maternidade mudaria a minha vida. Lembro-me de que meu primeiro estágio foi na AACD, uma instituição que cuida de pessoas com deficiência. Não aguentei uma semana de trabalho, liguei para minha mãe e pedi para ela me buscar. Nunca fiz "corpo mole", não se tratava disso, e sim de uma certeza perturbadora de que, um dia, eu teria um filho com deficiência. Pedir demissão foi a forma de lutar e fugir contra meu destino.

O fluxo da vida seguiu. Cursei o meu mestrado em neurociência, e ali eu havia me encontrado, pois encontrei uma maneira de seguir o meu propósito, com o qual me identifico.

No campo acadêmico, sempre busquei deixar meu currículo bem amplo, fiz diversas especializações, sou especialista em práticas inclusivas, educação inclusiva, gestão das diferenças, gestão empresarial e em neurociência na escola.

A minha infância e minha vida em geral sempre foram permeadas por diversos privilégios; até hoje me considero uma mulher privilegiada, tudo sempre fluiu bem rápido para mim. Ao sair da graduação, fui imediatamente ao mestrado, e de lá parti para trabalhar em uma indústria farmacêutica, onde eu ganhava muito bem. Naquela altura, já me considerava uma pessoa bem-sucedida na vida; com cerca de 27 anos de idade, havia atingido objetivos que considerava importantes: estava casada, financeiramente estruturada e podia viajar pelo mundo.

A história do casamento é curiosa, pois quando tive minha mão pedida em casamento por meu marido, "quase saí correndo". Eu o amava, mas disse que aceitaria sob uma condição: ele deveria me dizer como lidaria se nós tivéssemos um filho com deficiência. Bem, o resumo da ópera é que me casei aos 25 anos, completando atualmente 19 anos de casamento com o pai dos meus filhos, pois na ocasião ele respondeu: "Eu o amarei de qualquer jeito!". Após quatro anos, resolvemos engravidar.

A última vez que me recordo verbalizando o meu pressentimento foi quando estava a caminho da maternidade para dar à luz ao João. Eu escrevi uma carta para minha mãe pedindo ajuda, caso algo acontecesse. Apesar de uma gestação aparentemente tranquila, eu sabia que algo estava diferente. A vida havia me preparado para o que eu sempre soube, e eu estava pronta para enfrentar o desafio. E, de fato, meu filho, que se chamava João, possuía uma variedade de deficiências; descobri pouco antes de minha licença-maternidade acabar, observando o comportamento dele, ainda recém-nascido. Contudo, não tive muito tempo para resolver essas questões antes do fim da licença-maternidade e, uma semana depois de descobrir os problemas de saúde do meu filho, tive que voltar ao trabalho, pois era a única mulher em minha equipe na empresa onde trabalhava. Ao retornar, infelizmente sofri um assédio moral, e aquele episódio foi muito traumático e marcante para mim. Meu chefe me chamou em uma sala e disse que eu deveria escolher entre ser gerente comercial daquele laboratório, ser esposa, ou ser mãe, pois eu não conseguiria ser as três.

Só me lembro que, depois de ter ouvido aquilo, fui ao banheiro chorar. Lembro-me de que meus familiares, assim como meu marido e meu pai, disseram que eu poderia parar de trabalhar imediatamente, principalmente por conta do João, já que eu estava sofrendo bastante.

## Enfrentando os problemas e seguindo em frente

Demoramos muito tempo para descobrir qual era, de fato, a deficiência do meu filho, e todos pareciam ter pena de mim – algo difícil de aceitar: o olhar de julgamento das pessoas, que pensavam "Coitada da menina que tem tudo, mas ter um filho incapaz de andar e de falar, e não descobrir a causa disso, não deve ser fácil".

Após bater todas as metas e provar para o meu chefe que eu era, sim, competente para realizar as tarefas e ainda dar conta do que eu quisesse na vida, decidi que o que eu mais queria era cuidar do João e, para isso, acabei tendo um período sabático de dois anos na minha carreira profissional. Acho que essa pausa foi necessária tanto para que ele se desenvolvesse, quanto para que eu pudesse decidir meus próximos objetivos pois, naquela altura, eu ainda não tinha certeza do que faria pelo resto da minha vida.

Nesse meio tempo, resolvi ter mais um filho, minha menina Maria, que nasceu sem deficiência.

## Dificuldades na escola

Havia muito preconceito contra meu filho na escola, assim como acontece com muitas outras crianças na mesma condição, principalmente por parte dos profissionais, muitas vezes mais do que das próprias crianças. Muitos acreditavam que ele não tinha a capacidade de aprender nada. Como neurocientista, antes de mãe, não pude aceitar esses pensamentos medíocres, pois em meus estudos entendi que todo cérebro é capaz de aprender.

João era uma pessoa com deficiência, que não falava e não se comunicava de maneiras mais contundentes, contudo ele era capaz de expressar suas emoções e reagir ao mundo ao seu redor; com lágrimas, quando estava triste, e sorrisos, quando estava feliz. Ele compreendia o contexto e interpretava situações à sua maneira. Como mãe, eu sempre acreditei no seu potencial, mas a minha luta constante era fazer com que as outras pessoas também enxergassem suas habilidades. Como já mencionado antes, sou uma pessoa muito privilegiada, e, depois de muito tempo, finalmente consegui descobrir a alteração genética que o meu filho tinha. Encontrei um pesquisador nos Estados Unidos que estudava a condição rara que o João tinha; então, fui com ele para Boston.

Fomos a um centro de reabilitação, e lá meu filho fez uso de um equipamento chamado *tobii eye*, que basicamente lê o movimento dos olhos, única parte do corpo que ele era capaz de controlar. Foi por meio dessa tecnologia que ele provou para a escola que também era capaz de aprender e se comunicar.

Foi uma longa jornada até descobrirmos que João entendia tudo o que falávamos. A dificuldade de comunicação era imensa e parecia nos afastar cada vez mais dele. Até que um dia, com muita persistência e paciência, encontramos uma maneira de nos conectar. Foi por meio do computador e de suas piscadas que conseguimos interagir com ele de maneira mais clara.

Só, então, tive a certeza do que eu faria pelo resto da minha vida: lutaria por essa causa tão nobre, de ajudar todas as pessoas com e sem deficiência a não serem deixadas para trás. Criei a Turma do Jiló – o nome é em homenagem ao apelido do meu filho, que era chamado de Jiló pelos amigos na escola (por causa do livro *João Jiló*), e "Turma" porque acredito piamente que não somos capazes de realizar nada em nossas vidas se estivermos sozinhos. Enfim, a Turma do Jiló é uma ONG cujo objetivo é disseminar a educação inclusiva, que, de maneira resumida, é um estudo das diferenças e que se baseia na neurociência. Então, a educação inclusiva não abrange apenas as crianças com deficiência, mas abrange a diversidade como um todo.

Fundei essa ONG, pois acredito também que a grande dificuldade do mundo é de "ensinagem", e não de aprendizagem. Portanto, fizemos a diferença em escolas e empresas, com mais de 100 mil pessoas impactadas.

## Período de pandemia

Em 2021, aconteceu um dos, se não o episódio mais triste de toda a minha vida: João, após ter passado por uma série de coisas e lutado muito durante toda a sua vida (já era um mocinho de quase 14 anos de idade), no dia 29 de novembro de 2021, não acordou mais. Sim, ele morreu dormindo. Acho que nem preciso enfatizar que esse foi um trauma muito grande, e eu pensei seriamente em desistir de tudo, inclusive da ONG e dos projetos.

Desde a partida do João, o vazio que ele deixou em mim parecia tão grande que eu comecei a questionar tudo. Eu me perguntava se o trabalho da Turma do Jiló ainda fazia sentido, se eu deveria continuar lutando. Era como se, sem ele, essas ações não fizessem mais sentido. Afinal, como seguir em frente quando alguém, que era o motivo de tudo, foi embora?

Em 2022, pouco tempo depois da morte do João, recebi uma indicação para o prêmio de empreendedora social do ano. No entanto, eu já não tinha mais certeza da minha missão, do meu propósito, estava muito desacreditada de tudo que havia construído, como se nada mais fizesse sentido sem o João. Mas então, em um sonho, João apareceu para mim e disse: "Mãe, esse não era o meu propósito. Era o seu propósito". Essas palavras foram como um raio de sol em um dia nublado. Eu sabia que ele estava certo. Eu tinha que continuar lutando, continuar acreditando que a inclusão é possível, porque era esse o propósito que o João me inspirou a seguir. Deveria manter esse legado para honrar as minhas promessas e a memória do meu amado filho. Desistir não era uma opção, aceitar a exclusão na sociedade, sabendo que podem existir muitas pessoas com deficiência que passam situações e sofrimentos similares aos de meu filho, não era uma opção.

Entrei no grupo *Uma sobe e puxa a outra* no momento mais difícil do meu luto e resolvi compartilhar a minha história, que foi muito bem recebida por todas essas mulheres, e me senti abraçada e compreendida por todas elas. O resultado foi muito além do que eu podia esperar: ganhei o prêmio de empreendedora social do ano e, além disso, ganhei depois outro prêmio da ONU, chamado "Rise and Raise Others", e a Turma do Jiló estava mais viva do que nunca.

Com muita paixão e conhecimento, fui capaz de impressionar o júri e a votação popular e ser anunciada como vencedora do prêmio da ONU na categoria "Redução das Desigualdades".

Fico emocionada com a vitória só de pensar em tudo o que a minha história de vida e o que minha ONG proporcionaram, e ainda podem continuar proporcionando, para pessoas em todo o Brasil.

Eu e outras mulheres nos juntamos nesse grupo, e buscamos o empoderamento feminino do Brasil e no mundo. Sabemos que muitas mulheres ainda enfrentam diversas barreiras e preconceitos no mercado de trabalho, e assim decidimos criar esse projeto. Buscamos ajudá-las a superar esses desafios.

Estamos tentando, com muito trabalho e muita dedicação, levar empoderamento para todas as mulheres e formar uma corrente de apoio mútuo.

Creio que o grupo vai ao encontro dos valores que tenho pregado durante toda a minha carreira e, como disse antes, acredito que nunca conseguimos nada sozinhos. Esse é o meu propósito de vida: ajudar os outros, aqueles que passam por dificuldades, e vejo esse propósito sendo exercido no grupo também.

No *Uma sobe e puxa a outra*, na qual eu que sempre me esforcei para ajudar, fui salva pela ajuda dessas mulheres maravilhosas, e mais uma vez devo enfatizar e agradecer, pois, graças a essa rede, mais uma vez na minha vida eu posso dizer que me sinto uma mulher muito privilegiada.

# 2

# ENTRE MUNDOS

Como sempre costumo dizer, sou gerúndio, vou acontecendo enquanto o que veio antes e depois de mim se revela. Gosto de imaginar que, como eu, muitas outras mulheres acordaram, e ainda vão acordar um dia, com um desejo latente de olhar para dentro, reconhecer, acolher, reverenciar tudo o que carregam de mais sombrio e de mais sagrado. A história que vou contar aqui começou antes do meu nascimento, influenciou e segue influenciando o que vou me tornando em todas as dimensões. A jornada até o momento em que somos consideradas com direito a assento nas salas em que as decisões que tomamos influenciam a vida de milhares de pessoas é repleta de convites para que esqueçamos nossas crenças e o lugar de onde viemos. Sobre isso, tudo o que posso dizer aos quase 58 anos de idade e 40 de profissão se resume a uma palavra: resista!

## ANA CORTAT

# Ana Cortat

**Contatos**
anacortat@icloud.com
Linkedin: linkedin.com/in/ana-cortat-8bb745a/
Instagram: @anacortat
Twitter: @anacortat

Em 38 anos de carreira, atuou em duas campanhas presidenciais e foi senior VP ou CSO na Leo Burnett, Isobar, África e Pereira O'dell, algumas das mais relevantes agências de publicidade do mundo. Sua experiência inclui a liderança de estratégia para marcas como Philip Morris, Procter&Gamble, Unilever, Stellantis, Natura, ABI e Itaú. Tornou-se empreendedora aos 50 anos, com a Hybrid Collab, consultoria focada em estratégias de impacto positivo. Em 2022, passou a compor o quadro de lideranças da Agência Soko, que nasceu com o propósito de trabalhar a favor de comportamentos éticos. Executiva e ativista em causas raciais, de gênero e LGBT+, coliderou o estudo que denunciou a situação de assédio vivida em agências de publicidade brasileiras. Singularity University alummini, TEDx speaker, professora na Miami Ad School, já teve seu trabalho reconhecido pelo Cannes Lions Festival, Effie Awards, Jay Chiat e Woman to Watch. Em 2021, foi citada pela *Working Not Working Magazine* como uma das 6 lideranças globais com mais de 50 anos que estão trabalhando contra o ageísmo na indústria de comunicação e, em 2022, pelo Prêmio Garra de Ouro, da Associação Paulista de Publicidade, por seu trabalho pela diversidade e inclusão em agências de publicidade brasileiras.

Em julho de 1965, eu nasci em uma pequena cidade do interior de Minas Gerais. Pequena, mas bem maior do que a cidade onde minha bisavó materna nasceu e bem mais próxima dessa cidade do que o país que a família da minha bisavó paterna deixou para viver no Brasil.

Vó Carlota, minha bisavó materna, nasceu em uma das várias fazendas de café do interior de Minas, na região próxima a Espera Feliz. Ela nasceu sob a Lei do Ventre Livre. Sorte que sua irmã, Tia Efigênia, não teve. Tia Efigênia nasceu escravizada. Mãe Cila, minha bisavó paterna, nasceu Tarcila. Mal a conheci, mas o que eu soube foi que seu casamento com meu bisavô uniu, na nova família que se formava, diferentes povos europeus. Na verdade, tenho memória de apenas um encontro com aquela mulher de pele e cabelos muito brancos. Essas duas mulheres nunca se conheceram, mas a história de preconceito que se revelou a partir delas definiu minha identidade mesmo quando tentava impedir que essa identidade existisse.

Minha bisavó materna teve vários filhos e filhas, uma delas, minha Vó Olívia, era uma mulher forte e doce. Mais forte que doce. Casou-se quando tinha menos de 15 anos e teve o primeiro filho antes dos 16. Observá-la dando ordens aos trabalhadores da fazenda, torcendo o pescoço de galinhas, dichavando porcos, transformando banha em sabão, consertando o telhado, torrando grãos de café, oferecendo o colo quando não conseguíamos dormir, enfrentando as pessoas que, de alguma forma, tentavam subjugá-la ou subjugar qualquer uma de nós, me fez descobrir muito cedo que não existe limite para o que uma mulher é capaz de realizar nem para o quanto a dor pode transformar essa capacidade em uma luta que parece não ter dia para terminar.

Como Vó Carlota, Vó Olívia também nunca soube quem era Mãe Cila. Imagino que elas talvez tenham se visto em algum momento, mas jamais as vi na mesma sala, na mesma celebração ou na mesma rua. O racismo, que quase impediu o casamento dos meus pais, nos fez crescer reconhecendo e sendo desafiadas a escolher lados. Vó Carlota ou Mãe Cila. Pai ou Mãe. Branco ou Preto.

Quando os contextos, de alguma forma, te obrigam a escolher entre lados sem os quais você não existiria, o resultado pode ser você terminar não existindo em lado nenhum. Cresci sem pensar em raça, origem, cultura e ancestralidade. Por causa da cor, eu e minhas irmãs não parecíamos ter nascido do mesmo pai e da mesma mãe. Sabíamos o que nos tornava iguais, mas nunca pensamos a respeito do que nos torna diferentes. Eu era a filha preta, mas para Vó Olívia eu fui abençoada por um marrom indefinido, pelo "nariz perfeito" e por um "cabelo bom". Por favor entenda, minha avó era uma grande mulher, mas carregou sofrimentos que não conseguiu superar. Para ela, embranquecer era uma forma de reduzir a dor.

> Motivada por ideias europeias de pureza racial e linhagem sanguínea, a branquitude era um índice de honra e valor, que dava direito aos indivíduos a cargos públicos, reconhecimento e riqueza. Pertencer a uma casta acarretava impactos não somente sobre os direitos civis e religiosos das pessoas, mas também determinava aspectos tributários, impedimentos de assumir cargos públicos e religiosos e restrições de movimento.
> (GRUPO BANCO MUNDIAL, 2018)

A ideia de que a branquitude era um índice de honra e valor que abria portas e condições vedadas à população africana e aos indígenas foi dominante durante muito tempo no Brasil e em toda a América Latina e ainda é. O branqueamento considerava as populações negras e indígenas como "raças inferiores" e, portanto, como obstáculos para um padrão europeu, projetado e desejado por uma elite branca, de desenvolvimento e progresso.

> As ideologias de branqueamento impactaram a formulação de políticas públicas a ponto de encorajar imigrantes europeus a se estabelecerem no continente com o intuito de progressivamente branquear a população. De 1880 a 1930, Argentina, Brasil, Cuba e Uruguai receberam mais de 11 milhões de imigrantes europeus. Em 1925, o governo uruguaio orgulhosamente anunciou que o país era, naquele momento, "totalmente de origem europeia", apesar de sua grande população afrodescendente.
> (GRUPO BANCO MUNDIAL, 2018)

Eu nasci na presença da ausência gerada pelo racismo, mas, em comparação com pessoas que nasceram sem nenhuma passabilidade, me lembro de muitos poucos encontros em que estive olho no olho com ele. Aos 14 anos, fui seguida, da porta do colégio até minha casa, por um grupo de meninas que gritavam "Nega maluca, nega maluca!", "Quem você pensa que é, sua crioula?" e outras coisas que, mesmo depois de tanto tempo, ainda consigo ouvir. Aos 25, um namorado me disse que nunca poderíamos ter filhos porque a mãe dele não aceitaria um "neto pretinho" – a propósito, ele disse isso enquanto eu contava que estava grávida e ele continuava seu raciocínio afirmando que cuidaria pessoalmente para que eu não fosse nada nem ninguém na vida caso resolvesse seguir com a gravidez. Infelizmente, naquele momento, eu acreditava que ele podia me destruir. Poucos anos depois, hospedada na mesma casa que um grupo de amigos em Búzios, o filho de um deles me perguntou se eu estava ali para ser sua babá. Histórias que passei uma parte enorme da vida acreditando que, se eu não contasse para ninguém, não existiriam.

O tempo passou. O sucesso profissional veio em consequência de muitas coisas, incluindo 12 horas de trabalho diário em ambientes onde o assédio era normalizado e disposição para não tirar férias. Com tudo de ruim gerado e três *burnouts* – um deles inviabilizante –, precisei olhar para o que eu ia deixando ficar pelo caminho enquanto saía em disparada. Foi assim que me apaixonei pelas perguntas. Segui me perguntando quem era a pessoa que ia se revelando em mim, o que era meu, o que era do outro e quem eu estava aprendendo a ser. Sim, repito isso sempre para meus alunos: apaixonem-se pelas perguntas! A paixão por encontrar a resposta pode fazer a primeira coisa que você encontrar parecer tudo o que você precisa. Sempre que acreditar ter encontrado a resposta, entenda o que ela significa e elabore uma nova pergunta. Isso vai gerar a fricção necessária para te manter em movimento. Foi assim que eu segui.

Participei da minha primeira campanha eleitoral aos 23 anos. Depois disso, foram duas presidenciais e dez a governos estaduais, e assumi o que eu entendia como uma diretoria aos 27 anos. Deixei Minas Gerais aos 30 e me tornei vice-presidente de uma multinacional pela primeira vez dez anos depois. Nesse tempo, não me lembro de ser ofendida ou preterida por qualquer aspecto claramente relacionado à raça ou cor. Como minha avó previu, o casamento dela com um descendente de suíços e de minha mãe com um descendente de alemães havia me "presenteado" com passabilidade suficiente para que eu tivesse apenas que seguir cuidando de alguns detalhes: raramente eu frequentava lugares onde tivesse que ficar muito tempo no sol e estava sempre "protegida do escurecimento" por um protetor solar e por cabelos cuidadosamente escovados lisos pelo menos duas vezes por semana. Entre as competências nas quais me destaquei, estava a de me tornar cada vez mais branca.

De maneira consciente ou não, somos parte de uma estrutura social que cria noções de pertencimento baseadas em semelhanças. Por esse motivo, novamente como Vó Olívia imaginava, meu "marrom indefinido", meu "nariz perfeito" e meu "cabelo bom" me permitiram ser incluída e me tornaram suficientemente branca aos olhos brancos do meu grupo de referência.

Demorei muito tempo para prestar atenção no significado de tudo isso. Foram décadas até que eu me sentasse para pesquisar minha própria história e percebesse que a ideia de miscigenação como representação de harmonia racial, uma expressão presente em vários textos que consultei enquanto buscava entender, reforçava a crença de que as relações étnico-raciais do Brasil e de toda a América Latina não exigiam atenção, reconhecimento, cuidado e mudança.

> A ideia de miscigenação continuou associando o progresso e o futuro à branquitude que continuava simbolizando a modernidade e o desenvolvimento desejado pelas sociedades latino-americanas. De maneira consciente ou não, as teorias da mestiçagem enfatizavam o status superior da branquitude sobre outras contribuições raciais. Nesse contexto, as tentativas de visualizar a diferenciação racial eram cada vez mais consideradas contrárias ao discurso nacional de progresso e unidade e eram frequentemente caracterizadas como promotoras de racismo.
> (GRUPO BANCO MUNDIAL, 2018)

O silêncio e a cumplicidade com a violência gerada pelo racismo não fazem parte de uma história que conto acreditando ter a ver apenas com o outro. Essas também não eram questões que estavam em pauta nem pareciam relevantes para mim, por muito tempo, enquanto eu crescia profissionalmente. Até que um dia tive que explicar para o vice-presidente de criação de uma grande agência que um anúncio no qual um pintor preto passava tinta branca debaixo do braço, para apresentar as vantagens de uma tinta sem cheiro, era racista. Foi quando ouvi dele que meu problema com o anúncio era pessoal. Finalmente, depois de muito tempo, alguém estava novamente me definindo pela diferença. Foi libertador. Ele tinha razão, era pessoal. O anúncio nunca foi veiculado e eu nunca mais esqueci quem eu sou.

Eu sou Ana Cortat. Descendo de grandes homens e mulheres trazidos à força para serem escravizados no Brasil e cresci sob a ideologia do embranquecimento. Nasci entre mundos e jamais vou permitir que nada nem ninguém sequestre meu direito de viver a ancestralidade com a qual me identifico e me impeça de usar o lugar que ocupo no mundo para colaborar para que a história que será escrita a partir daqui nos leve para uma realidade melhor do que esta em que estivemos até agora.

**Referência**

Banco Mundial. 2018. Afrodescendentes na América Latina: Rumo a um Marco de Inclusão. Washington, DC: World Bank. Licença: Creative Commons Attribution CC BY 3.0 IGO.

# 3

# POTÊNCIA É PALAVRA FEMININA

Resumir minha história em poucas palavras é uma injustiça. Não me vejo "resumida". Sou uma personagem real de um longa-metragem que vive intensamente, tem uma capacidade gigante de realização e vontade infinita de aprender. Que ama ler, estudar, viajar e se desafiar. Tentei me moldar, mas descobri o verdadeiro poder no meu próprio "lugar de fala". Entendi que alocar minha energia para o que me faz feliz é a melhor forma de me sentir completa.

## ANDRÉA FREIRE HOPPE MARTINS

# Andréa Freire Hoppe Martins

**Contatos**
andrea.f.h.martins@gmail.com
LinkedIn: linkedin.com/in/andreafhmartins

Em 2019, assumiu a presidência para a América do Sul da PMI Worldwide e, desde 2021, a Europa, o Oriente Médio e a África se tornaram também sua responsabilidade. Antes, esteve em empresas de segmentos diversos – Reckitt, Beiersdorf Nivea, Kraft Foods/Mondelez, Camil Alimentos e Dexco/Deca. Viveu em muitas cidades e países. Começou pelo marketing e migrou para a área comercial e posições de gerente geral. Tem quase três décadas de carreira. Liderou processos de transformação organizacional e construiu marcas fortes, como a Stanley, na atual empreitada. É casada há 23 anos. Suas filhas Victoria e Beatriz, de 18 e 15 anos, são seu impulso para seguir em frente, tendo como propósito mudar a sociedade. Usa sua posição para dar visibilidade aos talentos femininos. Cria espaços e condições melhores para que o crescimento profissional de mulheres seja tão suave quanto deve ser. Assim, contribui para um país melhor para suas filhas. Sem machismo ou misoginia.

*A trilha é infinita. Cheguei longe e sigo caminhando.*

Vivemos tempos interessantes. Somos protagonistas de um movimento que vem, pouco a pouco, desmontando ideias cristalizadas em uma sociedade patriarcal e machista como a brasileira. Mulheres que alcançam seus objetivos profissionais e realizam seus desejos servem de inspiração a outras. Elas podem ser e fazer o que quiserem e são cada vez mais numerosas.

Quando vejo o sucesso da marca Stanley – meu trabalho atual é desenvolvê-la em diversos países – sinto mais do que orgulho e motivação para seguir adiante. Sinto a força de uma de história se materializando à minha volta. A minha história.

Se eu dissesse que apenas as mulheres presentes em minha vida me deram o impulso e as condições para chegar aonde estou hoje, estaria sendo injusta. Sim, elas foram muito importantes. Só que, ainda bem, a trajetória de uma pessoa – no caso eu – não é sempre tão óbvia como alguns roteiros de novela ou série de *streaming*.

Filha temporã, vi meu pai falecer em 1990, aos 77 anos, quando eu contava 14. O luto foi potencializado pela depressão de minha mãe, madrasta de meu meio-irmão e irmãs, quase da sua idade.

Tive o privilégio de conviver com um irmão "fora do seu tempo", trinta anos mais velho. José Luís, casado e com filhos, foi um "mano" meio pai na prática. Zero machista, me via com 100% de potencial para realizar meus sonhos, buscar minha felicidade e realização.

Falecido há anos, Zé me ensinou o valor do trabalho, da responsabilidade financeira, a capacidade de administrar e planejar. Durante as férias escolares, eu "brincava" de trabalhar – a sério – em sua empresa ou fazenda. Ele, um empreendedor que subiu alto, ajudou-me muito após o falecimento de papai, estimulando-me a buscar cada vez mais conhecimento e vivências.

Bancou um ano de intercâmbio no ensino médio – que fiz numa cidade minúscula do interior dos Estados Unidos. Colecionei experiências, amadureci e dominei o inglês.

Escolhi fazer faculdade de marketing na ESPM, no início dos anos 1990, porque era uma profissão nova e que me permitiria criar, estruturar e voar. Como os recursos que meu pai havia deixado estavam terminando, precisei procurar trabalho para continuar pagando o curso. Era ainda o primeiro ano.

O que arrumei foi um emprego em uma loja de roupas, como vendedora. Mas as injustiças ali cometidas pelos donos – que prejudicavam financeiramente a mim e às colegas – me revoltaram. Em pouco tempo, pedi demissão. Outras funcionárias seguiram meu exemplo e pediram as contas.

Acho que foi nesse momento que me vi, meio sem querer e pela primeira vez, como líder. No entanto, abandonar maus patrões pode lavar a alma, mas não dissolve os boletos. Havia a faculdade para pagar. Precisava ingressar o quanto antes na minha área de estudo: marketing.

Consegui um estágio em uma pequena agência. Fazia todas as funções, numa amplitude que ia de servir café a participar de reuniões em grandes clientes. Minha dedicação era total, a vontade de aprender infinita. Resultado: contratada! Faculdade garantida, paga e concluída. Ufa.

Não demorou muito para eu sentir a necessidade de aprimorar minha formação. Queria me aprofundar em finanças, o contexto todo do negócio... Veio a ideia de passar uma temporada fora. Mais uma vez, meu irmão Zé entra em cena, topando patrocinar um curso de *Business* no Exterior.

E me vejo embarcando novamente para os Estados Unidos, agora para estudar na Califórnia, em outro contexto, bem distinto do anterior. Foi um ano intenso, esse de 1997. Estudos. Estágio. Esforço. Recompensa. Tinha certeza de que viria.

Veio. Na volta ao Brasil, a Reckitt, primeira multinacional em que trabalhei desde 1994, me recontratou. Aos 23 anos, fui promovida a gerente, a mais nova da história da companhia. Foi um grande momento de satisfação, tanto pela jornada percorrida como pela estrada adiante. Principalmente, por poder me sustentar e ajudar minha mãe.

Tenho algumas manias, como todo mundo. Considero uma delas quase um xodó. É a minha vontade de querer saber, aprender, atender de qualquer forma a uma curiosidade de matar de inveja qualquer gato com sete vidas ou mais. Pode chegar, gato. Duvido que tu sejas mais curioso do que eu!

Nunca parei de estudar. Depois do curso em Berkeley, na Califórnia, fiz diversos outros, entre eles um sobre liderança em Columbia, outro em Stanford e ainda um programa executivo com duração de um ano em Yale.

Conheci muita gente incrível, companheiros leais e colegas que me apoiaram e me apoiam até hoje. Uma turma que me ajuda a ver e a dar sentido em um esforço que, sim, traz muita alegria e sensação de estar do lado certo da vida.

Jamais trabalhei em empresas concorrentes e sempre desejei agregar diferentes áreas de atuação justamente porque buscava novos conhecimentos e vivências. Ocupei cargos em departamentos de marketing, comercial e em gerência geral. Morei em cinco cidades e três países. Trabalhei em empresas privadas e de capital aberto. Familiares e profissionalizadas. De várias nacionalidades.

Uma coletânea de momentos que me formaram, assim como minhas paixões. Amo ler. Amo ainda mais viajar e conhecer lugares que abrem a minha mente. Levo minhas filhas comigo, sempre que possível. Elas me incentivam, espelham-se no meu exemplo e transbordam de orgulho pelas minhas conquistas.

Minha trajetória desperta interesse e provoca perguntas recorrentes: como você planejou sua carreira? Como chegou ao topo? Como equilibra carreira e maternidade? Desde que assumi a presidência da Kraft Foods Equador, aos 35 anos, minha resposta se repete. Soa um tanto surpreendente, mas é totalmente verídica: nunca planejei alcançar um determinado fim, sempre me dediquei ao hoje, a me superar, a dar o meu melhor.

Se por um lado não planejei a evolução da minha carreira, por outro caminhei intensamente por trilhas que me levaram a alturas cada vez maiores. Sempre fui movida por uma vontade enorme de aprender. O desejo por mais conhecimento se mistura a uma capacidade de entrega e dedicação total a tudo o que faço.

Sem falsa modéstia, considero isso uma das minhas maiores qualidades. E a esses ingredientes da minha personalidade se juntou o apoio que recebi de pessoas próximas e a capacidade de saber aproveitar todas as oportunidades que apareceram. Pronto: eis a receita do bolo.

Mas como todo doce que se preza, na minha receita entra uma cobertura especial: meu marido, parceiro, companheiro de todas as jornadas. Estou com o Rodrigo e ele comigo, para o que der e vier, desde os meus 23 anos, ou seja, há mais de duas décadas. Meu jeito determinado de ser, minha energia e força de realização deixam orgulhoso o melhor pai que poderia ter para minhas filhas Victoria e Beatriz, hoje adolescentes.

Quando Vicky estava com 4 anos e Bia com 2, recebi um convite desafiador, que representava uma excelente oportunidade de crescimento, pessoal e profissional. Nessa época, 2012, nós vivíamos em Curitiba. Rodrigo trabalhava em uma multinacional de telecomunicações, na área comercial, e eu na Kraft Foods, como diretora de bebidas.

Um dia, desses normais na cidade, céu nublado e aquele friozinho típico, ouvi a proposta que mudaria tudo e me daria momentos inesquecíveis: Andréa é a escolhida para a posição de presidente da unidade de negócios no Equador. Aceita?

Sabe aquele sobe e desce da montanha-russa? Pois foi assim que me senti. Frio na barriga misturado com excitação, felicidade pelo reconhecimento do meu trabalho, encantamento com a ideia de viver uma experiência de comando inédita e que me julgava totalmente capaz de encarar. Só que tinha de considerar minha família. Seria uma transformação em suas vidas.

É o tipo de decisão que não se deve tomar sozinha. Nós, mulheres, somos fortes e capazes de fazer tudo o que desejarmos. No entanto, jamais podemos esquecer que somos humanas e não super-heroínas de quadrinhos, embora o cotidiano nos diga que sim, somos, à nossa maneira.

Fomos em frente, mas antes teve muita conversa e garantia de redes de apoio. Rodrigo largou seu emprego, no qual estava há dez anos, e tirou um período sabático para ajudar com o cuidado e a educação das meninas. Fato é que o Equador foi um período intenso.

O que poderia ter sido uma experiência executiva internacional comum, lidando com a rotina corporativa diária, acabou se tornando um aprendizado especial. Liderar a unidade durante a aquisição da Cadbury pela Kraft foi uma espécie de "presente". Em casa, marido e filhas aprendendo outra cultura, outros idiomas, acumulando vivências e histórias únicas.

Mas o Equador também teve um lado B. Confesso que não pensava muito sobre machismo, porque jamais me senti menos ou deixei de crescer por ser mulher. Até ter de lidar com essa questão. Foi antes de uma reunião de líderes de várias indústrias. Estava conversando num grupo de homens quando, de repente, um deles disse: "O que você fez para chegar a essa posição tão novinha?".

Não conhecia o sujeito cujo tom era cínico e misógino. Senti como se uma faca perfurasse meu estômago e entendi a intenção de sua colocação. Respondi perguntando se ele tinha bastante tempo livre para ouvir minha trajetória profissional, forma que encontrei de defender minha honra e a de todas as mulheres que sobem por mérito próprio e de sua equipe. Um conselho: nunca deixem um imbecil sem resposta.

Tive a sorte de esbarrar em outros "presentes" em minha jornada de executiva, cada um deles agregando um valor sem medida à minha história. Em 2017, já de volta ao Brasil para que eu pudesse estar com minha mãe em seus últimos anos de vida, fiz parte do time que apresentou a Camil Alimentos a bancos e analistas financeiros e participei do IPO (abertura de capital) da empresa.

Dois anos depois, assumi como presidente da PMI, no Rio de Janeiro. Mais uma vez, a família trocou de cidade, não sem antes eu ter de enfrentar resistência das meninas, adaptadas a São Paulo. E agora elas curtem, agradecidas, suas vidas cariocas.

Na nova empresa, ganhei outra vez o tal "presente" que apimenta e torna mais saborosa a carreira executiva: a PMI Worldwide foi comprada por outro grupo norte-americano. Posso dizer que é muito mais difícil ser adquirido do que adquirir e essa foi mais uma experiência valiosa, mais um pavimento construído no meu castelo de aprendizagens.

Não pensem que foi 100% fácil. É uma caminhada e, como tal, há pedras, buracos e outros obstáculos. No entanto, é justamente o ultrapassar de cada um deles que fortalece a história. É, de certa forma, como a jornada do herói. Serve para a ficção, serve para a realidade: da vida comum ele é chamado à aventura. Hesita, encontra seu mentor, aceita, faz a travessia do desconhecido, faz aliados e inimigos. Vem a recompensa e o reconhecimento.

Sinto uma satisfação imensa quando me vejo, hoje, colocando toda a minha experiência à disposição de projetos de mentoria, junto a ONGs ou orientando talentos dentro da minha própria organização. Uso minha posição para incentivar a diversidade na minha empresa.

Deixo claro que a energia que dedico ao trabalho é gerada por uma potência feminina que não vê limites ao gênero. Crio a cultura da igualdade de oportunidades. Defendo uma discussão aberta, flexibilizo a forma de trabalhar, incentivo mulheres a estarem presentes em momentos especiais para seus filhos, promovo mulheres grávidas ou durante licença-maternidade, dou visibilidade às suas conquistas. E a lista segue.

Em resumo: não meço esforços para facilitar o caminho de mulheres rumo à realização, fazendo tudo para permitir esse crescimento sem barreiras. Para mim, trata-se de um ponto inegociável. Se não posso mudar o mundo, posso impactar vidas. Tenho prazer em fazer essa diferença.

Acho que minha motivação, motor e impulso realizador são inatos. Tenho uma personalidade forte que se beneficiou de fagulhas acesas por diversas pessoas à minha volta. Elas ajudaram a criar uma fogueira de sucesso, que espero não ver se apagar nunca.

Quero que a luz desse fogo ilumine o caminho e o coração de minhas filhas, para que possam fazer o que amam, para que não se limitem e não se sujeitem jamais a expressões como "mulher não pode". Pode. Tudo.

# 4

## TUDO É POSSÍVEL PARA QUEM ACREDITA

Quando eu tinha 15 anos, meu pai experimentou um grande revés. Apesar disso, tinha uma viagem paga para a Disney e fui com a grana contada. Quando cheguei à frente do castelo, fiz uma promessa solene para Deus, para Walt Disney e para todos os santos: acontecesse o que acontecesse, voltaria ali todos os anos. Foi nesse momento que comecei a acreditar que, se eu pudesse sonhar, eu poderia realizar, como disse Walt Disney.

## ANDRESSA MARTINS

# Andressa Martins

**Contatos**
LinkedIn: linkedin.com/in/andressanyc
Instagram: @andressamartins.me

Filha da Sonia e do Edson (meus alicerces), esposa da Roberta, mãe da Helena Maria e mãe da minha *pet* Marie. Sou CEO do Festival Mundial de Publicidade de Gramado/RS. Idealizei as edições extras do festival em diversos países, como França, Japão e Estados Unidos. Sou Jornalista de formação e especialista em Comunicação com o Mercado pela ESPM. Tenho MBA Executivo em Marketing e MBA em Marketing Digital, ambos pela ESPM. Sou *practitioner* em PNL pela NLP Life Training – Londres, com Richard Bandler. *Master* e *trainer* em PNL – Programação Neurolinguística pela Escola Livre afiliada a NLPU – Califórnia. Diretora da ALAP, Associação Latino-Americana de Publicidade, entidade sem fins lucrativos, presente em mais de 17 países na América Latina. Empreendedora na Just Grass USA, empresa de grama sintética e instalações em Miami – EUA. Participei da *Wish Academy Disrupt Trip* em 2016: programa, no Vale do Silício, sobre pensamento exponencial, realidade virtual, inovação, *big data, branding* na Singularity University (dentro da Nasa), Stanford e RocketSpace, incluindo visitas técnicas a *startups* e grandes empresas, como a Zappos.

## O começo da vida profissional

A minha caminhada começou cedo, aos 13 anos, meu primeiro emprego foi no credenciamento do Festival de Gramado. Meu tio, João Firme, fundador e idealizador do evento, me deu a oportunidade de estar mais próxima de algo que admirava desde pequena. Sempre fui muito sonhadora e fazer parte da construção do festival me encantava. Considerado um dos mais relevantes eventos de publicidade da América Latina, atrai profissionais da indústria criativa de todo o mundo. Admirava meu tio pelo trabalho que fazia, as viagens levando o nome do Festival e a agilidade com que ele conseguia aproximar as pessoas. Minha mãe e meu irmão trabalhavam nos eventos e meu pai tinha os seus negócios. Aos 15 anos, meu pai perdeu todos os seus bens, e eu tinha uma viagem paga para a Disney. Chegando na frente do castelo, fiz uma promessa para Deus, Walt, todos os Santos que eu podia lembrar: o que quer que acontecesse, eu voltaria lá todos os anos. Foi nesse momento que comecei a acreditar que, se soubesse sonhar, eu poderia realizar.

Os anos foram passando e tive a oportunidade de viajar com o festival. Assumi o cargo de Relações Internacionais da ALAP (instituição realizadora do evento) e criei alguns projetos nos anos pares (o Festival acontecia somente nos ímpares), como a extraedition do evento em Paris, Nova York (no calendário oficial da Advertising Week), México, Tóquio, entre outros.

Sempre me senti realizada, mesmo não tendo reconhecimento algum. Alguns dos meus projetos, quando se consolidavam e ganhavam protagonismo, eram direcionados para outros times. Esse sentimento mexia comigo internamente, e eu entendia que minhas criações eram tão legais a ponto de outras pessoas quererem se apropriar delas. Isso me motivava a continuar, me dava força para não desistir. O orgulho do meu trabalho era o que me impulsionava a seguir em frente.

## Enfrentando os desafios

Enquanto lidava com a suposta "síndrome de impostora", percebia que muitas mulheres que conheci durante minha jornada também passavam pelo mesmo dilema. Sempre enxerguei esse sintoma da cultura machista que subjuga as mulheres e nos faz incapazes ou inseguras para ocupar cargos de liderança.

Quando meu pai faleceu, achei que nunca mais voltaria a ser feliz por inteiro. Ele foi a pessoa que mais me incentivou na vida. Dias depois do seu falecimento, encontramos uma chave do armário onde guardava seus pertences no clube de cartas que frequentava. Quando abri o armário, para minha surpresa, estavam pendurados lá recortes de jornais e fotos das minhas viagens. Ali, entendi que meu lugar não era mais no *backstage*, pois a pessoa mais importante da minha vida tinha muito orgulho de mim. Dois meses depois disso, a Fabiana Antacli me ligou e disse que me conectaria com uma mulher maravilhosa que conhecia a Disney como ninguém. Foi então que recebi o convite da Natasha Caiado, da Wish, para realizar a viagem mais incrível da minha vida.

Em São Francisco, na Califórnia, numa noite em que não conseguia dormir, lembrei-me de quando minha mãe me fazia contar carneirinhos. Eu contava e recontava, até que num determinado momento desisti, e comecei a agradecer. Dizia eu: "gratidão, gratidão, gratidão". Aquele momento foi a primeira vez, desde a partida do meu pai, em que me senti completa novamente. Foi um momento muito importante, no qual a chave virou.

## Assumindo a liderança

Aquele foi um momento de tomar as decisões mais importantes da minha vida: aceitar o desafio, enfrentar meus fantasmas, realizar meu sonho de direcionar o festival para um caminho que sempre sonhei; e outra que era a escolha de engravidar, na véspera de completar 40 anos e num casamento nada convencional. Minha formação familiar é mais conservadora; então, como era de se esperar, as duas decisões mexeram demais comigo e com a minha família. Naquele momento, passavam vários filmes da minha vida na minha cabeça: a saudade do meu pai, as promessas que fiz para mim mesma, os perrengues que passei trabalhando num ambiente controlado por homens, as vontades, os medos, os sonhos. Todos os meus pensamentos me levavam àquele momento da vida. E depois de muito sentir e refletir, decidi que a partir daquele momento cuidaria de dois filhos: a Helena Maria e o Festival.

## Festival de Gramado: novos projetos e ideias

O festival foi fundado em 1975 e, desde então, tem sido um ponto de encontro para profissionais de publicidade, marketing e comunicação. O evento é conhecido por ser uma plataforma para discussão, apresentação de ideias criativas e inovadoras. Muitas campanhas publicitárias famosas são lançadas no Festival de Gramado ao longo dos anos. Sob minha liderança, esperava poder inovar nesta edição.

Depois de mais de quarenta anos de história, era como se o festival tivesse vida própria, com várias fases e diversos momentos marcantes. Após uma pausa de cinco anos, o festival e eu enfrentamos, em 2022, um processo de retomada que colocava em xeque o valor do evento. Não só para o público e para o mercado publicitário, mas também diante dos meus próprios fantasmas. Não foi fácil retomar um projeto do tamanho do festival, principalmente com um perfil tão tradicional e conservador. Eu me perguntava: "Será que o festival e tudo o que ele tem a oferecer ainda tem o mesmo espaço no mercado e no imaginário do público?"; "Será que as pessoas ainda vão se interessar?"; "Será que as mudanças que quero promover vão se sustentar?". Eram infinitas as dúvidas e as angústias por conta do "não saber" como seria. Mas também havia muita coragem, convicção e, principalmente, vontade para fazer acontecer. Vários parceiros de longa data do evento se sensibilizaram pela causa e se doaram da forma mais generosa possível. Parceiros do passado e do presente, unindo-se a um sonho que eu entendia que era só meu. E de fato era, mas compreendi que esse sonho também se conectava com as motivações pessoais de empresas e profissionais fantásticos, de pessoas que também querem ver a transformação no mercado acontecer e que reconhecem que o festival pode ser um influenciador dessa transformação.

Em 2022, na edição de retomada, falamos sobre como a publicidade se comporta na era digital. Ouvimos mentes brilhantes falarem sobre como construir narrativas de marca, como oferecer experiências imersivas e como o marketing de influência vem transformando os investimentos em conteúdo e mídia. E funcionou! O retorno do público e dos parceiros foi incrível. A proposta de retomar o festival com uma nova cara, seguindo uma nova linha editorial, com atenção focada na diversidade e na representatividade dos palestrantes, foi muito bem recebida por todos. Era uma confirmação de que o caminho estava correto e tanto eu quanto o festival poderíamos erguer a cabeça e seguir em frente.

**Inovação social**

Para 2023, o plano vai além, reunindo conhecimento prático e visões sistêmicas em torno do mercado criativo, unindo agências, profissionais e outros diversos players que desenvolvem projetos transformadores alinhados com as demandas sociais. Quero que o palco do festival seja um amplificador das novas vozes, dos novos talentos. Sonho com um mercado mais plural, diverso e – acima de tudo – mais conectado com o espírito do tempo atual. O nosso papel será ensinar, inspirar e debater, pois é o que nos move.

Com a retomada, veio também esse novo formato híbrido, mesclando tanto as experiências presenciais como digitais. Isso nos deu possibilidade de chegar a muito mais pessoas, inclusive chegar a pessoas com deficiências utilizando recursos inclusivos.

**Projeto Vozes**

Tenho muito orgulho de levar para o festival o Projeto Vozes, realizado em parceria com a Flagcx (do Martini – parceiro incrível de longa data do Festival) e o coletivo Papel & Caneta (liderado pelo André Chaves). É uma iniciativa que se propõe a reconhecer as pessoas que estão revolucionando o mercado publicitário com projetos independentes e inovadores, mas que ainda atuam à margem do *mainstream* do mercado. Esse é um projeto que me conecta direto à minha própria trajetória, pois, para mim, é como se o festival fizesse justiça ao oferecer o palco para quem merece ter as ideias, visões e vozes amplificadas. Todos os anos o coletivo Papel & Caneta realiza uma pesquisa para elencar mais de 30 brasileiros que, tanto em território nacional quanto internacional, têm alcançado resultados fantásticos com seus projetos. No Festival, o "Vozes" conta com seis categorias: Novas Lideranças, Carreira, Negócios, Educação, Projeto e Plataforma. O júri, formado por 24 profissionais, tem a tarefa de conhecer as 19 iniciativas de transformação por meio de uma plataforma on-line, na qual os responsáveis pelas trajetórias enviam áudios de cinco minutos. O próprio processo de seleção do júri envolvia um ato de escuta – o que sempre me faltou durante o período em que atuava nos bastidores.

**Inovação digital**

O mundo pós-pandemia está em constante mudança, e as pessoas ainda estão se adaptando ao formato "a distância" para diversas atividades, como trabalho, estudo e consumo de conteúdo. O mercado publicitário e, consequentemente, o Festival de Gramado, também acompanharam essas mudanças, ampliando as possibilidades de formato e abrindo-se às novas plataformas, como a Meta, o Yahoo! e o TikTok, além das tradicionais, como TV e rádio. E pensar que naquela época em que eu era a jovem sonhadora atrás da bilheteria nem sonhávamos com essas formas de interação com o público. Era muito mais difícil.

Acredito que o principal foco do festival sempre foi o conteúdo de qualidade, e fomos capazes de inovar de diversas maneiras. Isso permitiu que o festival se mostrasse ainda mais abrangente, atingindo um público ainda maior.

Um dos temas mais interessantes, abordados em uma edição tão especial, foi a nova profissão surgida na era das redes sociais: o influenciador digital. Essa profissão vem ganhando mais espaço e destaque no meio publicitário. Durante o festival, debateu-se sobre como as marcas estão buscando, cada vez mais, se aproximar de seu público-alvo por meio da contratação de influenciadores digitais, que por sua vez são responsáveis por criar conteúdos que geram engajamento. Ao contrário da publicidade tradicional, a relação entre marca, influenciador e cliente é mais próxima e agradável, como uma conversa entre amigos.

**Conclusão**

Assumir a liderança e enfrentar desafios são partes importantes da minha trajetória profissional. Desde os meus primeiros passos na carreira, quando cuidei do credenciamento do festival aos 13 anos, até assumir a liderança de um evento importante, aprendi a acreditar em mim e lutar por meus sonhos. Embora enfrentasse a síndrome do impostor e o preconceito por ser mulher e parte da comunidade LGBTQIA+, persisti e tive sucesso ao liderar o Festival Mundial de Publicidade de Gramado. Estou compartilhando minha história para servir de inspiração ou encorajamento para aquelas que estão começando sua carreira e lidando com desafios semelhantes.

Hoje vejo que as ideias ainda estão vivas, têm sentido e que agora posso executá-las com novas conexões e parcerias que acreditam em mim e me impulsionam. Tive o apoio de um ser humano incrível, uma mãe, mulher, guerreira, a Bianca Andrade (Boca Rosa), no momento em que ela aceitou ir para o palco comigo. Estando com ela, pude entender o porquê do seu brilho; foi olhando a admiração da sua equipe, a maneira que os olhos deles brilhavam quando olhavam pra ela dizia muito sobre a pessoa que ela é. E é esse ser humano, Bianca, que me faz bem quando estou perto. O fechamento de um evento com um painel de mulheres na liderança foi extremamente significativo para mim também. Primeiro, porque eu mediei esse painel e acabou virando uma forma simbólica de concluir essa passagem do "cajado" para as minhas mãos. E segundo, porque subi aos palcos grávida, cuidando da minha filha, Helena Maria, e concluindo um ciclo importante de uma nova fase do meu outro "filho", o festival. Tudo isso, na presença de mulheres que admiro, respeito e nas quais me inspiro. Por isso, agradeço imensamente a Manzar Feres, diretora geral – negócios integrados em publicidade da Globo, que foi meu primeiro "sim", que acreditou nesse fechamento simbólico que o painel representava. Agradeço também a Fátima Pissarra da Mynd, Manuela Costa da Vila da Mônica, Rachel Maia e, por fim, à Natasha Caiado da Wish, que também participaram e ajudaram a tornar aquele momento mágico na história do festival. É um momento mágico na minha vida também. Minha mais sincera gratidão a vocês. Após o fechamento deste painel, fui convidada pela Natasha a fazer parte do grupo de mulheres *Uma sobe e puxa a outra*. Neste grupo, sinto-me acolhida, respeitada e impulsionada a realizar todos os meus sonhos pessoais e profissionais.

Neste momento, cruzo um novo ciclo de afirmação, de expansão e de renovação de forças. Creio em dias melhores, tanto para mim como para a Helena Maria, e, obviamente, para o festival. Estou profundamente grata pela oportunidade de compartilhar esta história com vocês e agradeço sinceramente pelo incondicional apoio. Assim como Chris Gardner fala em seu filme *À procura da felicidade*: "Esta parte da minha vida, esta pequena parte, se chama felicidade".

# 5

# A MINHA TRAJETÓRIA BASEADA NO *TECH FOR GOOD* (TECNOLOGIA PARA O BEM)

Eu sou uma eterna inconformada! Somente um inconformado pode mudar a sua realidade, mas não adianta ser qualquer inconformado, precisa ser um inconformado positivo, que quer melhorar não apenas o padrão de sua vida, mas também dos outros, quer melhorar o mundo em que vive, a empresa onde trabalha ou o trabalho que realiza. Por isso, juntei-me a outros inconformados para fazer algo concreto, aproveitei meus conhecimentos e experiências em marketing, tecnologia e impacto social para cocriar uma escola de inclusão digital, diversidade e impacto social, afinal, não dá para aceitar passivamente tantos talentos desperdiçados. Pessoas que são excluídas das oportunidades. Mesmo pautando a minha trajetória no *Tech For Good*, ainda sentia falta de ter mais mulheres e diversidade nas diversas áreas da tecnologia e, principalmente, de devolver todas as oportunidades e sorte que tive na minha vida profissional para a sociedade. *Tech For Good*, a tecnologia para o bem, é um conceito muito difundido fora do país; são cinco pilares que vão transformar o mundo: educação, diversidade, saúde, longevidade e sustentabilidade.

## CARMELA BORST

# Carmela Borst

**Contato**
LinkedIn: linkedin.com/in/carmelaborst

Empreendedora e ativista social. Formada em Administração pela FEI, estudou em cursos de negócios em Stanford e Harvard; especialista em ESG; atuou como vice-presidente América Latina em multinacionais por mais de 25 anos; fundadora e CEO da SoulCode Academy; vencedora do Prêmio ONU Mulheres Estados Unidos, na categoria Educação de Qualidade, em 2022; conselheira formada pelo IBGC e atuante em conselhos das ONGs Gerando Falcões, Casa do Zezinho e Instituto Ser Mais e Consultora voluntária da Cufa.

Tenho um ditado que me guia: "Tudo termina como começa".
Nasci em São Paulo, e a maior parte da minha vida vivi na Vila Mariana. Para quem não conhece, é um bairro de classe média que hoje é coberto por arranha-céus, mas já foi cheio de casas, vilas, de crianças brincando na rua, de bailes e sambas nos quintais com vizinhança animada e solidária. Felizmente, o bairro ainda mantém muitas dessas qualidades. Da minha janela atual, eu vejo a casa em que minha família e eu moramos boa parte da vida.

É sobre essa janela, que hoje é como se fosse uma tela de cinema que me abrem imagens do passado, que quero contar como foi minha infância e adolescência. Digo isso porque descobri que, para entender nosso propósito de vida, devemos procurar as respostas e a essência nas nossas crenças e histórias.

Sempre gostei de brincar na rua, bonecas nunca foram meu forte – embora tivesse muitas e gostava delas –, mas o que realmente me animava era empinar pipa no campinho, brincar de pega-pega e assistir a um bom jogo de futebol no estádio com meu pai, corinthiano (minha mãe também era). Família de torcedores animados, até hoje amo ir aos jogos do Timão com meus filhos e amigos.

Minha mãe era mais do samba, da festa, fazíamos rodas em casa, assim como bailinhos na sala, e desde sempre o *soul* e a *black music* tocavam na vitrola. Hoje tocam na minha lista do Spotify. Meus amigos e eu crescemos e fomos juntos aos grandes bailes, assistir a Tim Maia, Jorge Ben, Cassiano e muitos outros que embalavam as pistas, mas era quando tocava James Brown que eu realmente me soltava, para quem nunca tentou, eu recomendo, dançar *soul* é como lavar a alma.

Um dia desses, assistindo ao documentário *Racionais, das ruas de São Paulo para o mundo*, me dei conta de que eu estava lá de certa maneira, e o quanto nessa época eu realmente já era uma pessoa que lutava pelos ideais que acreditava, pela diversidade e contra as injustiças. Eu ia para as favelas tanto

Carmela Borst

em missão de doações para as crianças, coisas que fizemos desde sempre na minha casa, como para estudar com meus amigos que eram moradores de lá; aos finais de semana, estávamos juntos nos sambas, nos ensaios e nos bailes, amigos do asfalto e da favela. Felizmente, muitos de nós seguimos juntos até hoje. Com certeza, foi esse sentimento em comum que fez que o querido amigo irmão Marcelo Tas me levasse para conhecer Tia Dag, fundadora da Casa do Zezinho no Capão Redondo, minha irmã e uma das maiores educadoras desse país, minha eterna admiração por essa mulher.

Em casa, nunca faltou nada, principalmente educação e diversão, e foi assim que em meados dos anos 1980/1990 mudamos para um conjunto de prédios no bairro, carinhosamente apelidado por nós de Pombal. Nele nasceu a banda Ira e, ao redor desse movimento, as bandas brasileiras, o pop rock e toda a luta por democracia.

Quando olho para trás, divido minha vida por músicas brasileiras, todas cantadas por pessoas que, de certa maneira, ajudaram a criar a minha personalidade, tão eclética e democrática.

Contei tudo isso para que muitos que me veem hoje como conselheira de ONGs como Gerando Falcões, Casa do Zezinho e Instituto ser + da amiga querida e inspiração Sofia Esteves entendam que não se trata apenas de estar envolvida em movimentos sociais; esses movimentos foram e são a minha vida. É o tal do propósito que mencionei há algumas linhas, e que hoje, com a maior alegria e orgulho do mundo, vejo refletido em meus filhos, livres de preconceitos, comprometidos com o próximo, seres humanos bacanas e que estão construindo lindas histórias.

Comecei minha carreira na década de 1990, e desde o início entendi que poderia fazer essa ponte entre o mundo corporativo, as periferias e favelas (vocês vão entender um pouco mais para frente). Continuando, essa era uma organização internacional responsável pela administração do código de barras. Cada país tem uma e, naquela época, não existia essa definição, mas podia ser considerada uma *startup*.

Os e-mails eram restritos, a internet discada e os disquetes aquelas bolachas; a tela do computador era verde, e tínhamos o fax, a maneira mais moderna de comunicação.

Minha missão nessa organização era propagar o uso do código de barras nos produtos e mostrar seu impacto em toda a cadeia da automação comercial no Brasil. Nesse período, eram poucas, raríssimas as mulheres na área de tecnologia, e falar sobre diversidade nem era um tema, mas eu vivia essa realidade e, desde então, meu propósito de vida foi trazer mais mulheres para a nossa área.

Após alguns anos implantando a automação comercial no Brasil, decidi seguir para novos ares e, em pouco tempo, migrei para a Oracle. Iniciei como gerente de marketing júnior e, na própria companhia, fui crescendo na carreira até me tornar a vice-presidente de Marketing para a América Latina.

Foram 17 anos, entre 2000 até 2017, em que pude não apenas implantar muitas novidades no setor, mas junto a outras poucas mulheres que eram meus pares, a primeira comunidade de mulheres dentro da empresa. O ambiente de tecnologia atualmente é composto, em sua maioria, por homens; imaginem como era há 20 anos?

Tínhamos noção do poder de trabalhar uma rede de apoio que despertasse o que todas tínhamos em comum, mas nem sabíamos quantas de nós existia nesse universo de TI. No entanto, em pouco tempo éramos dezenas, as pautas eram sempre as mesmas, e que infelizmente permanecem até hoje: "Como nos desenvolver na carreira?", "Como equiparar o salário tendo a mesma carga horária e o mesmo cargo?", e ainda, "como lidar com o machismo estruturado?", trazíamos luz para esses temas e buscávamos soluções para resolvê-los.

Tive sorte de trabalhar em uma empresa que não só permitia esses encontros, mas nos incentivava a frequentá-los. Em 2004, fui convidada pela revista Exame para uma matéria sobre mulheres em tecnologia, uma linda foto que mostrava exatamente a nossa realidade, usávamos uniforme, todas de terninhos pretos, camisas brancas e salto Scarpin. Nesse ponto, quero trazer ao tema minha amiga querida, irmã de vida, Ana Paula Padrão, que foi uma das pioneiras nos encontros entre mulheres, uma guerreira e inspiração por essa bandeira, e que logo em nosso primeiro encontro, há quase 10 anos, me fez entender que era isso: usávamos uniformes.

E todas, cada uma em liderança de setores diferentes da tecnologia, já implantávamos a tecnologia para o bem.

Os anos se passavam e a evolução sobre o tema crescia, mas continuávamos e continuamos a ser minoria. A missão de ajudar nesse crescimento passou a fazer parte da minha vida, uma já segurava na mão da outra, e ninguém soltava a mão de ninguém. Existia uma irmandade, empatia, solidariedade e uma união em que já sabíamos que, juntas, éramos mais fortes. Hoje esse sentimento tem nome: sororidade.

Quando digo "juntas, somos mais fortes", quero mesmo enaltecer que, ao menos na tecnologia, somos poucas, mas somos realmente unidas. Mesmo que estejamos à frente de empresas concorrentes, aqui nessa seara ninguém puxa o tapete de ninguém. Somos, realmente, unidas e apoiadoras umas das outras.

A força da mulher é imensa, mas quando ela se une com outras com os mesmos propósitos e as mesmas visões e ideais, a força se multiplica muito e assim deve ser sempre em nossa vida, tanto na profissional quanto na pessoal. A união realmente faz a diferença! *Uma sobe e puxa a outra*! A bandeira da nossa querida Natasha Caiado, incansável nesse ensinamento.

Preciso dizer que nesse caminho encontrei alguns homens incríveis que se juntaram a esse movimento, e foram grandes parceiros e apoiadores da minha carreira. Sabemos que até hoje as posições de poder ainda se encontram nas mãos de homens, e aprendi com isso – devemos tê-los como aliados e não inimigos. Ganhei um amigo e, hoje, sócio, Silvio Genesini, e meu marido, e também sócio, Fabricio Cardoso. Mais uma vez tive sorte.

Tive outros colegas ao longo dos anos que realmente enxergavam as mulheres como profissionais em potencial, e não "fardos" na companhia. Infelizmente nem todas têm essa sorte, sabemos que muitas colegas na área de TI ainda sofrem pressão por serem do sexo feminino.

Os anos passaram e ainda falta muito a ser feito. Conheci e estudei o conceito de *Tech For Good*, que tem cinco pilares que vão transformar o mundo: Educação, Diversidade, Saúde, Longevidade e Sustentabilidade.

O *Tech For Good*, a tecnologia para o Bem, é um conceito muito difundido fora do país, mas que hoje começa a tomar forma também no Brasil. O ESG da tecnologia.

Mesmo pautando a minha trajetória no *Tech For Good*, ainda sentia falta de ter mais mulheres e diversidade nas diferentes áreas da tecnologia e, principalmente, de devolver todas as oportunidades e sorte que tive na minha vida profissional para a sociedade.

Acredito também que, se tive sorte, posso de alguma maneira ajudar outras mulheres a terem sorte na trajetória profissional delas. É um ciclo do bem que preciso perpetuar.

Enfim, no final de 2020, e após muita pesquisa e estudos, viajando pelo mundo em regiões como Vale do Silício nos Estados Unidos, França, Inglaterra, Portugal e Singapura, entre outros, estudando formatos inovadores de educação tecnológica, para atender o déficit de profissionais na área, nasceu a Soul Code Academy.

Em meio à maior pandemia das últimas décadas, em um país com desigualdade de oportunidades, o nosso propósito é transformar vidas por meio da capacitação tecnológica gratuita e fazer a ponte para empregabilidade dentro de empresas – que precisam dessa mão de obra – era tudo que sonhava.

O Brasil tem um grande déficit de mão de obra qualificada em tecnologia, e tem uma multidão de cabeças extraordinárias precisando de uma oportunidade para mostrar garra, capacidade, tenacidade e resiliência.

E como tudo termina como começa, em 2022, deixei o mundo corporativo para assumir como CEO da *startup* que fundamos em 2020, totalmente baseada nos conceitos do *Tech for Good:* a SoulCode Academy!

E por que Soul? Pois bem, porque SoulMusic é parte da minha história, porque Soul é uma das palavras mais lindas para soletrar a Alma.

Em 2015, foi feita a primeira classe de programação para favelas, junto à ONG Gerando Falcões e ao irmão Edu Lyra, e já nessa época metade dos alunos eram jovens mulheres. Aliás, essa primeira classe de programação dentro da favela me fez ver o quanto precisamos oferecer mais oportunidades para pessoas, de todas as idades e gêneros, que vivem em favelas e periferias do Brasil. Como o próprio Edu Lyra diz, a maior *startup* do país é a favela, e que um dia o próximo Bill Gates sairá de lá. É isso, irmão, "tamojunto"! O potencial do nosso povo é imenso, nem o céu é o limite para nossos brasileiros.

E por que estou aqui contando a minha história? Para homenagear minha mãe, nordestina, desquitada, sem faculdade, que se foi 15 dias antes do lançamento da SoulCode em 2020, mas me deixou seu maior legado: que devemos devolver em vida as oportunidades e a sorte que tivemos.

Em meados de 1988, ela conseguiu fazer de nossa casa um posto de arrecadação de doações para as enchentes do Rio de Janeiro. Do nosso quintal, a Defesa Civil levou mais de 18 toneladas de doações, em um Brasil que não era conectado, mas a TV tinha e tem papel fundamental para unir o povo em temas importantes para a sociedade. Com isso, aparecíamos no programa de TV, como o Fantástico, e até nas chamadas de rádio. Conto essa história porque é dessa época que aprendi o valor do trabalho voluntário, e desde então entendi também o valor do voluntariado em rede.

Infelizmente, continuamos com os mesmos problemas estruturais daquela época, como aconteceu agora no Litoral Norte de São Paulo no final de fevereiro de 2023 – muitas vidas foram ceifadas pelo descaso e desumanidade com os pobres. Fui lá fazer meu trabalho voluntário no campo, junto à equipe da CUFA (Central Única das Favelas), do irmão Celso Athayde – que merece elogios à parte; até agora as imagens e o cheiro de morte não saem da minha cabeça, o que me faz lembrar a todo momento que estamos aqui somente de passagem, e que se não dedicarmos parte do nosso tempo para ajudar o próximo, passaremos pela vida sem ter dado sentido a ela.

E é em nome do sentido da vida, e em nome dela, da Dona Zina, da minha filha Bianca e de tantas mulheres da minha família, que eu vou transformar a vida de milhares de pessoas por meio da educação tecnológica e da empregabilidade. E sempre, e para sempre, boa parte dessas vidas serão de mulheres.

Mãe, essa vitória é nossa! Obrigada pelo legado, obrigada por me ensinar tanto, por esse exemplo de mulher, que sozinha em uma cidade grande conseguiu criar seus filhos com amor, dignidade e dando lições de exemplo e de superação. Espero deixar um legado também, espero fazer aqui o que a senhora fez enquanto esteve viva.

Filhos, quando eu não estiver mais aqui, honrem seus ancestrais, ensinem aos seus filhos, essa é uma continuidade sem fim: façam o bem e dividam com a sociedade todas as oportunidades e alegrias que a vida trouxer para vocês – e serão muitas!

# 6

# EU SOBREVIVI A UM CÂNCER

"A chance de ser maligno é de 70%." Foi desse jeito que recebi o diagnóstico mais difícil da minha vida! Nunca falei em público sobre a minha doença. Demorei, inclusive, para contar para a minha família e meus amigos. Muita gente só soube depois da cirurgia. Não queria que me olhassem com pena, que me fizessem um milhão de perguntas. Não me sentia pronta para me expor. Já começo fazendo uma confissão. Eu me arrependo de não ter contado essa história na época. Tenho certeza de que poderia ter ajudado outras mulheres e outros homens que passam, passaram ou ainda passarão por essa doença. Por isso, resolvi me abrir neste livro. Do fundo do meu coração, espero poder ajudar e incentivar quem precisa, contando a minha história quando fui diagnosticada com câncer. O título do livro, *Uma sobe e puxa a outra*, que também é o nome do nosso grupo, tem tudo a ver com isso. Quando uma desce e precisa de ajuda, a outra vai lá e puxa para cima. Outro dia, ouvi uma frase que eu adorei: a mulher só deve olhar para baixo se for para ajudar a puxar outra mulher. É sobre isso que estou falando. E penso ser importante ampliar esse objetivo. Quero poder puxar mulheres e homens também.

## CHRISTIANE PELAJO

# Christiane Pelajo

**Contatos**
pelajochris@gmail.com
LinkedIn: linkedin.com/in/chrispelajo
Instagram: @chrispelajooficial
TikTok: @chrispelajo
YouTube: @chrispelajooficial

Sou uma eterna curiosa! Amo aprender, ler e me reinventar! Estou em um novo momento, me lançando em um universo que apareceu para mim. Depois de 26 anos trabalhando na TV Globo e na GloboNews, resolvi mergulhar em uma nova aventura. Hoje, sou uma empresária e empreendedora, especialista em comunicação. Só uma comunicação eficiente é capaz de alavancar carreiras, empresas, equipes e abrir portas para um novo mundo. O meu propósito de vida é ajudar as pessoas a desenvolverem a assertividade, a transparência e a credibilidade. Sou fascinada por inovação e tecnologia! São temas que dialogam com a comunicação! Além disso, sou uma viajante incansável! Já visitei mais de 40 países e quero muito mais! Fiz coberturas especiais na França, na Espanha, na Alemanha, na Itália, na Grécia, na Índia, nos Estados Unidos, na República Dominicana, no Chile e em todas as regiões brasileiras. Também coordenei e fui uma das autoras do livro *Ser + Em Comunicação*, uma coletânea de artigos de grandes jornalistas e comunicadores sobre a arte de se comunicar. Comunicação é o caminho!

## O diagnóstico

Dias antes de ouvir a frase que abre o meu capítulo, eu tinha ido a um laboratório em São Paulo, onde moro, fazer uma série de exames de rotina. Fui atendida pela Dra. Luciana Helena, uma médica gentil, mas bem direta e objetiva.

Por coincidência, dois dias depois desse ultrassom de rotina, eu tinha marcado uma série de ressonâncias ortopédicas. Naquela época, eu praticava corrida e até me aventurava em algumas provas de rua, mas comecei a sentir dores no quadril e decidi ir a um ortopedista, que me pediu as ressonâncias.

Eu estava saindo de casa para fazer esses exames quando me ligou uma pessoa do laboratório onde eu havia feito o ultrassom. Muito educado, o rapaz me disse: "deu um problema no seu ultrassom abdominal". Ele sugeriu que eu procurasse um médico e solicitasse um pedido de ressonância para avaliar o meu rim direito. Confesso que não tinha ideia de que laboratórios telefonassem para os pacientes com esse tipo de alerta. Fiquei bem impressionada com a cautela.

Como eu estava saindo para as tais ressonâncias magnéticas ortopédicas, resolvi ligar para o consultório do meu médico e solicitar que ele fizesse um pedido para o exame sugerido pelo rapaz do laboratório. Assim que cheguei ao local do exame, pedi para a recepcionista encaixar mais uma ressonância além das quatro que eu já faria. No começo, ela disse que não poderia, mas eu não desisto nunca! Contei a história para a moça, que se comoveu e deu um jeito de encaixar mais um exame.

Foram cinco ressonâncias no mesmo dia! Não sou nada claustrofóbica, mas é bem desagradável ficar mais de uma hora dentro de um tubo com uma "parede" a pouquíssimos centímetros do rosto.

Quando o exame acabou, perguntei ao radiologista se tinha algo errado. Ele disse que o laudo seria feito pelo médico, que chegou após alguns minutos e me informou que eu devia procurar um urologista. Eu nunca havia ido a um urologista na vida; portanto, eu não conhecia nenhum. Pedi uma indicação ao médico do laboratório e, como você deve ter percebido quão imediatista eu sou, pode imaginar que já saí de lá ligando para o médico indicado. Até aquele momento, não havia contado a ninguém (nem para o meu marido) que tinha dado um "probleminha" no meu exame.

O urologista indicado era um descendente de japoneses, que me pareceu de muita confiança. Ele pegou o laudo e as imagens para analisar. Olhou com calma, colocou as imagens num daqueles painéis de luz, comuns em consultórios médicos, e se virou para mim, com toda tranquilidade do mundo, falando a tal frase: "Você tem um tumor no rim direito. A chance de ser maligno é de 70%".

**A reação**

Eu senti um buraco se abrindo no chão!

Só quem já passou por isso sabe o que é ouvir um diagnóstico desses.

Várias perguntas passaram pela minha mente naquele momento: um tumor no rim? Mas é um órgão vital! E agora? Vou morrer? Tenho quanto tempo de vida?

Guardei os questionamentos para mim e tentei me manter firme. Não derramei uma lágrima. O médico me disse ainda que eu tive sorte de ter detectado o tumor cedo, pois o câncer no rim é silencioso. Quando começa a doer, é porque a doença já atingiu estágio avançado. Eu, felizmente, não sentia dor alguma.

Ainda dentro da sala do médico, liguei para Fernando, meu marido. Podia jurar que estava calma quando falei com ele, mas percebi que poderia ter soado apavorada, pois ele atravessou a cidade em 15 minutos. O consultório era localizado a muitos quilômetros de onde ele estava. Eu o abracei e chorei como criança! Foram as primeiras lágrimas de muitas que viriam depois.

O médico não se abalou com a minha desolação. Ele apenas sugeriu que nos sentássemos e que eu ficasse calma. Depois me informou que eu precisaria ser operada o mais rápido possível e que, só após a biópsia, eu saberia se era maligno de fato ou não. Ele disse: "Vou abrir a sua barriga, pegar o seu rim nas mãos e tirar o que tiver de câncer nele, se é que terá". Mas convenhamos: nós estávamos trabalhando com a possiblidade de 70% de malignidade, ou seja, 70% de chance de ser um câncer.

Tendo isso em mente, preciso abrir parênteses aqui. Muita gente que tem câncer não gosta de usar essa palavra. Prefere tumor. Eu trabalho com comunicação. Nos meus cursos, eu sempre bato na tecla da objetividade e oriento os executivos para que sejam diretos em suas falas. Dessa forma, não usar a palavra câncer seria incoerente para mim. Além disso, por conta da minha intuição pisciana, ainda que o médico não pudesse afirmar qual era a minha doença, eu sabia que estava lidando com um câncer. Em seguida, pensei: "Cirurgia aberta? Qual é o tamanho da cicatriz?". Dessa vez, fiz as perguntas em voz alta. O médico respondeu que poderia ser de 12 a 18 centímetros.

Na mesma hora, Fernando e eu pensamos: não é possível que não exista algo menos invasivo. Estávamos no meio do ano de 2016.

Como eu sempre fui apaixonada por tecnologia, inovação e tendências, abri o computador assim que cheguei em casa e comecei a pesquisar sobre a minha condição, procurando informações atualizadas que pudessem me ajudar. Aqui vai um conselho para quem está passando por isso. Não aceite a primeira opinião de imediato. Ouça pelo menos três profissionais, mas também não vale enlouquecer e ouvir dez!

O segundo urologista que consultei foi indicado pelo meu médico, o mesmo que fez os pedidos das ressonâncias magnéticas. Marquei a consulta para o dia seguinte.

Era um consultório em Higienópolis, São Paulo. Mais uma vez, fui sozinha. Após analisar os exames, o médico considerou que meu caso era perfeitamente adequado para cirurgia robótica e me recomendou um médico especialista nesse assunto, que, naquela época, já tinha mais de mil cirurgias robóticas no currículo. Faço questão de citar o seu nome: Dr. José Roberto Colombo.

Saí de lá espantada com a ideia de ser operada por um robô e planejando descobrir mais sobre essa possibilidade. Cheguei em casa, contei tudo para o meu marido e avisei que passaria o fim de semana num spa, sozinha, para decidir o que fazer. Tenho a sorte de ser casada com um homem supercompreensivo, que sempre respeita as minhas decisões. Entendemos que cada um age de uma forma diferente quando precisa lidar com um problema dessa magnitude. O meu, naquele momento, foi me isolar para decidir o que fazer.

Assim que acordei no sábado de manhã, liguei para o Dr. Colombo, que me atendeu com perceptível boa vontade. Ele entendeu a minha ansiedade e ficou mais de uma hora ao telefone, tirando todas as minhas dúvidas, que eram muitas.

Sou jornalista. Fui treinada para fazer perguntas e pesquisar. Àquela altura, eu já tinha lido tudo o que estava ao meu alcance para entender a doença. Por fim, antes de desligar o telefone, Dr. Colombo disse algo que foi fundamental na minha decisão: "Christiane, pelos seus exames e pelo seu relato, só te peço uma coisa. Independentemente do médico que você escolher – ainda que não seja eu –, faça a cirurgia robótica. É a melhor indicação pra você".

Desliguei com a convicção de que seria operada por um robô chamado Da Vinci, sob os cuidados do Dr. Colombo.

## A cirurgia

Marcamos a cirurgia para o domingo seguinte, uma semana depois desse telefonema. Dr. Colombo me aconselhou a trabalhar normalmente durante aquele período, o que foi um dos melhores conselhos que eu poderia receber naquele momento. Focar em algo que não fosse a cirurgia foi fundamental para a minha saúde mental. Se eu tivesse ficado em casa, sem trabalhar, não teria pensado em outra coisa que não fosse a doença. Deixo a mesma sugestão para quem possa estar numa situação semelhante: ocupe a cabeça.

Até então, eu não tinha contado para ninguém da minha família, a não ser o meu marido.

Eu não acredito em coincidências, mas, aparentemente por acaso, a minha mãe, que mora no Rio, estava vindo para São Paulo naquela mesma semana, antes da minha cirurgia. Eu me lembro como se fosse hoje quando contei a ela. Entrei na sala da minha casa, onde ela assistia à TV com o meu marido. Falei da maneira mais concisa possível sobre ter sido diagnosticada com um tumor que tinha 70% de chances de ser um câncer e que seria operada no domingo. Isso foi na terça, cinco dias antes da cirurgia. Foi só o que consegui dizer. Depois, entrei no meu quarto e chorei. Deixei Fernando na sala com ela e até hoje não tive coragem de perguntar a ele como foi a reação da minha mãe.

Assumo a *mea culpa* aqui. Nenhuma mãe no planeta merece receber uma notícia dessas como a minha recebeu. Desculpe, mãe! Foi o melhor que eu consegui fazer naquele momento de fragilidade. Tenho certeza de que ela me perdoa, mas faço o apelo para que ninguém aja da forma como eu agi. A verdade é que eu estava em frangalhos e não queria deixar a minha mãe mais preocupada ainda. A minha solução foi, portanto, tratar a doença como algo corriqueiro, como se não estivesse me afetando emocionalmente. Hoje, com o discernimento que tenho, faria muito diferente. Eu me abriria mais, me permitiria ser mais frágil, exporia a minha vulnerabilidade. Naquele dia, eu não consegui.

Confesso que achei estranho o médico marcar uma cirurgia num domingo, dia de descanso. Na véspera, fiquei imaginando se o Dr. Colombo não estaria jantando fora e bebendo. Veja como a imaginação pode ir longe quando nos preocupamos. Cheguei a contar isso a ele, que riu e disse que não bebia. Comentou também que, de qualquer maneira, o robô é tão incrível que é capaz de corrigir movimentos imprecisos que a mão do médico possa fazer.

Cheguei bem cedo ao hospital. Ainda estava escuro. Quando o anestesista entrou no quarto, disse a ele que não queria ser sedada antes de conhecer Da Vinci, o tal robô que iria me operar. Coisas de jornalista! Ele deve ter presumido ser melhor não me contrariar, pois fui levada ao centro cirúrgico sem anestesia, onde fui apresentada ao robô Da Vinci. Logo me encantei com aquela tecnologia superavançada que iria me operar sob o comando do Dr. Colombo. Achei tão genial que, meses depois da cirurgia, fiz uma série de reportagens para o meu jornal na GloboNews sobre cirurgias robóticas.

Peço perdão aos especialistas pela simplificação, mas julgo válida uma rápida explicação, pois quero que todos entendam como essa tecnologia funciona. O médico manuseia uma espécie de console. É como se estivesse jogando um videogame. Ele conduz os quatro braços do robô por meio de *joysticks*. Esses braços operam o paciente de maneira pouquíssimo invasiva. No meu caso, foram cortes muito pequenos no umbigo. A cicatriz é mínima e fica escondida dentro do orifício. Foram quase seis horas de cirurgia, desde o momento que entrei na sala de operação até ir para o quarto.

O meu marido me disse que foram horas muito tensas para ele e minha mãe. Posso imaginar! Fiquei sabendo que, quando o médico entrou no quarto após a cirurgia para avisar que havia sido um sucesso, eles choraram de tanta emoção. Fernando contou que abraçou o Dr. Colombo e chegou a soluçar. Até hoje, quando falamos nesse assunto, ele chora e eu também. Confesso!

Ele foi muito forte e me encorajou o tempo todo, mesmo com tamanha responsabilidade nas costas. Era a única pessoa que sabia desde o início e guardou a notícia sozinho durante muitos dias. Não tive coragem de contar para o meu pai e para os meus dois irmãos antes da cirurgia. Eu não conseguia falar do assunto sem chorar. Até hoje, não sei se fiz a coisa certa escondendo a situação, mas nenhum deles morava em São Paulo e eu não queria preocupá-los.

A recuperação de uma cirurgia dessas não é nada agradável. São dias sem conseguir se esticar direito. Apesar de ser muito menos invasiva do que a aberta e com uma recuperação muito mais rápida, não é fácil.

Na época eu apresentava um telejornal diário na GloboNews. Fiquei decepcionada ao descobrir que, mesmo sem terem ideia do problema que eu enfrentava, algumas pessoas da equipe alegaram que eu tirava férias demais. Isso chegou até a ser publicado por alguns veículos de imprensa. Agora que o motivo da minha ausência é público, torço para que essas pessoas entendam a importância de nunca criticarem alguém sem saberem o que está realmente acontecendo.

Pouco mais de um mês depois da cirurgia, eu estava no ar, apresentando jornal. Fiz questão de voltar o mais rápido que pude!

## A eterna gratidão

A minha cirurgia foi, de fato, um sucesso! Não precisei fazer quimioterapia nem radioterapia. O médico retirou um terço do meu rim direto. O tumor foi removido com uma margem de segurança para evitar problemas futuros e enviado para biópsia. Era mesmo um câncer. Em geral, um tumor desses cresce meio centímetro por ano, e o meu tinha três. Ou seja, provavelmente, eu já tinha esse tumor há seis anos, e ele nunca havia sido detectado em nenhum exame de ultrassom.

Quando fiz a primeira revisão depois da cirurgia, eu disse ao Dr. Colombo: "Muito obrigada por ter salvado a minha vida!". A resposta dele foi uma surpresa: "Quem salvou a sua vida não fui eu. Foi a médica que fez o seu ultrassom. Agradeça a ela, porque, com certeza, você havia feito outros exames, já com esse tumor, e os médicos anteriores não o viram". Ele explicou que, por ser da cor do rim e estar colado na parede do órgão, é mais difícil detectá-lo. Se eu tivesse recebido esse diagnóstico algum tempo depois, poderia ser tarde demais.

Evidentemente, marquei um novo exame no mesmo laboratório e pedi para ser atendida pela Dra. Luciana Helena, a mesma que descobriu o meu tumor. Eu não avisei que tinha sido operada. Entrei na sala de ultrassom, e Dra. Luciana, que estava de costas para a porta, terminando um laudo, me perguntou – como de praxe – o motivo do exame: "Seria de rotina?".

A minha resposta foi direta e objetiva: "eu vim te agradecer, porque você salvou a minha vida!".

Ela se virou para mim e veio andando na minha direção. As enfermeiras começaram a chorar, e eu desabei nos braços da Dra. Luciana Helena.

Escrever este capítulo foi muito terapêutico. Mil sessões de análise em 2 mil palavras! Eu me sinto leve, tranquila, liberta!

Agradeço a você que me acompanhou até o fim desta história! Obrigada por, mesmo sem saber, estar ajudando a me curar. Espero, dessa forma, também ajudar outras pessoas que possam estar passando por isso agora.

Se for o seu caso, acredite na sua cura! Parece clichê, mas a sua força vai fazer toda a diferença na luta contra essa doença. Faça exames de rotina. Eles podem salvar a sua vida, assim como salvaram a minha! Além disso, peça ajuda. Não tenha medo de demonstrar sua fragilidade e suas vulnerabilidades. Isso só nos fortalece. Acredite!

# 7

# DO *GUINNESS BOOK* AO BURNOUT

Uma honra estar aqui, neste livro, junto com tantas mulheres guerreiras que inspiram e acolhem. Juntas, rimos e choramos; discutimos pautas e estratégias para que o propósito do grupo seja alcançado. A conexão é forte e vem daquilo que é comum a todas: o ser MULHER! Não importa a versão, o que mais importa é a diversidade. Compartilhar histórias é uma experiência catártica. Narro, aqui, um dos piores momentos da minha vida; de adoecimento físico e emocional, que afetou a mim e, por consequência, minha família. Os dois primeiros anos foram os piores, pois coincidiram com os dois últimos de vida da minha mãe. Escrever sobre isso foi doloroso e custoso pra mim. Com lapsos de memória, contei com a ajuda dos meus filhos. Posso dizer que escrevemos a seis mãos, pois acrescentaram fatos que eu não lembrava. A partir da minha vivência, deixo meu convite para leitura e reflexão sobre a importância de se falar sobre saúde mental e de tratar o assunto dentro e fora do mundo corporativo. Resultados não podem ser obtidos a qualquer preço. Há de se ter limites e respeito para evitarmos o abuso de poder dos que ocupam cargos de liderança. Alguns caprichos imperativos resultam em esforços desnecessários, que vão desencadear um caos sistêmico às equipes envolvidas.

## CLÁUDIA CAMPOS

# Cláudia Campos

**Contatos**
Instagram: @claudiacamposdasilva
LinkedIn: claudia-campos-mkt

Santista, filha de dona Alba, mãe de dois filhos, Lais e Luan. Consultora de marketing, tendo atuado recentemente no terceiro setor, artes e entretenimento. Realiza consultoria para *startups* e *mentoring* para novos executivos. Mais de 20 anos de histórico em cargo de gerência no setor automobilístico e de telecomunicações, nas áreas de marketing, comunicação e negócios. Experiência na gestão de pessoas e implantação de novos processos. *Expertise* no desenvolvimento de eventos empresariais e de ações de relacionamento, com soluções criativas. Durante 16 anos, atuou na gestão de marketing de caminhões da Mercedes-Benz. Experiência como professora universitária e consultora empresarial, além de autora de publicação que trata do novo papel da mulher na sociedade atual.
*Não sou Mulher Maravilha*, de 2008.

Sem fazer suspense, já vou começar com um dos pontos altos da minha carreira: entrei para o Guinness World Records 2016. Melhor dizendo, coloquei a empresa na qual eu trabalhava lá.

Como todos os meus colegas da vida coorporativa podem imaginar, o *budget* não fazia jus à grandiosidade do feito almejado; logo, haja criatividade para, com um *budget* que vale 20% do que você calculou por baixo, ter de entregar uma ação que virasse um recorde mundial.

Poderia até me alongar nas demandas absurdas, mas eu sei que, infelizmente, essa é uma realidade conhecida pela maioria das pessoas que trabalham no meio empresarial. Matamos um leão por dia.

Reconheço também que, apesar de ser uma mulher em uma empresa predominantemente masculina, tive privilégios por ser uma mulher branca e heterossexual, então falo de um recorte de alguém que sofreu discriminações por gênero, mas que está ciente de que têm outras mulheres que passam por intersecções de discriminações e que sou privilegiada em relação a elas. Essa consciência dos privilégios que tenho e da discriminação que sofri foram conceitos que eu passei a enxergar e entender com o tempo. Hoje, acredito no poder transformador do esclarecimento dos privilégios que temos e do entendimento dos tipos de discriminação que sofremos. Afinal, não há nada pior do que ser golpeada sem saber quem está te golpeando.

Quando olho pelo retrovisor, vejo o quanto essa empreitada foi uma estrada sem pavimentos, na qual muitos dos obstáculos que surgiam não eram relacionados às demandas convencionais de trabalho. É lógico que percebia o tratamento diferente que recebia por ser mulher, porém acreditava que isso era algo que eu deveria apenas superar em vez de combater.

Acumulei muitos prêmios ao longo da minha carreira. Sequer pude ir à entrega de alguns. Sendo algumas vezes desconvidada pela minha empresa depois de ter recebido convites oficiais de organizadores de eventos de premiação.

Há 20 anos, era comum mulheres serem espremidas em um abraço, ganharem beijos melados e lidarem com olhares lascivos no ambiente de trabalho.

Os elogios que eu recebia geralmente eram pelo meu perfume, pelo cabelo, pelo corpo... raramente por minhas ideias, projetos e apresentações, que eu varava a madrugada para dar conta de fazer.

Eu realmente acreditava que conseguiria superar esse impasse de ser uma mulher, que tentaria, por meio dos meus louros e conquistas, me provar boa o suficiente para os olhares masculinos.

Eu não era lida como assertiva, mas sim como mandona. Ainda assim, preferia ser lida como mandona do que como submissa. Hoje, vejo a importância de termos um repertório maior para adjetivar mulheres, que não parta de um pressuposto de submissão ou arrogância.

Minha mãe foi minha primeira referência de força feminina. Dona Alba era analfabeta funcional, mãe solo desquitada em plenos anos 1960. Entre se manter em um relacionamento abusivo e sofrer o estigma de ser uma mulher desquitada, ela optou por ser a mulher que escolheu "largar" o marido. Escolha que fez sem pestanejar, visando um futuro melhor para mim.

Lembro-me da minha primeira infância em um quarto sublocado de um cortiço. Ainda que sobrevivendo em meio à miséria e com um futuro melhor praticamente utópico, Dona Alba sempre me fez sonhar alto e me ensinou a confrontar as adversidades com cabeça erguida e com o orgulho que ela me depositava.

Esse orgulho e essa confiança que ela forjou em mim desde muito cedo, essa certeza de que eu poderia conquistar o que eu definisse como meu objetivo, contanto que trabalhasse duro, fez que eu me mantivesse inabalável por um tempo deveras maior do que eu imagino que conseguiria caso não houvesse essa mãe tão empenhada.

Porém, a autoconfiança é uma força que é quebrada quando não recebemos reconhecimento a longo prazo; quando nosso conhecimento na área em que somos mais especializadas é constantemente questionado por pessoas que não possuem um terço da nossa experiência e estudo; quando compartilhamos ideias que são negadas instantaneamente em uma reunião, porém são aplaudidas quando repetidas pela boca de alguém do sexo oposto.

**Dezembro de 2016**

A montagem que entraria para o Livro dos Recordes precisava estar pronta no mesmo dia, A maior imagem de caminhões do mundo. Formamos uma grande árvore de Natal, com 342 caminhões, 150 pessoas e a equipe de auditoria do *Guiness* presente o tempo inteiro, pois tudo tinha que ser montado e filmado no mesmo dia.

Essa foi a nossa homenagem de final de ano a todos os caminhoneiros do Brasil Pronto, era oficial, tínhamos entrado pra história. Estávamos no livro dos recordes. Que emoção.

Mas a alegria durou pouco. Na semana seguinte, no último dia útil do ano, recebi a notícia de que havia uma nova missão. Sabe aquela pergunta: o que você faz entre a meia noite e às seis da manhã? Então, enquanto a empresa entrava em recesso, eu recebia a missão de produzir um vídeo a ser entregue no primeiro dia útil do ano. Sério! O desespero bateu, pois estava pra lá de exausta. Sempre trabalhei o ano inteiro para proporcionar o melhor para a minha família. Essa época eram as nossas férias sagradas.

A Dona Albinha? Radiante. Afinal, eu conseguia proporcionar para ela os Natais e Anos Novos que ela sonhava quando eu era criança, enquanto dividíamos um refrigerante em datas como essas e conversávamos sobre como celebraríamos no futuro, quando eu "vencesse" na vida. Eu não poderia demonstrar que não estava bem, justo na época que ela mais amava.

## Janeiro de 2017

Acordei um dia mal conseguindo me mexer, completamente letárgica e fotofóbica. Cada pedaço do meu corpo doía e latejava. Ao ser levada para o hospital, recebi a recomendação de passar por um psiquiatra.

Passei e recebi 10 dias de atestado. A recomendação era de que eu precisava descansar com urgência, estava alcançando o meu limite. Segui a recomendação. Eu sou uma mulher forte e determinada. Após esses 10 dias, estaria pronta para trabalhar com ainda mais empenho.

Retornei e fui recebida com uma pressão gigantesca pelo atraso. Compreensível, claro, entendo que a Cláudia estar doente não mudava os prazos do projeto. Já estava nesse jogo há tempo demais, sabia bem como funcionava e estava pronta para correr atrás do prejuízo.

A diferença é que agora eu não conseguia reagir. Eu queria, minha mente queria, eu reconhecia a importância. Meu corpo, todavia, não permitia. Eu só conseguia dormir. Sonambulava pela empresa durante a manhã, independentemente da quantidade de energético que tomara e, após o almoço, me trancava em uma sala para trabalhar no escuro. Todas as minhas reuniões eram feitas no escuro. Eu não suportava mais a claridade.

Em qualquer lugar em que não estivesse com muitas pessoas, eu pedia que apagassem as luzes. Em salas de espera de consultórios médicos, eu cobria meu rosto com algo para evitar a claridade. Fui criando estratégias para combater a fotofobia e a exaustão, tentando sempre manter as aparências de que estava tudo bem. Eu só estava passando por um momento contornável, ninguém precisava se preocupar.

Além desses sintomas, passei a ter insônia também. Passava o dia com um sono implacável e de noite parecia que tinha dormido o dia inteiro. Foram-me prescritos remédios para combater a exaustão e remédios para dormir. Não houve o efeito esperado, e o médico dobrou as doses.

Os energéticos eram diários, e analgésicos viraram dropes de menta.

**Março de 2017**

Acordei no ambulatório da empresa, com duas funcionárias da minha equipe ao meu redor, assustadas. O mundo girando.

Uma enfermeira me dizendo que eu estava com enxaqueca, as meninas dizendo que eu havia desmaiado. E eu sem conseguir raciocinar, só pensava no quanto não queria que me acordassem.

Esse foi o último dia em que trabalhei.

Desse dia até alguns meses depois, só me lembro de flashes. Vislumbres de momentos que vivi como se eu fosse uma expectadora. Eu era constantemente encontrada desmaiada em locais diferentes do meu apartamento. Não conseguia chegar perto de um telefone, não conseguia ler, não conseguia sair de casa, não sentia fome, não respirava direito. Eu só conseguia dormir.

Ao mesmo tempo que eu só queria dormir, meu sono era agitado e regado a pesadelos. Muitas vezes, acordava gritando, chorando, pedindo socorro. Espasmava o tempo inteiro que dormia.

Minha família ficou apavorada, e eu fui levada ao hospital novamente. Fui internada. O médico me pediu um *check-up* completo. Nenhum diagnóstico clínico, porém a insistência de que eu fosse em uma psiquiatra referenciada por ele.

Após algumas consultas, com uma anamnese completa, uma coleta profunda do meu histórico e do ambiente no qual eu estava inserida, veio o diagnóstico: síndrome de *burnout*.

## Burnout

Síndrome de *burnout* (ou síndrome de esgotamento profissional) é um distúrbio emocional causado por situações de trabalho desgastantes, que envolvem muita competitividade e pressão, causando sintomas de exaustão extrema, depressão e ansiedade.

Em 2017, pouco se falava sobre essa síndrome. Foi uma jornada para encontrar o tratamento certo e as medicações que funcionavam. No primeiro dia em que consegui ficar acordada por mais de doze horas, houve uma celebração entre meus médicos e familiares.

Passei um ano quase sem memórias, respaldando-me no relato de quem convivia comigo. Durante esse ano sentia fobia social, intolerância a qualquer barulho e tive ideações suicidas.

A fibromialgia ficou como um efeito colateral dessa época. Ainda sigo tomando medicações diversas para contornar os efeitos que essa síndrome me causou.

Eram comuns os questionamentos alheios de como eu me deixei chegar a esse ponto. Como alguém que tinha recursos como eu não procurou ajuda no início.

Agora, com as feridas cicatrizadas, vejo a importância de transmitir essa vivência. A importância de mudar a narrativa para outras pessoas. De redirecionar o questionamento do: "Como tal pessoa deixou isso acontecer?" para "Como nós como sociedade deixamos tal pessoa ser sujeita a esse tipo de tratamento?", "Como nós como sociedade podemos prevenir que outras pessoas não passem pelo que tal pessoa passou?", "Como podemos acolher tal pessoa que está passando por um distúrbio emocional?".

> *A importância de se falar em saúde mental é cada vez mais premente. Precisamos traçar nossa jornada equilibrando os pratos, mas sem quebrar a alma.*
> Cláudia Campos

Por conta de outras mulheres que se dispuseram a compartilhar suas histórias comigo e a ouvir os meus relatos, pude entender que ter sido sacudida pelos ombros por um superior na empresa na frente de todos, que ter sido chamada de vaca pela esposa de outro superior em um recado de caixa postal, por conta de um erro que ocorreu durante as férias do casal (que convenhamos, não era da minha alçada profissional, mesmo sem esse xingamento chulo) e que ter recebido diversos avanços sexuais são parte de um problema sistêmico que mulheres enfrentam no mundo coorporativo.

Hoje, norteio-me pela frase de Maya Angelou: "Toda vez que uma mulher se defende, sem nem perceber que isso é possível, sem qualquer pretensão, ela defende todas as mulheres". Quanto mais mulheres tiverem a consciência do que eu não tive, mais serão capazes de mudar as instituições por dentro. Meu papel, atualmente, é apoiar essas mulheres compartilhando minhas experiências e alertando sobre os limites que nosso corpo determina. **É muito melhor você parar antes que seu corpo pare**, porque, quando chega nesse estágio, você já perdeu o controle.

Assim como a minha mãe sonhou com um futuro melhor para mim, eu sonho com um futuro melhor para os meus filhos e para todas as gerações que vêm a seguir. Espero, assim como a minha mãe depositou em mim, depositar nas mulheres que me rodeiam que o mundo é delas e as mesmas podem encarar qualquer desafio com orgulho e cabeça erguida.

Esse grupo de mulheres do qual faço parte foi um fator determinante para compartilhar e superar essa fase tão difícil. Recomendo a todas que encontrem seus grupos, suas comunidades. Pessoas com quem possam trocar experiências, falar sem julgamento e encontrar acolhimento. É apenas em conjunto que temos forças para encarar os desafios que a vontade de fazer mudança nos propõe.

Vamos de cabeça erguida sempre.

E vamos além; daremos as mãos. **Uma sobe e puxa a outra.**

# 8

# CRIS E TINA, UMA DUPLA QUE SE COMPLETA

A união de nossas competências, trabalho em equipe e cooperação nos trouxe muito aprendizado e conquistas. Nossa paixão é conectar mulheres talentosas a oportunidades e, por isso, estamos sempre focadas em ajudar outras mulheres a construírem suas carreiras, fornecendo orientação e apoio. Acreditamos que todas as mulheres merecem ter sucesso.

**CRIS GOUVEIA E TINA PONTE**

## Cris Gouveia

**Contatos**
crisgouveiax@gmail.com
LinkedIn: linkedin.com/in/cristina-gouveia-aguiar
Instagram: @crisgouveiax

Executiva de tecnologia, com carreira construída liderando projetos de produtos digitais e implementando produtos e serviços bancários no segmento PJ. Com larga trajetória profissional, trabalhou em bancos e empresa de meios de pagamentos, sempre com a missão de realizar a ponte entre o negócio e as áreas de tecnologia e operações. Experiência na gestão de equipes multidisciplinares e desenvolvimento de pessoas.

## Tina Ponte

**Contatos**
cristinaponte@gvmail.br
Instagram: @cristinaponteas
LinkedIn: linkedin.co/tinaponte

Administradora e publicitária, com mestrado pela EAESP-FGV, apaixonada por experiência do cliente, tendo ocupado posições executivas nas áreas de marketing, tecnologia e *customer experience*. Com passagens pelos setores financeiro, automotivo, químico e de telecomunicações, estabeleceu sólida rede de contatos com pares, clientes e fornecedores. Líder especializada no desenvolvimento de pessoas e formação de times de alta performance. Mentora voluntária de microempresas pela Aliança Empreendedora.

## Conheça Cris e Tina

Somos uma dupla de "Cristinas" megacomplementar. Cris (Cristina Gouveia) é engenheira, com um temperamento racional e pragmático, e é certamente o cérebro da dupla. Tina (Cristina Ponte) é administradora e publicitária, com um apurado senso criativo e empático, e entra com o coração. Juntas, conseguimos estruturar uma nova área no banco e mudar o patamar de experiência dos clientes PJs nos canais digitais, quando trabalhamos juntas pela primeira vez por três anos. Após isso, nós duas acabamos mudando de área em momentos e para lugares diferentes, porém, a conexão entre nós se manteve, com feedbacks francos fundamentais para as carreiras de cada uma.

Foi assim que, caminhando lado a lado, nos tornamos exemplo para outras mulheres que trabalham no ambiente corporativo. Seguindo nossa própria determinação, nos empenhamos para superar os desafios que encontrávamos em nosso caminho. Ao mesmo tempo, formamos uma rede poderosa dentro e fora do banco, ajudando outras mulheres a se destacarem em seus trabalhos. Provamos que, com dedicação e iniciativa, é possível alcançar grandes resultados e que "ir de turma" faz toda a diferença.

## Quem éramos antes de nos conhecer

Eu, Cristina Gouveia, sempre chamada de Cris, sou uma campineira que morou em muitas cidades. Acredito que essas mudanças me ajudaram a ser uma pessoa que facilmente se adapta a novos cenários. Filha mais velha de pai e mãe de exatas, desde nova me apaixonei por esta área, o que me levou à faculdade de Engenharia. Comecei em uma construtora, exercendo a engenharia civil, mas em 2000 resolvi largar a área e entrei para o mundo de Tecnologia. Cresci em um ambiente predominantemente masculino, mas isso não me impediu de me destacar como mulher no grupo. Pelo contrário, ser parte da minoria feminina me proporcionou muitas oportunidades para contribuir com a diversidade entre os gêneros. Então, comecei minha carreira como consultora de desenvolvimento de sistemas, para alcançar meus objetivos profissionais. Foi uma ótima experiência, pois tive a oportunidade de trabalhar em diversos projetos e conhecer muitos profissionais da área de TI. Por fim, me identifiquei com a área e me senti como se tivesse encontrado meu lugar. Tenho dois filhos lindos que hoje já estão um na faculdade e outra terminando o ensino médio, sempre me dando um baita orgulho pelas pessoas em que se transformaram.

Eu, Cristina Ponte, mais conhecida como Tina, nasci e fui criada em Santos/SP. Sou filha do meio de uma família repleta de mulheres e adoro nunca me sentir sozinha. Decidi ir em busca do meu sonho e subi a serra para fazer duas faculdades, escolhendo a carreira corporativa. O que mais me encanta nessa profissão é a capacidade de mobilizar pessoas e recursos para ver as coisas acontecerem. Trabalhei em grandes empresas de diversas áreas e mercados, desenvolvendo, assim, uma carreira "líquida" mesmo antes que isso se tornasse tendência. Além dos desafios profissionais, a vida me presenteou com grandes bênçãos: há 20 anos me casei com Renato e, desse amor, nasceram Marina e Bento, meus melhores projetos de vida.

## Como tudo começou, na versão da Cris

Certo dia, já trabalhando no banco, eu tinha de encontrar o novo colaborador ideal e, para isso, era necessário seguir todas as regras internas e avaliar detalhes específicos do profissional. Após diversas etapas do processo seletivo, encontrei Tina, que me pareceu diferente de todos os outros, pois, além de possuir todos os requisitos necessários, minha intuição me dizia que iria gostar dela. Assim, resolvi contratá-la, e ela chegou para desbravar o mundo dos negócios PJ comigo.

## Como tudo começou, na versão da Tina

Eu já desejava sair do mercado automotivo e estava passando por um momento difícil na empresa em que estava, mas não conseguia abrir portas em outros mercados. Foi então que tive a entrevista com Cris, e ela gostou de mim. Recebi uma proposta para trabalhar com ela e disse não (!), especialmente pensando que talvez devesse ficar onde estava para engravidar do meu segundo filho – na época, me parecia impensável mudar de empresa e aparecer grávida em seguida. Mas o mundo dá voltas e as coisas acontecem como e quando devem ser e, dois meses depois da proposta, fui demitida pelo meu então gestor, que de tão machista não conseguia sequer fazer reuniões individuais comigo. Liguei na hora para a Cris, que disse que a proposta estava em pé e me puxou para perto dela. Mal sabia eu o quanto aprenderia com essa nova chefe!

## Yin-Yang

Na cultura chinesa, o Yin e o Yang são um par de forças do universo, ao mesmo tempo antagônicos e complementares. Acho que isso resume bem como a gente se sentia. Tínhamos visões diferentes das situações, visões essas supercomplementares, que acabavam levando o time – e nós – a resultados potencializados. Cris sempre ajudou a Tina com uma visão pragmática e assertiva, enquanto Tina mostrava para Cris o lado humano – e nem sempre tão racional – que estava em jogo em cada situação.

Nesses três primeiros anos juntas, nosso desafio foi montar uma área de experiência do cliente do zero, construindo uma nova cultura no banco, tão acostumado a olhar para produtos na frente de clientes. Com inúmeras entregas, redesenhos de processos e estruturas e construção de soluções de tecnologia, fomos desenvolvendo qualidades inspiradas uma na outra, construindo novas versões de nós mesmas, mais completas e equilibradas. Cris, sempre brava, passou também a ser vista como doce. Tina, sempre com foco nas pessoas, passou também a valorizar o foco nas entregas.

Em determinado momento, Cris saiu da área de Experiência para assumir o desafio de gestão de todos os projetos de Tecnologia do banco. Meses depois, Tina também mudaria, dessa vez para um desafio no Marketing de Canais Digitais. O contato diário deu lugar à troca de mensagens, almoços e *happy hours* regados a muitos conselhos de uma para a outra, toques daqueles que só amigas verdadeiras nos dão e, acima de tudo, impulsos de encorajamento de uma para a outra em cada um de seus desafios. Estamos sempre nos motivando mutuamente para aprimorar nossos resultados. A conexão foi tão grande que, durante a pandemia, em uma das diversas mudanças de estrutura na empresa onde estávamos, voltamos a trabalhar juntas por mais alguns anos e a sintonia só aumentou.

## O convite para o *Uma sobe e puxa a outra*

Quando puxada para o *Uma sobe e puxa a outra*, Tina aproveitou a primeira oportunidade de puxar a Cris para dentro do grupo, e ela não hesitou. O grupo nos ajudou a alcançar outras mulheres, que como nós buscam a sororidade e apoio mútuo. No grupo aprendemos, ensinamos, ajudamos, ouvimos e falamos com outras mulheres que estão transformando a realidade ao nosso redor. Parafraseando Angela Davis, estamos mudando coisas que não podemos aceitar, em vez de aceitar coisas que não podemos mudar. Juntas, organizamos frentes de mobilização social e empoderamento. Tina liderou o "Outubro Rosa" para o Instituto Amor Rosa, enquanto Cris guiou o grupo de "Mulheres em Tecnologia".

## Puxando outras mulheres

Certa vez uma de nossas divas, Madonna, ganhou um prêmio por sua trajetória e fez um discurso agradecendo a todas as mulheres que a apoiaram ao longo da carreira. E ainda reforçou um pensamento que é como um mantra para nós: "Como mulheres, nós temos que começar a apreciar nosso próprio mérito. Procurem mulheres fortes para que sejam amigas, para que sejam aliadas, para aprender com elas, para as inspirar, apoiar e instruir".

Atuando em Tecnologia, é muito fácil a gente entender a importância dessa rede de apoio. Nem sempre fazemos parte da "turma", seja porque não estamos no futebol de quarta à noite ou porque temos de sair mais cedo do *happy hour* para liberar a assistente que cuida dos nossos filhos. Há relativamente pouco tempo, caiu uma ficha para a Cris, que fez muito sentido para a Tina: bem melhor que tentar ser "mais um menino no grupo" é ser a mulher que puxa todos e que traz contribuições que a diversidade agrega.

Passamos, então, a formar, de maneira ativa, essa rede de apoio feminina em nossa área, o que acabou sendo fácil, pois Tecnologia agrega várias mulheres talentosíssimas, que têm muita garra e engajamento. A rede se expandiu para fora da empresa e hoje reúne mulheres em tecnologia que trabalham em diferentes contextos e CNPJs.

Muitas nos procuram pedindo orientações de carreira e é fácil notar que dificilmente recebem esse tipo de *input* de homens. Investimos tempo em conversas, indicamos caminhos, abrimos portas e, acima de tudo, formamos uma rede de segurança com essas mulheres para que elas nos acionem e sejam acionadas sempre que for necessário impulsionar alguém.

Notamos que boa parte das ajudas de nossa rede dizem respeito ao encorajamento. Mulheres frequentemente sofrem da famosa síndrome de impostora (quem nunca?) e muitas vezes são levadas a acreditar que não são capazes ou competentes o suficiente para determinado desafio. Faz parte da nossa rede ampliar o campo de visão dessas mulheres e mostrar a elas que sim, elas podem ousar e ir além. Também percebemos uma tendência feminina de sermos heroínas e dar conta de tudo, uma autocobrança exagerada característica das "impostoras". Assim, dividimos tarefas e unimos esforços para juntas, sim, darmos conta de tudo, extraindo o que cada uma sabe fazer de melhor.

**O que a gente descobriu juntas que queremos que você descubra**

Assim seguimos então nossa caminhada, Cris e Tina juntas, comemorando vitórias e nos ajudando sempre. Para resumir, ficam aqui cinco frases que repetimos muito em nossas conversas na nossa rede e que certamente poderão ajudar muitas mulheres.

1. Não tenha medo de arriscar!
2. Somos um time, mesmo em lugares diferentes nunca estamos sozinhas.
3. Olhe para trás e aprenda (rápido) com seus erros.
4. Ofereça ajuda, mesmo que ninguém peça.
5. Não banque a heroína, não há nada de errado em pedir ajuda.

**Recado final**

A rede de apoio é uma das coisas mais importantes que podemos ter em nossas vidas. Quando enfrentamos desafios, é fundamental ter pessoas em quem confiamos, que nos encorajam, que nos oferecem *feedback* construtivo e que nos ajudam a crescer profissionalmente. Essa rede pode ser formada por colegas, mentores, *coaches* e outras mulheres que já passaram por situações similares e que podem compartilhar suas experiências e lições aprendidas. É importante lembrar que não precisamos enfrentar as dificuldades sozinhas e que pedir ajuda não é um sinal de fraqueza. Na verdade, é uma demonstração de força e coragem, pois reconhecemos a importância de cuidarmos de nós mesmas para podermos cuidar dos outros. Juntas, somos mais fortes e podemos superar qualquer obstáculo. Vamos construir e fortalecer nossa rede de apoio, para que possamos enfrentar o mundo com mais confiança e determinação.

# 9

# ESG, DIVERSIDADE E MULHERES
## VAMOS JUNTAS?

O Social da agenda ESG tem muitas frentes, uma delas é a diversidade. E dentro da diversidade, a questão de gênero, especificamente das mulheres, tem sido uma prioridade para as empresas e uma questão urgente para a sociedade. Trago um pouco da trajetória que me fez integrar meu ativismo pessoal com minha realização profissional. E convido você a colaborar com as causas das mulheres para que possamos evoluir como sociedade.

CRISTINE NAUM

# Cristine Naum

**Contatos**
cristine.naumm@gmail.com
LinkedIn: linkedin.com/in/cristinenaum/

Mais de 30 anos de carreira em grandes empresas dos segmentos de infraestrutura, logística, financeiro e varejo, com atuação no terceiro setor. Liderou áreas de marketing e comunicação e foi responsável por estratégias corporativas de sustentabilidade/ESG, responsabilidade social e diversidade. É formada e pós-graduada em Marketing pela ESPM. Possui MBA em Negócios pelo IBMEC e mestrado profissional pela ESPM com especialização pela Universidade de Strasbourg. Realizou diversos cursos de especialização na Fundação Dom Cabral e na Fundação Getulio Vargas sobre Sustentabilidade e Responsabilidade Social. Hoje, é consultora de empresas e professora de MBA em diversas universidades. Atua como voluntária em Mulheres do Brasil, Gerando Falcões e ABRAPS. Também é mentora e *coach* de carreira com propósito, certificada pelo Integrated Coaching Institute. Nasceu em São Paulo, morou no Rio de Janeiro por cinco anos (lugar que ama muito!), onde teve seu filho (maravilhoso), hoje com 21 anos.

**Despertando para o social**

Nasci numa vila na Mooca, bairro italiano e tradicional da cidade de São Paulo. Toda a família morava perto e frequentava a mesma igreja, Nossa Senhora do Bom Conselho. Desde pequena, adorava fazer parte do grupo de jovens que promovia doações, campanhas comunitárias e bazares.

Estudei num colégio de freiras, o Colégio Santa Catarina, e lá aprendi a importância do altruísmo e da mobilização para as ações sociais. Periodicamente visitávamos asilos, orfanatos, abrigos para crianças com deficiências etc. Pelas palestras das freiras e por essas vivências, fui aprendendo mais e mais sobre a importância da caridade e a necessária mobilização de todos para amenizar o sofrimento alheio.

Escolhi a carreira de marketing, pois era criativa e inventiva. Iniciei minha vida profissional como *trainee* na Mesbla, e logo fui para o Banco Nacional. Mas foi depois, na minha passagem pelo ABN AMRO Bank, que pela primeira vez ouvi falar em sustentabilidade e responsabilidade social como parte da gestão de uma empresa. O banco era presidido por Fabio Barbosa, um dos precursores do movimento da sustentabilidade no Brasil e uma referência até hoje no tema. Como integrante do grupo de trabalho multidisciplinar de sustentabilidade, pude desenvolver projetos socioambientais e entender a relação desses com os negócios.

**Por que amo o Rio de Janeiro?**

Nesse período, me casei e fui morar no Rio de Janeiro por conta de uma proposta que meu marido havia recebido. Foi um misto de emoções que fui elaborando aos poucos.

Após o primeiro ano no Rio, havia decidido que iria estudar Marketing nos Estados Unidos. Porém, na semana em que fui efetivar o curso, descobri que estava grávida. Como a gente nunca sabe como será uma gestação, decidi adiar os planos. Por sorte, tive uma gravidez maravilhosa, caminhando pela orla, trabalhando feliz e arrumando tudo para a chegada do bebê. Em 10 de dezembro de 2001, ganhei um lindo menino!

Foi de comum acordo que eu parasse de trabalhar para ficar um ano cuidando do bebê, um verdadeiro privilégio! Confesso que fui me tornando mãe aos poucos. Era tudo muito novo. E de repente, por diversos motivos, veio o fim do casamento. Foi um choque muito grande para mim.

Eu amava morar no Rio. Havia construído excelentes amizades (fortes até hoje) e tinha uma vida próxima à natureza, o que era muito importante para mim e para o meu filho. Mas, após buscar por recolocação sem sucesso, decidi voltar a São Paulo. Meu filho foi para a escola e arrumei um emprego. Falando assim, parece que foi tudo muito fácil, não é? O que me ajudou nesse período foi perceber que reconstruiria minha vida passo a passo, enfrentando um dia de cada vez, com terapia, apoio dos amigos, trabalho novo e curtindo meu filho, que estava crescendo rapidamente.

### Encarando os desafios da sustentabilidade

De volta a São Paulo, comecei a trabalhar no marketing de uma empresa de previdência. Nos 15 anos em que atuei nessa área, aprendi sobre a importância da comunicação com os diversos públicos que se relacionam com a empresa e participei de muitos projetos desafiadores. Mas, após 15 anos, quis dar um sentido novo à minha vida pessoal e profissional e descobri que a Responsabilidade Social me abriria novas possibilidades de realização. A empresa estava implementando a Responsabilidade Social em parceria com o Instituto Ethos e eu consegui migrar da área de marketing para tocar meus primeiros projetos de Sustentabilidade.

Depois dessa experiência, trabalhei com Sustentabilidade em empresas nos setores de infraestrutura, mobilidade, financeiro e varejo, também em importantes ONGs. Em todas as empresas, minha missão era (e ainda é) levá-las a integrar a estratégia ambiental, social e governança aos negócios e à tomada de decisão dos executivos.

Eu e outros colegas que escolheram essa área nos sentíamos verdadeiros Dons Quixotes, levantando a bandeira das causas éticas e convencendo os líderes sobre as oportunidades e os benefícios de se adotar a sustentabilidade. Confesso que, apesar dos avanços dos últimos 15 anos, ainda há muitas conquistas necessárias para revertermos o aquecimento global e suas consequências.

Durante esses anos de mercado, vi surgir o Pacto Global da ONU, levando as empresas a assumir compromissos relativos ao meio ambiente, aos direitos humanos e contra a corrupção, diversos relatórios e metodologias que rapidamente foram adotadas pelas empresas, elevando seu padrão de gestão; também, desde 2015, os 17 Objetivos do Desenvolvimento Sustentável pela ONU com diretrizes e objetivos servem como guia para países, empresas e indivíduos colaborarem com os principais desafios socioambientais que temos hoje. Nesse mesmo ano, tivemos o Acordo de Paris, na COP-15, quando, pela primeira vez, os países assumiram metas de redução de emissões e formaram um fundo para financiar, principalmente, a mudança da matriz energética dos países menos desenvolvidos.

Mais recentemente, vi nascer movimentos igualmente impactantes promovidos pelo Fórum Econômico Mundial, como o *Reset Capitalism*, que propõe uma reinicialização do modelo atual de capitalismo com uma mudança na economia para que efetivamente aconteça o desenvolvimento sustentável; e o Capitalismo de Stakeholder que, segundo Klaus Schwab, "é uma forma de capitalismo em que as empresas buscam criar valor a longo prazo, levando em consideração as necessidades de todas as partes interessadas e da sociedade em geral".

A sustentabilidade ganhou a designação de ESG (*Environmental, Social and Governance,* em português Ambiental, Social e Governança), termo utilizado no sistema financeiro que impulsionou a integração dos temas nas estratégias das empresas. Essa governança ESG mundial é fundamental para o avanço das mudanças de que precisamos, como redução das emissões de gases do efeito estufa e justiça social. Não há mais justificativas para não avançarmos. Temos tecnologias, temos recursos e temos a intenção.

Hoje, como professora de MBAs de diversas universidades, tenho como missão pessoal formar os futuros executivos e executivas nessas novas agendas que desafiam e geram oportunidades para as empresas e para que, acima de tudo, tenham uma visão mais ampla sobre o poder de transformação que possuem. Afinal, em breve, estarão em posições de liderança, tomando decisões que devem considerar a agenda ESG.

## ESG e a agenda da diversidade nas empresas

Nessa minha trajetória, tive a oportunidade de sempre trabalhar com projetos sociais, seja na elaboração ou na execução, sendo testemunha da transformação importante que o investimento de uma empresa pode fazer em uma comunidade. Basta direcionar a estratégia, ter vontade política e realizar o investimento social necessário. Nas agendas do ESG, o Social traz muitas frentes e, a meu ver, a diversidade é uma das principais.

Hoje, diversidade é o tema mais solicitado em minha consultoria para treinamentos e desenvolvimento de programas. Também é o tema que mais anima os alunos. Mas muitos ainda têm dúvida sobre o que isso significa de fato. Diversidade é a promoção de uma cultura inclusiva que promove a valorização das diferenças e equidade de oportunidades entre as pessoas, gerando valor para a sociedade.

Recentemente, nas duas últimas companhias em que trabalhei, tive a oportunidade de realizar a gestão da diversidade, tema que entrou na ordem do dia nas empresas por diversos motivos. Para entender o consumidor, uma empresa deve "refletir" a composição da sociedade em sua equipe de colaboradores. Com pessoas iguais (mesma formação, raça, idade etc.), uma empresa corre o risco de ter ideias "iguais", distanciando-se da inovação necessária para ser competitiva.

Por conta das redes sociais, os grupos minoritários ou historicamente discriminados passaram a ter voz e a se mobilizarem por suas causas. Isso incluiu maior atenção ao posicionamento das empresas e suas comunicações – algumas vezes gerando protestos e cancelamentos por reforçarem preconceito, racismo, machismo etc. Outro ponto importante é que os consumidores estão mudando e passaram a exigir um posicionamento das empresas sobre seus valores, sendo a diversidade um deles. Da mesma forma, os mais jovens buscam trabalhar em empresas éticas, comprometidas com o desenvolvimento socioambiental. Seja pelos consumidores ou futuros talentos, as empresas devem assumir e expressar seus valores, além de criar valor real para a sociedade em todas as frentes do ESG.

**A nossa causa**

O movimento da diversidade vai muito além do compromisso das empresas. É necessária a mobilização da sociedade para que consigamos evoluir, e isso depende de cada um de nós.

O primeiro passo é olhar para dentro de nós mesmos e identificar nossos vieses inconscientes, ou seja, os preconceitos que adquirimos ao longo da vida em função da cultura do local onde crescemos, da educação que tivemos, de onde estudamos e assim por diante. Todas as pessoas têm preconceitos. O importante é criarmos consciência disso para nos "livrarmos" deles.

Para praticar a diversidade, é preciso ter os Direitos Humanos como princípio: direito à vida e à liberdade, inclusive de opinião e expressão, direito ao trabalho e à educação, entre outros. Todas as pessoas do mundo têm esses direitos, sem discriminação.

Faço aqui um recorte e trago uma reflexão sobre os direitos das mulheres. Em qualquer fase da história, com raras exceções, as mulheres foram subjugadas. Alguns países do mundo, como o Brasil, possuem leis específicas para proteção da mulher como, por exemplo, a Lei Maria da Penha. Mesmo assim, diariamente, no mundo todo, temos notícias de violência e desrespeito contra meninas e mulheres. Trata-se de uma questão mundial.

Quando falamos sobre as mulheres, é importante lembrar a diversidade que temos. Mulheres brancas, negras, indígenas, com deficiência, LGBTQIAPN+, idades, religiões e culturas diferentes, dentre outras variáveis. Cada uma tem de ser entendida em suas causas, potencialidades, forças e fraquezas; e a garantia dos direitos e soluções para as questões próprias deve se dar a partir desses grupos de mulheres e não por grupos dominantes ou historicamente opressores. Sim, é importante que analisemos as questões separadamente. O reconhecimento de direitos e as causas são específicos de cada grupo e devem ser tratados assim.

E como mudar essa realidade? Um dos caminhos é a educação, seja dos adultos, seja de meninos e meninas, ressaltando a cooperação, os direitos iguais e a não violência. A educação para a Diversidade propõe a inclusão de todos os indivíduos, o respeito e a valorização das diferenças. Outros caminhos são as políticas públicas e fazer valer as leis do nosso país. Além disso, as empresas também são importantes na implementação dos seus programas de diversidade e inclusão, dando oportunidades, praticando a inclusão e impactando positivamente a sociedade.

Em uma palestra recente no Senac, levei algumas dessas afirmações para debate. E os que estavam assistindo mostraram que, no nosso dia a dia, é possível promover a igualdade de direitos fortalecendo a relação entre as mulheres:

Mulher compra de mulher.
Mulher contrata mulher.
Mulher vota em mulher.
Mulher indica mulher.
Mulher defende mulher.
Mulher ensina mulher.

Outra conclusão desse debate foi que temos de praticar a sororidade, ou seja, a união e a aliança entre as mulheres, baseadas na empatia e na colaboração, na busca de objetivos comuns. A competição entre as mulheres é cultural. Todas nós aprendemos a agir dessa forma no convívio social e isso nos tira força de realização e a irmandade necessária para a nossa própria evolução e conquistas.

É importante lembrar que, quando falamos das mulheres, temos de falar sobre os homens. O machismo e a misoginia também prejudicam os homens. Os paradigmas e a pressão da sociedade fazem o machismo estrutural e tóxico exigir um comportamento destrutivo para os próprios homens, refletindo na sociedade por meio da manutenção do patriarcado e da violência.

**Persistência sempre**

Nesses anos de experiência, chego à conclusão de que está em nossas mãos decidir em que sociedade queremos viver. Queremos uma sociedade que limita o desenvolvimento das pessoas por questões estruturais ou aquela que permite o desenvolvimento de competências e talentos de todos, mais justa, amorosa e humana?

A mudança que precisamos realizar para uma sociedade mais inclusiva e justa passa por mulheres empoderadas dos seus direitos e exercendo seu papel plenamente na sociedade. Sem isso, não haverá evolução.

Sou ingênua? Talvez... Mas trabalho todos os dias para isso. Certa vez, uma mentora me pediu que eu consultasse pessoas a respeito dos meus pontos positivos e a desenvolver.

— Filho, o que você vê de positivo na mamãe?
E ele:
— Mãe, você é muito persistente.
— E de negativo?
Ele:
— Ah, mãe, você é muito persistente. Até cansa de ver...
Sigo em frente acreditando. Vamos juntas?

# 10

# EMPREENDER ESTÁ NA NOSSA NATUREZA

Um *mindset* empreendedor é ter a humildade de reconhecer que é impossível saber de tudo, mas que é possível aprender sempre. A realização de algo só acontece quando se assume a responsabilidade como dono. Se você for parar para pensar, vai perceber que tudo em nossa vida é empreendedorismo. Esse pensamento faz parte da minha vida. Eu acho que sempre soube o que eu queria para mim. Desde pequena, tive influência da minha mãe para optar pela alimentação saudável e o autoconhecimento como caminho para desenvolvimento pessoal. Isso influenciou demais todas as decisões e desafios que tive ao longo da minha vida. Sou muito motivada pela realização e sempre me propus a concretizar os desafios, buscando caminhos e soluções com as mais diversas ferramentas e conexões. O caminho não foi fácil, mas todo contratempo é uma oportunidade de aprendizado e, se vivemos, é porque estávamos precisando viver aquilo para amadurecer. Eu sou a Andrea Mendonça, filha da Dora e do Paulo, mãe da Mariana, companheira do Edu e madrasta da Isabella, do Fernando e do Lorenzo. Uma mulher apaixonada pela natureza, pelas pessoas, curiosa e empreendedora.

**DEA MENDONÇA**

# Dea Mendonça

**Contatos**
dea.mendonca@coletivoimpacto.com.br
LinkedIn: Andrea Mendonça
Instagram: @deamp

Minha vida profissional passa por multinacionais, instituições e ONGs. Iniciei em uma agência, depois entrei em um processo na Unilever, em seguida, Tetra Pak e Sara Lee. Em 2011, realizei o sonho de empreender e entrei como sócia no Tostex, que depois vendemos para o Giraffas. Sempre quis atuar em projetos de impacto positivo e tive minha primeira experiência com educação nas Faculdades Fiap. Liderei a comunicação do ensino superior da Kroton e assumi a diretoria de marketing e relacionamento das escolas do grupo. Atuei como CMO da *startup joint venture* da Votorantim Cimentos, Gerdau e Tigre e, por último, fui CGO e ESG na B&Partners. Em 2022, tive a coragem que me faltou por muito tempo para deixar o mundo corporativo e me dedicar apenas ao de impacto positivo. Hoje, lidero projetos, consultorias de planejamento e da execução de planos ESG ou marketing de causa. Sou conselheira-voluntária em ONGs e também participo de conselho e/ou comitês de *startups* de impacto.

## Dora, a provedora

Minha mãe Dora é paulistana, uma mulher morena, alta, linda, criativa e "terapeutizada", como dizem as minhas amigas. Ela casou-se cedo, aos 19, com o meu pai Paulo, um gaúcho, moreno, alto, bonito e inteligente; uma linda história de amor. Eu sou gaúcha, nasci em Porto Alegre, e amo demais meus irmãos, Paulo e Ana Luiza.

Quando minha mãe tinha 27 anos, a família dos sonhos dela foi interrompida. Meu pai, aos 32, faleceu em um acidente de carro. Minha mãe, então, se tornou viúva com três filhos: eu, com sete anos, Paulo, com cinco, e Nica, com dois anos. Começa um novo capítulo da minha vida.

Meu avô tinha e proporcionou para nós uma boa estrutura em Porto Alegre. Mas para minha mãe esse momento foi muito difícil, ela tentou, mas nada lá fazia mais sentido. Após alguns anos, nos mudamos para São Paulo, para a casa dos meus avós maternos, que não tinham muitos recursos para nos ajudar naquele momento, mas nos receberam com muito amor.

Mudamos para a casa deles quando eu tinha 10 anos. Com os meus avós moravam meu tio e minha tia, irmãos da minha mãe. Passamos a dormir nós quatro – minha mãe, eu e meus irmãos – em um quarto.

Dora é formada em artes plásticas. Ao nos mudarmos para São Paulo, ela conseguiu um estágio em uma grande agência de publicidade onde trabalhou por 10 anos e foi uma das primeiras designers gráficas a se digitalizar, o que alavancou sua carreira e a tornou a provedora da nossa família. Depois de alguns anos, fomos morar em uma casa na Granja Viana para construirmos novamente o nosso lar.

Cresci, então, em um lar de mulher provedora e, para mim, isso era natural, nunca existiu questionamento sobre a capacidade de uma mulher trabalhar, arcar com todas as contas e sustentar uma família. Eu descobri o machismo e o desafio das mulheres profissionalmente quando ingressei no mercado de trabalho, aos 17 anos.

Nesse tempo todo, penso que minha mãe me preparou. Aprendi com ela a admirar as diferenças, a natureza, e foi com ela que descobri o autoconhecimento e as ferramentas para me respeitar e me responsabilizar por mim. Meus avós também me ensinaram muito, sobre cuidar e gostar de seres humanos autênticos. Acredito que isso semeou minha paixão pelo marketing e pelo que hoje chamamos de ESG.

**Uma breve passagem sobre a minha juventude**

No ensino médio, muitas das minhas amigas mudaram de escola e eu queria muito fazer intercâmbio. Assim, aos 16 anos, passei um ano em uma cidade remota no interior do estado de Ohio, nos Estados Unidos. Foi um divisor de águas para mim; meu horizonte se ampliou; mas vivi um choque cultural e resisti a uma crise de relacionamento. Eu não estava feliz na casa em que eu estava e não contei isso para a minha mãe. Queria me mostrar forte e não ser mais um problema para ela resolver. Um professor sentiu minha tristeza e me ajudou a mudar de "família". Foi difícil, pois a família da qual eu queria sair não aceitava que eu me mudasse para outra casa na mesma cidade, e fez de tudo para que eu fosse enviada de volta ao Brasil. E com aquela idade, eu fui muito resiliente, eu sabia que só precisava mudar dali e seguir minha vida em um lar ao qual eu me adaptaria. Deu certo, e até hoje tenho contato com a nova família que me recebeu.

Mas a pressão que coloquei em mim mesma, a cobrança para ser perfeita, inseguranças, o medo de não ser aceita de diversas formas, entre outras questões que eu "engoli" e tentei enfrentar sozinha, me levaram a transtornos alimentares. Eu não conseguia administrar a minha relação com a alimentação, que era um sintoma desses desafios que eu estava vivendo internamente. Isso se transformou em um transtorno sério que só fui dividir com a minha mãe e tratar quando estava de volta ao Brasil. Minha mãe me ajudou muito, foi uma luta que lembro todos os dias, mas consegui fazer as pazes com a alimentação e com a minha imperfeição.

Voltei ao Brasil com 17 anos. Fiz os últimos seis meses do ensino médio, mas ao mesmo tempo queria trabalhar. Eu via o esforço da minha mãe e queria ajudar de alguma forma.

Prestei vestibular para Direito, me arrependi e fiz um teste vocacional que disse que eu deveria ir para a comunicação. Completei o ano de cursinho que eu ganhei fazendo uns trabalhos para a escola e prestei vestibular para Propaganda e Marketing. Ainda no cursinho, comecei a fazer trabalhos para a agência de eventos do Wilson Ferreira Jr., que foi o meu primeiro empregador, e aonde logo conheci a minha paixão por realizar.

Foi quando uma cliente me puxou! A Patrícia Corrêa, do marketing da Nokia, me indicou para um processo na Unilever. Entrei como assistente, fui promovida e ali novamente entendi minha capacidade de fazer as coisas acontecerem. Sempre tomei responsabilidade por tudo, mesmo pelo que eu não fazia bem por não ter conhecimento.

Após quatro anos, e bem avaliada na Unilever, pedi demissão para morar na Califórnia. Meu ex-marido havia sido transferido e eu aproveitei como uma oportunidade para estudar e viver novas experiências.

De volta ao Brasil, era a hora de investir em mim.

**Fazendo, do limão, várias limonadas**

Sou intensa, tenho 25 anos de história profissional, desenvolvi minha trajetória como executiva de marketing e comunicação em multinacionais de alimentos e educação. Sempre questionei o *status quo*. Conquistei muita coisa provocando, ouvindo, discutindo também, mas construindo em conjunto e compartilhando o mérito.

Minha primeira experiência com o machismo foi em uma empresa que tinha *dress code* formal, os homens usavam terno e as mulheres "tailleur", eu detestava. E o pior, eu ouvia "menina" como forma de discordar do que eu falava e tinha horror àquilo. Mesmo assim, amei trabalhar nesta empresa, conheci pessoas especiais que admiro e trago no coração até hoje. Um dos meus melhores líderes homens, senão o melhor, foi o Marcelo Queiroz; lembro palavras dele para mim até hoje.

Mas pedi demissão quando me mudei para Alphaville. Eu tinha acabado de ter a Mari e não conseguia administrar deixá-la e trabalhar o dia todo tão longe. Planejei ficar um tempo em casa com ela. Porém, em três meses, eu tinha almoçado com todo o meu *network* e recebido quatro propostas de trabalho.

Depois de um tempo, encontrei em Alphaville uma empresa multinacional. Mandei e-mail para a assistente do presidente com meu CV. Tá aí algo de que eu sempre apostei: mostrar a cara e ir sem medo; afinal, aprendi cedo a lidar com o famoso "não eu já tenho". A Juliana, que não lembro o sobrenome, poderia nunca ter respondido ou encaminhado o e-mail, mas ela o fez e fui chamada para uma proposta de *continuous improvement manager*, com *report* para a Holanda. Enxerguei os horizontes ampliados novamente.

Depois de um tempo lá, me frustrei com os princípios e os valores da gestão e queria sair correndo. Mas eu tinha que pôr os pés no chão, pois estava prestes a me divorciar. Nesse momento, a Paola e a Anna me ligaram querendo tirar da gaveta um projeto que a gente tinha feito para expansão do Tostex. Pedi demissão, assinei meu contrato do Tostex e meu divórcio no mesmo mês. Começava uma nova vida: a dona do meu nariz e responsável pela minha filha.

Como empreendedora, no Tostex, eu fazia de tudo um pouco, como dizia a Anninha, minha sócia: do penico à bomba atômica. Foi um sucesso até que fizemos a venda, mas o negócio se desenvolveu completamente diferente do que havíamos planejado. Foi sofrido, em algum momento eu achei que o Tostex era o meu negócio da vida, mas tive que aceitar que aquele filho já não era mais meu.

Novamente, comecei a conversar com várias pessoas. Isso é algo que eu sempre falo, quando quiser explorar sobre algum assunto, tente falar com referências no tema, pessoas bem-sucedidas, que amam o que fazem, gostam e compartilham conhecimento com prazer. Nada é mais importante do que ativar sua rede de contatos e amigos quando você quer fazer algo novo.

Desde então, desenvolvi a paixão e executei vários projetos voltados para educação.

## Mas o mar de rosas não existe

Ingressei em uma grande empresa, na qual tive muitas oportunidades e desafios. O vice-presidente que me contratou saiu em quarenta dias. A equipe que eu tinha acabado de assumir tinha horror dele. Lá fui eu espremer mais limões.

Chegou um novo vice-presidente, que me deu uma nova área além da que eu já tinha, e fizemos juntos grandes projetos. Mas ele não me dava oportunidade de subir. Eis que recebi a proposta para subir em outra área e ele não gostou. Quando o questionei, ele disse: como eu vou ter uma diretora que não se dá bem com os seus pares? Foi uma facada para mim. Eu achava que me dava bem com a maioria deles; mas sabia que algumas mulheres tentavam puxar meu tapete; uma delas era uma executiva que ele havia contratado. Essa, que já havia sofrido um processo por assédio em outra empresa (fiquei sabendo depois), diariamente mandava mensagens para ele reclamando e inventando histórias, chegando a um nível de incentivar uma pessoa que era da minha equipe – que eu incentivei a ir para a equipe dela para se desenvolver – a fazer uma denúncia de racismo contra mim. A empresa tinha um processo para esses casos: pessoas à minha volta foram entrevistadas, fizeram um dossiê e o julgamento foi a meu favor. As pessoas próximas a mim com quem eu falei na época não acreditaram na denúncia descabida, e menos ainda na serenidade que eu tive ao lidar com essa situação. Essa resiliência e serenidade são qualidades que fui entendendo ao longo da vida o quão importantes elas são para enfrentar momentos como esse. Não é fácil, mas é preciso encarar os fatos e mentalizar que a justiça seja feita. Essa foi a pior tentativa de puxada de tapete que me ocorreu, mas não foi a única; eu já cheguei a olhar no olho de outra mulher e falar: vou ficar muito feliz se fizermos diferença juntas, somos minoria aqui, precisamos unir forças e não gastar energia competindo uma com a outra.

**Dos 21 aos 44 anos, quem é a Dea hoje?**

Acho que de tanto ser cortada por homens quando jovem profissional e também por outras situações de machismo, fui desenvolvendo um jeito firme de falar. Isso às vezes passa uma imagem de que eu sou mais segura do que eu realmente sou.

Passei a me incomodar muito com o meu próprio jeito sério e duro. Fui trabalhando para assumir quem eu sou hoje, mais despojada, não seguro uma brincadeira fora de hora; é claro que sou séria ainda em muitos aspectos, supercomprometida, não gosto de falta de compromisso, mas gosto da vida mais informal. Eu observava que alguns amigos me apresentavam como Dea, e eu via que isso aproximava as pessoas, quebrava o gelo. Resolvi assumir Dea para tudo, no profissional também.

Sempre fui otimista e busquei encontrar lugares onde o meu trabalho fizesse sentido. Nem sempre essa minha visão estava alinhada ao propósito ou ao "porquê" da empresa, mas eu tentava encontrar esse lugar de sentido para mim. Por onde passei, sempre deixei claro um olhar importante para o desenvolvimento humano e a sustentabilidade. E finalmente consegui chegar a um ponto em que o meu tempo hoje é dedicado a trabalhar para deixar esse mundo um pouquinho melhor.

### Elas, as que fazem parte da minha história

São centenas de mulheres que levo no meu coração, e assim como escrevo aqui para tentar servir de inspiração para alguém, ressalto também algumas delas que me puxaram e sempre me inspiram.

- Bia Galloni. A Bia foi a primeira grande líder com quem me identifiquei na minha experiência, na Unilever. Mulher forte, sempre disposta a ajudar com comentários sinceros, às vezes duros de ouvir, mas que me ajudaram a crescer muito. Sempre admirei a sua forma focada no resultado e ao mesmo tempo o cuidado com que ela se relaciona com as pessoas; até nisso ela me deu dicas: de como fazer o famoso *networking*.
- Paola Vigorito e Anninha Provedel. As fundadoras do Tostex. Criativas, despojadas, com um jeito leve e humano de lidar com as coisas. Me inspiraram a empreender.
- Heloisa Rios. A Helô que me puxou para o conselho do Instituto Capim Santo e, depois, também do Instituto Ser Mais. Me inspirou muito a seguir carreira solo, confiar na minha marca pessoal e procurar equilibrar o lado profissional e a vida pessoal.
- Morena Leite. Me ensina muito sobre fé. Acreditar que tudo vai acontecer do jeito que tem de ser, independentemente do desafio. Também me puxou no Instituto Capim Santo e me mostrou outro tipo de trabalho: o de fazer pelas pessoas, algo que eu sempre procurei. Virou uma irmã.

### Para minha filha, Mariana, e para todas as meninas e mulheres que vão ler este livro

Eu fecho minha participação compartilhando alguns aprendizados que podem ser úteis para outras mulheres:

Prepare-se para as diversas reações das pessoas. Seja presente, onde quer e com quem quer que você esteja. Se te decepcionar ou frustrar, entenda o aprendizado e passe para a outra fase. Ame-se, perdoe-se, valorize-se e então será capaz de fazer tudo isso pelo outro.

A solução de quase tudo está dentro da gente. Autoconhecimento é uma ferramenta de evolução para a vida. Encontre-se, faça as pazes com os seus defeitos, seja você. Tudo vai fluir se estiver bem com você mesma. Procure yoga ou qualquer outra atividade que te ajude a equilibrar a mente, o corpo e a alma. A respiração é mágica, seu organismo vai agradecer com o tempo.

Não abaixe a cabeça para sintomas do machismo estrutural que vivemos; exercite uma comunicação não violenta, mas não deixe de se posicionar.

Quanto ao amor, na terapia cheguei ao sentido de que um relacionamento amoroso para mim é como um livro (ou hoje o ChatGPT?) que te ensina a amar, a ser livre, a deixar o outro livre. E eu fui encontrar esse amor verdadeiro aos 40 anos. Sigo apaixonada como se fosse o primeiro mês e entendi o porquê de todos os outros. Um relacionamento, seja ele qual for, só é bom quando te faz crescer.

Obrigada à Dora, à Nica, à Mari e a todas as mulheres que fazem parte da minha história.

> *Os analfabetos do século 21 não são aqueles que não sabem ler e escrever, mas aqueles que não podem aprender, desaprender e reaprender.*
> ALVIN TOFFLER

## 11

# A VIDA TRAZ AS EXPERIÊNCIAS NECESSÁRIAS PARA SEMEAR AS PRÁTICAS PARA UM FUTURO SUSTENTÁVEL

Tive uma trajetória de vida eclética, mas fundamental para construir os alicerces necessários que me levaram a assumir, no início de 2023, o cargo de *head* de ESG do Grupo B&Partners.co. Minha preocupação, como CEO da Nossa Praia, com o impacto ambiental e a inclusão nos eventos que desenvolvíamos para grandes marcas vem desde 2008, quando decidi empreender e abrir meu próprio negócio. Esses temas me movem muito antes de a pauta ESG alcançar o protagonismo que tem hoje.

## DILMA CAMPOS

# Dilma Campos

**Contatos**
dilma@outrapraia.com.br
LinkedIn: br.linkedin.com/in/dilmasouzacampos
Instagram:@dilmasouzacampos

Iniciou sua carreira na dança e foi convidada para ser uma das Patativas no programa de televisão infantil *Castelo Rá-Tim-Bum*, papel que lhe rendeu sucesso de público e crítica. A veia artística e a paixão por eventos a impulsionaram a seguir uma carreira ascendente em grandes agências por 12 anos. Foi a primeira diretora de produção negra em um grande grupo de comunicação, até decidir empreender com outros sócios em 2008. Quatro anos depois, em 2012, abriu sua própria agência de *live marketing*, a Outra Praia, que, em 2023, se transformou em Nossa Praia e, desde o início, inovou ao adotar boas práticas ESG nos eventos que produz. Dez anos depois, uniu-se ao Grupo B&Partners.co, no qual, além de continuar à frente de seu negócio, também assumiu a posição de *head* de ESG do Grupo em 2023. É ainda conselheira da AMPRO (Associação de Marketing Promocional), da São Paulo Companhia de Dança e da Solum Capital e da Universidade São Judas. É mentora na Rede Mulher Empreendedora e TEDx Speaker.

Minha mãe me ensinou desde muito cedo a sempre encarar as adversidades de maneira positiva e a nunca desistir dos meus sonhos. Enquanto meu pai trabalhava como vendedor autônomo, era ela quem fazia a gestão do lar, cuidando de mim e dos meus irmãos, administrando o dinheiro para as compras da casa e organizando a agenda da família. Se tínhamos algum desejo e nossa situação econômica não permitia realizá-lo de imediato, lá estava ela nos animando a atingir nosso objetivo, com muita persistência e jogo de cintura.

Ainda muito jovem, entrei no mundo da dança, primeiro fazendo balé clássico. Já nessa época recebi as primeiras impressões do mundo de que, como mulher preta, teria de ser sempre muito melhor do que os outros para conseguir me destacar. Em todas as audições para companhias de dança das quais eu participava, nunca era convocada, apesar de meninas brancas que estavam dois níveis técnicos abaixo de mim entrarem. Alguns professores me recomendaram, então, o balé moderno, em que dançarinos negros já tinham certo protagonismo. Na época, nem eu nem minha família tínhamos letramento racial suficiente para entender o racismo estrutural.

Quando eu tinha oito anos, deixei a escola pública, pois meu irmão havia ganhado uma bolsa de estudos no colégio Anglo Latino, um dos mais tradicionais e exigentes da época. Éramos as únicas crianças pretas no colégio. Enquanto meus irmãos se destacavam no grupo de alunos por jogarem muito bem futebol – todos os queriam em seu time –, eu nunca era chamada para o aniversário de minhas colegas de classe. Se lá o ambiente era de racismo velado e exclusão, eu conseguia me realizar por meio da dança.

Naquela época, bailarinos negros de companhias como o Grupo Corpo ou o Balé da Cidade de São Paulo me inspiravam. As coreografias eram fruto de um trabalho colaborativo e diverso. Levo até hoje esse modelo como inspiração para a gestão de pessoas da minha empresa e dos locais por onde passei.

Foi a dança que me proporcionou o convite para participar do programa de televisão infantil *Castelo Rá-Tim-Bum*, no qual interpretei uma das Patativas. Toda essa experiência foi essencial para meu trabalho futuro como diretora artística e na produção de eventos.

Quando completei 22 anos, decidi investir em uma formação superior e acabei escolhendo a Odontologia, seguindo os passos de um de meus irmãos, que era dentista e professor da universidade onde ganhei uma bolsa parcial de estudos. Concluí o curso e cheguei a trabalhar um ano na profissão, até me especializando em periodontia. Mas mesmo essa graduação, que poderia abrir outra possibilidade de caminho profissional fora do marketing, trouxe uma experiência que só veio a confirmar a trilha inicial.

No terceiro ano do curso, uma das entregas de uma disciplina era a organização de um evento, a Semana de Odontologia. Aproveitei a oportunidade para aplicar meus conhecimentos como produtora e criei um musical, *A Turma do Limpa Bocão*, que fez um sucesso estrondoso, apareceu até em uma reportagem na televisão e me mostrou que meu caminho estava irremediavelmente ligado ao mundo dos eventos e da comunicação.

Segui então galgando posições em grandes agências, assumindo diversos cargos, em uma trajetória de 12 anos no mercado corporativo. Aliás, foi a incrível diretora artística Fernanda Abujamra a primeira a acreditar no meu potencial e me dar uma oportunidade como assistente de direção em uma agência.

Minha experiência artística era um diferencial neste mercado, já que os eventos começaram a se tornar cada vez mais multimídia e a tecnologia permitia a realização de espetáculos em que a criatividade podia se expressar com toda a força. Em reuniões com os clientes, eu rapidamente absorvia a demanda, entendia o posicionamento estratégico e entregava resultados. Essa trajetória ascendente me levou ao cargo de diretora de produção em um grande grupo, onde eu era a única líder preta.

**Mudança de rumo**

Apesar de ter chegado a uma importante posição, vários sinais de inadequação começaram a aparecer. Primeiro, quando comecei a ver que colegas brancos continuavam a galgar cargos mais elevados no grupo, enquanto eu continuava como diretora. Depois, quando descobri que meu salário era inferior ao de outros profissionais brancos na mesma posição que a minha. Então, resolvi investir novamente na minha formação e me candidatei ao

MBA da FGV-SP (Fundação Getulio Vargas de São Paulo), na época um dos processos de seleção mais exigentes para ingresso em instituições de ensino.

Quando bateu a incerteza sobre meu ingresso nessa instituição, consultei Flávia Faugeres, executiva de marketing de grandes empresas. Ao abrir meus receios para ela, a resposta foi contundente: "É claro que você vai ser aceita! Inscreva-se!". Suas palavras foram fundamentais para eu seguir adiante no processo e, claro, entrar e concluir essa formação. Hoje, Flávia é CEO e uma das fundadoras da Learn to Fly, plataforma de desenvolvimento pessoal e profissional e de competências socioemocionais para organizações.

Agora eu tinha um diploma de MBA, entregava e batia todas as metas... mesmo assim era alvo de preconceitos da minha equipe. Incontáveis vezes fui voto vencido em discussões internas. Até que vivenciei uma situação em que havia sido avaliada e preparada para subir de cargo, estava tudo certo para a promoção, e meu chefe acabou trazendo outro profissional, homem, para a posição, sem nem mesmo me contar sobre a decisão – fiquei sabendo do fato por uma amiga de outra agência.

Hoje, ainda tento ver o lado positivo de todas essas adversidades que me levaram a mudar o rumo de minha carreira e decidir empreender em 2008.

Meu primeiro negócio foi o DMagrella, que abri com outros sócios e tinha a proposta de fazer eventos carbono neutro, em uma época em que a sustentabilidade era ainda pouco valorizada nas empresas. O tema do impacto ambiental e as discussões de inclusão e diversidade me moviam desde então. Quatro anos depois, por diversos motivos, desfiz a sociedade e abri a Outra Praia, onde estava 100% à frente da gestão, com a mesma proposta de trazer as discussões ambientais e sociais para os eventos de grandes marcas.

Aqui é importante ressaltar que, embora meu negócio seja bem-sucedido e hoje faça parte de um dos maiores grupos de comunicação do país, a B&Partners.co, levei 10 anos para conseguir aprovar uma proposta para empréstimo bancário a juros mais baixos, via Pronampe (Programa Nacional de Apoio às Microempresas e Empresas de Pequeno Porte). Foram várias as vezes, em diferentes momentos da minha empresa, que recorri aos bancos para solicitar empréstimos que ajudariam no crescimento do meu negócio, mas todas as vezes recebia uma taxa de juros tão alta que não valia a pena seguir este caminho. Como eu, muitas outras mulheres empreendedoras enfrentam dificuldades similares. Acredito que o país precise de políticas concretas de fomento ao empreendedorismo feminino, em especial aos negócios liderados por mulheres pretas ou de outras minorias.

### Boas práticas ESG em ação

A Outra Praia foi crescendo e se consolidando, atendendo clientes como a Ambev e a Localiza. Apesar de pequena, minha agência oferecia ações diferenciadas e estratégicas, sempre com ênfase em sustentabilidade e inclusão.

No planejamento para os clientes, sempre sugeria algo novo, como reciclar as lonas do evento e produzir sacolas de feira com o material, para serem então distribuídas aos funcionários da empresa. O investimento era mínimo (menos de R$ 1.000), gerava renda para uma ONG de costureiras que faziam o produto e ainda surpreendiam positivamente os colaboradores. Em muitas ocasiões, minha empolgação ao vender a ação era tanta que os clientes acabavam aprovando a proposta.

As ações não se restringiam apenas ao impacto ambiental do evento. Aos poucos, fui trazendo propostas de inclusão e diversidade para a mesa. Em eventos que oferecem bebida alcoólica, criamos um protocolo de risco contra a violência à mulher. Toda a equipe é treinada no protocolo para saber como agir em situações como essa. Colocamos adesivos no banheiro feminino avisando que, se a mulher está sendo assediada, pode ir ao bar e pedir o drink La Penha, ou outro nome combinado previamente. Esse pedido inicia o protocolo, um segurança aparece para escolter e proteger a mulher do assediador e conduzir o caso da maneira que ela se sinta mais acolhida.

Nos banheiros masculinos, colocamos uma placa na porta com os seguintes dizeres: "Se você se identifica como homem, o seu banheiro é este". Tiramos os mictórios, pois assim homens trans também podem usar aquele espaço. Se há um show musical, incluímos um tradutor de Libras; ou audiodescrição para pessoas com deficiências visuais.

### Uma decisão difícil, que salvou meu negócio

O ano de 2015, com a grave crise econômica brasileira, foi o início de um período de duras provas para a Outra Praia, crise que chegou ao ápice em 2016. Nessa época, uma antiga cliente, Ana Fontes, fundadora da Rede Mulher Empreendedora, instituição que fomenta o protagonismo feminino no empreendedorismo, me chamou para dar uma palestra. Ela também me indicou para o programa de mentoria Winning Women 2016 da EY. Mal sabia ela que esse encontro permitiu que eu acessasse outras mulheres extraordinárias, que literalmente me mostraram a direção para salvar o meu negócio.

Minhas mentoras, Chieko Aoki (fundadora e presidente da rede Blue Tree Hotels) e Bel Humberg (cofundadora da OQVestir e Conselheira), propuseram que eu abrisse mão do meu principal cliente. Sua política de pagamento a fornecedores após 180 dias da realização do evento inviabilizava o fluxo de caixa de um pequeno negócio e levaria a Outra Praia à falência em alguns meses.

Apesar de duro, o conselho delas foi vital para a retomada do negócio. Aos poucos, novos clientes foram surgindo, e a empresa voltou novamente ao prumo. A mentoria de Chieko e Bel e a troca de aprendizados com minha facilitadora do programa – Cristiane Hilário, e outras mentoras como Fátima Zorzato, Sonia Hess e Júnia Nogueira de Sá – foram determinantes para entender a lição mais importante que tirei desse período.

Errar é algo natural a todo empreendedor, faz parte do processo. Quando acontece, o mais importante é reconhecer o erro, aprender com ele e traçar uma nova rota de saída. Quanto mais rápido você fizer isso, melhor.

Também em 2016 fui convidada para ser palestrante do Google Women Will, programa voltado a mulheres empreendedoras. Ao contar minha história de vida e superação para tantas mulheres (cujo ponto alto é a frase "Desistir, jamais!"), não só resgatei a força para retomar as rédeas do meu negócio como acredito ter inspirado muitas a fazer uma transformação em suas vidas. Pelo menos, esses foram os inúmeros depoimentos que recebi de empreendedoras de várias regiões do Brasil que assistiram à minha palestra. Sou muito grata por ter impactado tantas mulheres, passando um pouco do conhecimento que aprendi ao longo da minha jornada.

Durante a pandemia, em 2020, fui convidada para participar da primeira turma do Conselheira 101 (ou C101, como é conhecido), programa apoiado pela WCD (*Women Corporate Directors*), KPMG e criado por um grupo de mulheres, que incentiva a participação de executivas negras em conselhos consultivos. Na época, já era conselheira da Ampro (Associação de Marketing Promocional), mas lá eu atuava em um assunto que já domino. Após o C101, fui convidada para ser conselheira da São Paulo Companhia de Dança, da Solum Capital, gestora de recursos focada no mercado de investimentos alternativos, e da Universidade São Judas. Novos caminhos profissionais se abriam para mim.

No fim de 2022, decidi vender parte da Outra Praia, que passou a se chamar Nossa Praia, ao me unir ao Grupo B&Partners.co e receber o convite para assumir a posição de *head* de ESG do grupo. Minha missão é planejar e implementar as estratégias de todas as empresas do grupo em torno das pautas ambientais, sociais e de governança.

Além de implementar as boas práticas de ESG do grupo, existe um potencial enorme em ampliar essa mensagem para todos os parceiros e clientes com os quais nos relacionamos. Esse poder multiplicador é algo que me motiva a cada dia, pois, apesar de a pauta ESG ter avançado na sociedade e nas organizações, acredito que há ainda muito espaço para ampliar essa conscientização. Não só nas empresas, mas também em toda a cadeia de fornecedores do ecossistema e, em particular, em seus ecossistemas temporários, os eventos.

Olhando para trás, vejo que cada detalhe da minha trajetória forjou as ferramentas que me levaram a estar aqui. As experiências de exclusão me fizeram valorizar ainda mais a importância da diversidade, da inclusão e da colaboração nos ambientes profissionais. Catástrofes ambientais estão nos alertando a todo o momento que precisamos aprender a fazer negócios sob outras premissas, para que possamos construir negócios viáveis, em bases mais sustentáveis.

Como *head* de ESG da B&Partners.co, estou muito realizada por poder disseminar os valores em que acredito, e como CEO da Nossa Praia quero impactar negócios e marcas a patamares de excelência nas boas práticas ambientais, sociais e de governança, que serão essenciais para o nosso futuro como sociedade.

## 12

# A FORÇA DA SUA MARCA PESSOAL

Já parou para pensar que o seu resumo de vida é fruto de tudo o que você escolhe fazer? Desde as pessoas com quem convive, os livros que lê, seus ídolos eternos e os lugares onde resolve colocar sua rede para dormir? De viagens a trabalho, férias com a família, a conteúdos consumidos nas redes, a vida é uma só e, certamente, quanto mais se arrisca, mais se vive, e mais histórias você tem para contar, aprender e ensinar. E são a partir dessas construções, desconstruções e transformações que o tempo nos ensina que tudo é uma grande mistura de erros e acertos, riscos, choros, começos e despedidas. Uma linda caminhada em busca da evolução.

**ELIANA CASSANDRE**

# Eliana Cassandre

**Contato**
LinkedIn: Eliana Cassandre

Curiosa e ativa, sou mãe de duas meninas cheias de personalidade. Casada há 17 anos, jornalista de formação e profissional de marketing na vida. Estudante de ESG, amante da *beat generation*, *beach lover* e praticante de plantaterapia. Na carreira, executiva e estrategista com mais de 20 anos de experiência no segmento de marketing & comunicação, com foco no desenvolvimento dos negócios e das pessoas. Em constante transformação, minha trajetória foi conquistada a partir de desafios vividos em muitas entrelinhas e em grandes companhias como: Grupo Petrópolis, Ford Motor Company e TV Bandeirantes. Acredito no aprendizado contínuo. Formei-me em Comunicação Social, com pós-graduação em Administração de Empresas, Especialização em Comunicação Corporativa e ESG, Marketing Digital e Mestrado em Comunicação. Fiz especialização em Gestão Empresarial e Dados. E, para complementar, alguns cursos de *coaching* e botânica. Com orgulho, sou voluntária na SoulCode Academy e no Projeto Expo-Favela, atuando como mentora.

**A arte de improvisar**

Ainda quando menina, ouvia com frequência meu pai dizer sobre o poder dos nossos pensamentos. Se positivos, contribuem para agregar sucesso a nossa vida. Se negativos, nos jogam contra qualquer coisa que queremos, antes mesmo de começarmos. Mas a inspiração que me formou mulher tem a participação ativa da minha mãe, que, ao final das conversas de sextas-feiras, ao redor da mesa de jantar, trazia a importância da atitude para o centro da conversa. Sem atitude e sem fé, não há como conquistar algo duradouro e verdadeiro.

A minha trajetória começa aos 12 anos, quando me matriculei no curso de teatro do Conservatório Dramático e Musical Dr. Carlos de Campos, em Tatuí, depois de ter passado no concorrido teste com mais 70 inscritos. Eram somente 20 vagas. Durante o teste, quando me perguntaram por que queria fazer teatro, respondi sem dúvida alguma: "Quando crescer, vou ser uma atriz famosa da novela das oito na Rede Globo". Tornei-me a caçula da turma pelos quatro anos seguintes.

O teatro me ensinou a melhor das ferramentas: a criatividade, a capacidade de se adaptar. Minhas grandes aliadas até os dias de hoje. E fico feliz por ver as minhas duas filhas praticando o mesmo curso de teatro que eu fiz há tantos anos.

Sempre fui da área de humanas e isso nasceu comigo. Mas já que a vida é sobre experimentar o desconhecido, antes de escolher a comunicação como carreira, busquei a área de exatas. Isso porque, ainda quando adolescente, fiz um curso para aprender sobre as profissões. Me encantei com a possibilidade de construir pontes e estradas. Foi então que cursei, por pouco mais de um ano e meio, Engenharia Civil, em Piracicaba.

O local onde morei pela primeira vez fora de casa, longe da rotina construída pelos meus pais, da companhia do meu único irmão, e distante da facilidade de ter tudo pronto e organizado.

A cidade da Rua do Porto, do Largo Santa Cruz, das caronas improvisadas me fez amadurecer rápido, aprender mais sobre o valor do outro, ter respeito por quem pensava diferente de mim e entender que, quando se está num lugar estranho, é preciso olhar ao redor e dar o primeiro passo. Morar fora de casa é essencial. Você se conhece melhor, cria uma rotina que fortalece sua personalidade e improvisa quando as coisas não saem do jeito que planejou. Logo, serão as meninas lá de casa as próximas a viverem essa importante transformação.

E o meu primeiro emprego também aconteceu em Pira, numa loja do shopping da cidade. Durante o teste, vendi uma camisa xadrez azul para uma menina também de cabelo azul.

E entre pessoas iguais e diferentes de mim, construí pontes duradouras, não aquelas pontes da engenharia, mas pontes que me trouxeram resiliência, força e autenticidade para enfrentar os desafios que a vida ainda iria me trazer. Conheci mulheres fortes, disciplinadas, encantadoras. Algumas mais encrenqueiras que as outras, umas mais sorridentes e sonhadoras; outras mais vaidosas. Uma no teatro, outras nas salas das casas onde morei, e muitas no ir e vir das conversas paralelas durante uma aula e outra. Época que aprendi que poderia ser o que eu quisesse.

Chegada a hora de desbravar outro cenário e escrever um diferente roteiro. Cheguei a São Paulo já com alguns amigos da velha infância na bagagem. A recepção foi calorosa. Aliás, amigas da velha guarda, que hoje, ainda pertinho da minha história, desbravam os caminhos da força mística, educação, economia, administração, hotelaria, do vinho e da construção. A deliciosa arte de conviver com pessoas que não falam dos mesmos assuntos que você na mesa do bar. Transferi a faculdade e comecei a trabalhar no Bit Bet, um site de apostas digital, que se fosse na época atual, estaríamos todos ricos e famosos. Escrevia sobre Futebol Americano, Fórmula 1 e Tênis. Foi aí que me apaixonei pelo tenista brasileiro tricampeão do Roland Garros, Guga Kuerten. Até carta escrevi para ele e, mesmo sem resposta, valeu o frio na barriga daquele amor platônico e tão surreal. Coisa de menina do interior encantada com as possibilidades da vida na capital.

A próxima parada foi na TV Bandeirantes, onde trabalhei por dois anos. Primeiro com a jornalista Luciana Liviero e, depois, nos bastidores do Programa

Melhor da Tarde, com Astrid Fontinelle, Leão Lobo e Aparecida Liberato. A Band foi palco para grandes criações e aprendizados. Minha primeira vez num ambiente corporativo, onde você entende que existe uma hierarquia, que as conversas pelos corredores são só passatempo do dia a dia e nunca podem se tornar assuntos sérios e que o importante é cumprir o objetivo planejado. Aprende que fazer amizade com as pessoas certas pode ser uma vantagem. Na Band, como eu trabalhava na produção de um programa ao vivo e diário, muitos imprevistos aconteciam. As horas dedicadas a tantas conversas com a turma da cenografia me renderam boas soluções nos momentos de caos.

## Viagens e culturas

Apesar de ser capricorniana, a minha relação com o dinheiro não tem muito a ver com o que se lê na astrologia. Trabalho duro, me dedico com amor, me aprofundo aos projetos que me são delegados. O dinheiro sempre foi um retorno e uma recompensa feliz que me fizeram embarcar nos tantos convites da vida, como as tantas experiências em outros países, que me transformavam em alguém diferente todas as vezes que voltava para casa. Uma delas foi passar 30 dias sozinha em Toronto, aos 40 anos. Estudei, mas também me diverti. Há uma necessidade interna de nos conhecermos e nos reconhecermos, independentemente da idade e do lugar. E foi exatamente isso o que aconteceu.

Do Egito a Jerusalém, de Las Vegas a Tambaba, até o Morro do Chapéu. Boston, São Francisco. Füssen e Uruguai. Dos mais de 20 países que conheci, estar em Paris foi o momento mais encantador de todos. Até mesmo mais encantador que a famosa Veneza, do que o axé da Bahia, o misterioso Grand Canyon, a graciosa Mikonos, a mística Amazônia e a *caliente* Cancun.

## A inspiração para mudar outra vez

O meu trabalho de final de curso na universidade foi sobre a Poesia Surrealista e a inspiração que ela trouxe aos poetas Claudio Willer, Roberto Piva e tantos outros na década de 1960 em São Paulo. Entre eles, a poetisa Maninha Cavalcante, uma das poucas personalidades surrealistas autênticas que encontrei, pela sua capacidade de integrar vida e arte em uma superação criativa. Eu e mais três amigos escrevemos um livro chamado *Literatura Marginal*, sobre a irreverente dinâmica de vida contada pelos poetas paulistas, seguidores do tal francês André Breton. Um período intenso de estudos sobre a *beat generation* e a contracultura. Um mergulho profundo na vida transcendental e difusa de uma mulher além de seu tempo; Diane di Prima, Jack Kerouac, Allen Ginsberg e seus amigos boêmios e escritores.

E com essa atmosfera de fundo, resolvi me aventurar para outras bandas. Numa produtora, participei de programas sobre o mundo da tecnologia. Fiquei pouco tempo lá, até conseguir uma vaga na redação de uma revista para escrever sobre carros. A minha primeira matéria, com 4.000 caracteres, foi sobre um colecionador de carros miniaturas. Foram duas semanas intensas estudando o tema e visitando lugares inusitados em São Paulo.

Agora uma pausa aqui para contar a respeito dos meus sentimentos. Escrever sobre tudo isso me provoca um sorriso daqueles bem longos. Os bastidores da minha história contam com a inspiração de muitas outras mulheres. Me faz honrar a ancestralidade das minhas avós. Uma com o sangue italiano e outra com a doçura internalizada pela fé. Duas mulheres sábias, simples e capazes de transformar a vida dura em histórias contadas até hoje durante os encontros festivos. Deixaram para a vida presente o que todas nós buscamos deixar; um legado que inspira, mas que corrige. Um legado que encoraja sem perder a essência. Às Marias, Marinas, Páschoas, Letícias, Júlias e tantas outras mulheres que espalham força, autenticidade e coragem, quero registrar o meu muito obrigada. Mulheres que viveram na luz e na escuridão, com momentos de glória e outros de luta, mas sempre com muita sensibilidade, espiritualidade e um pé à frente de suas gerações.

Aos 24, fui morar na Bahia. Trabalhava no Campo de Provas da Ford Motor Company, que até hoje fica em Tatuí. No lugar e na hora certa, fui convidada para assumir uma posição na planta de Camaçari, junto à diretoria, para planejar e executar projetos de comunicação e qualidade de vida no trabalho para a área de *Product & Development*.

Um dia depois do meu noivado, embarquei para Salvador. Eu, Deus e minha bagagem. Tive três dias para encontrar um lugar para morar. Escolhi um charmoso apartamento em Lauro de Freitas. Foram pouco mais de quatro anos mergulhados no mercado automotivo. Cenário para a evolução de uma jovem mulher sonhadora para uma mulher realizadora. De lá, eu também trouxe o conhecimento dos cursos de Freud e Jung, a beleza das praias, dos carnavais de Campo Grande à Barra Ondina, o sabor da moqueca e o acolhimento dos baianos.

Trabalhar naquela empresa me trouxe o conhecimento e a prática dos processos. Entendi que um *business plan* precisa ter começo, meio e finalizar com execução dentro do tempo estimado e do *budget* aprovado. Compreendi que perder o prazo de assinatura para a aprovação de um projeto pode custar um ano inteiro de planejamento e estudo.

Casei-me aos 25 e fui mãe aos 29 anos. Boa hora para estar perto da família. A Ford em Tatuí, onde comecei, não tinha a vaga de que eu precisava. Tempos para recomeçar. Letícia nasceu em novembro de 2008, e foi no mesmo mês do ano de 2009 que comecei um novo capítulo. Cheguei ao Grupo Petrópolis para construir o departamento de Comunicação Corporativa. Na minha primeira semana, agendei um papo informal com algumas pessoas da direção para ouvir o que elas pensavam a respeito da nova área. Movimento necessário, já que, para uma grande empresa familiar e 100% nacional, conhecer sobre as pessoas e os meus limites poderia me ajudar a ter sucesso com os resultados daquele desafio. Entre uma conversa e outra, guardei sábios conselhos que me ajudaram a estar sã e salva durante os mais de 12 anos que fiquei por lá.

Da Comunicação Corporativa, assumi a área de Propaganda e Conteúdo. Com a experiência adquirida nos desafios junto às agências e aos eventos, mais tarde tive a oportunidade de estar à frente do Marketing Corporativo, agregando as áreas de Gestão de Produto, Planejamento, Mídia, SAC e E-commerce. Uma rotina bastante dinâmica e viva. Um time corajoso e um mercado altamente competitivo e agressivo, no qual a inovação é o sobrenome para cada *share* conquistado.

E de presente ganhei a indicação ao Prêmio Caboré, como Profissional de Marketing em 2021, pela *Revista Meio&Mensagem*. Isso me permitiu levar o meu sobrenome e o nome do Grupo Petrópolis ao topo em um dos momentos mais importantes da Propaganda Brasileira.

## De ontem para hoje

Os tempos atuais me aproximam do exercício de empreender, olhar para o experimentar de novo, a reformar o marketing que eu conheço e a estudar o ESG. Prática que tem me trazido a oportunidade de apreciar novos talentos e desbravar um mercado ainda desconhecido.

Conectar pessoas, desenvolver projetos de impacto positivo e levar esse aprendizado ao mundo do marketing é o meu grande desafio.

## A equação que deu certo

Trabalho, amor, família, coragem e fé. Foi focada nesta frequência que cheguei até aqui. Uma mistura de dedicação, automotivação, portas abertas e muitos *feedbacks* da vida.

Obrigada a quem me acolheu durante a minha trajetória e, ainda, gratidão aos que fecharam as portas. Movimentos contrários aos nossos desejos mudam o nosso ângulo, nos fazem enxergar a vida com uma cor diferente, abrem espaço ao desconhecido, nos fortalecem para as batalhas e nos fazem seguir.

Gratidão a Deus, a minha família e amigos, que sempre botaram fé no meu taco e estiveram por perto para um brinde ou uma conversa profunda. Obrigada a lua cheia pelas noites inspiradoras e a generosidade da vida.

### *As sete lições da minha vida para você*

1. **O seu tempo não é o tempo do mercado** – a concorrência sabe tudo sobre você e o cronograma é feito para ser cumprido.
2. **Separe os resultados da camaradagem** – você vai ser cobrada pelos números e, às vezes, terá de fazer escolhas.
3. **Fale sempre a verdade** – independentemente da encrenca, arrisque-se e se posicione. As cicatrizes não deixarão você cometer os mesmos erros.
4. **Estude** – tenha tempo para se atualizar sobre o que acontece na sua área, no seu segmento, e praticar algo que te energiza fora da rotina.
5. **Relacione-se com o mercado, conheça seus clientes, fornecedores e parceiros** – eles poderão lhe dar novos pontos de vista.
6. **Divirta-se e celebre os resultados** – vá a eventos, organize jantares, participe das viagens e brinde a vida.
7. **Saiba a hora de parar** – não tenha medo de recomeçar. Há sempre um canto escuro que precisará da sua luz.

## 13

## PARA MIM, NÃO FOI UMA GRIPEZINHA

*É normal não estar "normal" quando as coisas não estão normais.*
ROBERTO AYLMER

Inicialmente, pensei em escrever sobre inteligência artificial, gestão estratégica da minha empresa ou metaversos. Não. Como boa capricorniana, mais uma vez estava indo para o trabalho. Ah, o trabalho! Este, que edifica minha alma, me preenche de propósito e me faz adoecer brutalmente quando me desligo dos cuidados com meu corpo. É preciso colocar a máscara, primeiro, na gente.

## FABI RAULINO

# Fabi Raulino

**Contatos**
www.trampolean.net
LinkedIn: @fabiana-raulino

Palestrante e consultora de inovação em educação corporativa. Cursa o Doutorado em Tecnologias da Inteligência e Design Digital pela PUC-SP, orientada por Lucia Santaella na linha de Semiótica e Inteligência Artificial aplicadas à Educação. Educadora referência no Senac São Paulo e referência Nacional em Saúde e Segurança do Trabalho (uma das poucas mulheres juradas do Prêmio Proteção). Forte atuação pelo país, auxiliando, por meio da criatividade e da tecnologia, ecossistemas organizacionais a serem mais sustentáveis, com maior sentido, propósito e verdadeiro alinhamento entre seus pares.

## Capricorniana que não para de trabalhar

Espontânea, cheia de energia e difícil de resumir em palavras. Essa sou eu: indecifrável aos famintos olhos das redes sociais de hoje. Completei 40 anos e estou cursando meu doutorado, mas possuo habilidades interpessoais e carisma de uma jovem de 12 anos.

Resumindo, minha cabeça pensa como uma CEO de empresas, com organização, estratégia, calma e inovação. Mas, no dia a dia, tudo começa com uma boa *playlist*, humor e leveza dos desenhos animados. Isso garante o crescimento de uma empresa com poucas pessoas, mas com um alcance global com suas ações articuladas com sentido, propósito, amizade e felicidade.

Minha modéstia e humildade sempre foram obstáculos para descrever a seriedade do meu trabalho. Meu maior propósito é lutar pela igualdade mundial, usando a semiótica, não apenas, os algoritmos, para atingir esse objetivo. Seja qual for o ambiente, mantenho minha personalidade alegre e irreverente, seja em reuniões de negócios ou em ações sociais nas comunidades. Meu exaustivo trabalho é promover a bondade verdadeira para garantir que todos tenham sua voz, independentemente de sua educação ou classe social.

## Nem tudo que conta pode ser contado

Minha saúde nunca foi meu forte. Minha tia me criou enquanto meus pais (pernambucanos) trabalhavam na feira. Ela sempre dizia que eu parecia uma mártir. Desde pequena sou tomada por um conjunto de doenças aleatórias a cada dedicação até a exaustão. Com o tempo, desenvolvi uma resistência psicológica tão grande à dor que, quando quebrei o pé, consegui caminhar até o hospital.

Carrego dois cânceres de mama na história. O primeiro me deu uma sensação de derretimento cerebral ao receber o diagnóstico. O segundo me fez questionar se eu ainda era eu sem um pedaço do meu seio.

A vida foi se ajeitando e nunca esqueci o quão feliz sou e minha conexão com minha fé.

Em 2019, iniciei meu relacionamento com meu atual marido, depois de um bom tempo tendo ele como amigo dentro de nossa roda de professores que tomam drinks lendo Flusser, Mcluhan, Zimmerman e minha amada Lucia Santaella.

Reinaldo e eu viemos morar juntos e, como desenvolvedor de jogos digitais, ele fez com que minha vida de aprendizagem voasse com as possibilidades de construir um drone comprando as peças no MercadoLivre e automatizando Hot Wheels.

Estar com ele, em leveza, sem competição e podendo chegar com todo o meu ímpeto era, pela primeira vez, o lugar onde eu era alertada constantemente: "amor, desacelera"!

A vida toda fui a líder, a carregadora constante da frase "a Fabi faz qualquer coisa". Mas quem cuida de quem cuida?

### "Fica em casa"

Em 2020, estava organizando um grande evento e me lembro de cada detalhe da reunião para desmarcar tudo. Foi como em 11 de setembro. Lembro-me também de voltar para casa, ligar a esquecida TV aberta e acompanhar as notícias para tentar entender alguma coisa.

"Uma gripe esquisita está se alastrando no mundo. É isso mesmo?"

Era o que parecia com a palavra "respiratório".

O "fica em casa" veio poucos dias depois e a sensação de Apocalipse Zumbi assolava meu apartamento, que contava comigo, Reinaldo e Cícero, meu gatinho adotado. Todos os dias, ligava a televisão e torcia para a diminuição dos números. Cérebro nenhum consegue ficar tanto tempo em sentinela, então, inconscientemente, encontramos maneiras de encontrar leveza para sustentar os dias.

Eu, mais uma vez, encontrei no trabalho a maneira de decolar em ideias. Com alta fluência digital, consegui expandir ainda mais a empresa, agora alcançando o mundo conectado digitalmente. Continuei com as aulas (nas quais exercito meu propósito).

Nessa época, minha mãe e minha tia estavam com minha irmã. Meu pai morava com outra mulher e estava na dura fase terminal de seu câncer de próstata com metástase.

### A chegada da vacina

O ano de 2020 passou com uma quantidade incontável de traumas e perdas, incluindo a do meu pai. Garanti a proximidade da minha mãe, que agora enfrentava uma tristeza profunda de amor de época, cheio de suas crises e reviravoltas difíceis de explicar.

Chegou 2021 com a vacina. Que alívio! Chegou e seria aplicada, primeiro, para profissionais da área da saúde. Eu sou formada em Fisioterapia e bastaria levar meu diploma para tomar a minha dose. Não fui.

Veja: eu estava realmente ansiosa pela vacina, mas tinha consciência de que não estava na linha de frente como profissional da saúde. Para mim, era errado pegar um diploma de uma profissão que não segui (formação não é profissão, realmente) e tomar uma dose de vacina destinada às pessoas que estão cuidando das outras, arriscando suas vidas.

Não fui.

Algumas semanas depois, Reinaldo chegou com o diagnóstico de covid-19 na volta das aulas presenciais. Éramos só nós dois (e Cícero) e, claro, não fiquei separada dele. Em seis dias, a febre cessou e voltou o paladar.

Agora, eu era a infectada.

Continuei trabalhando, com uma febre chata e um cansaço que atrapalhava demais. Reinaldo comprou um oxímetro, aparelho para medir minha saturação de oxigênio naqueles dias. Na minha família, todos pegaram covid-19, mas a febre, dores no corpo e cansaço foram os únicos sintomas.

As vacinas estavam quase chegando, agora, para nós, professores.

Para mim, não deu tempo.

## Não foi só uma gripe

Eu piorei. Continuei trabalhando e estudando muito, tudo on-line. Lembro-me das pessoas rindo na câmera com meu entusiasmo sem fôlego. Fui piorando a ponto de buscar o pronto-socorro, porém voltava para casa com a sugestão de tomar dipirona e uma longa explicação para que eu não procurasse cura por qualquer outro método.

Em um determinado dia, Reinaldo, que controlava a minha saturação, notou que ela estava subitamente baixa. De acordo com a Organização Mundial da Saúde, abaixo de 95%, já era necessário procurar o serviço médico. A minha estava em 88%.

Ele ficou desesperado. Eu, calma, organizei tudo, garantindo que Cícero ficaria bem até sua "mamãe" voltar "mais tarde" depois do hospital.

Com muita bondade, a médica disse que eu iria para a UTI. Confesso que internei sem saber a seriedade. Acho que eu também tinha a concepção bloqueada de que era uma gripe. Eu me despedi do Reinaldo. Entrei na UTI. E o tom mudou.

Tudo vazio. Sem meu mundo e sem minhas pessoas. Silêncio. Pessoas chegam, com olhar acolhedor, mas agora a máscara de proteção me lembra: eu estou infectada.

O grande problema da covid-19 é que a falta de ar vem quando a saturação já está baixíssima. Nossos pulmões vão se virando como podem, então, quando procuramos o serviço médico, o vírus já atacou muito o pulmão. Naquele mesmo dia, à noite, eu tentava puxar o ar e a dor era tão excruciante que eu arregalava os olhos e olhava o relógio, pensando "quanto tempo vai durar isso"?

O câncer me assustou muito, mas agora a dor da covid-19 se mostrava agonizante a cada respirada. Lembre-se: eu sou muito resistente à dor.

Ali, me despedi da vida. Pensei no Reinaldo, que estava tão feliz comigo e, agora, ficaria sozinho. Pensava no cheirinho de pelúcia guardada que tinha a cabecinha do meu gatinho. Deixei o celular de lado. Quem não tem fôlego, fala pouco e mensagens do WhatsApp tiram todo o contexto dali. Por palavra escrita, pareceria que eu estava ótima.

## Os delírios

Na primeira noite, o fisioterapeuta chegou com uma máscara CPAP que faria com que uma grande quantidade de ar entrasse de maneira forçada em meus pulmões a cada reflexo de puxada de ar.

Ele, muito simpático e ágil, naquele momento parou ao lado da cama e disse: isso vai doer.

Ele não disse "pode doer". Não disse "vai ser só uma picadinha". Ele disse, para quem já estava com dor, que iria, com certeza, doer. Avisou, ainda, que as pessoas não aguentavam muito tempo com aquilo e que eu precisava aguentar uma hora.

Coloquei. Imediatamente, a dor veio, essa nova, pior do que a pior. Isso levou à desistência da minha alma. Percebi que meus ossos estavam lá, mas eles agora não serviam mais. O espírito, aquele vibrante, cheio de propósito, cheio de risada, querendo melhorar o mundo, agora desistia. Agora não pensava em mais nada nem ninguém, só sentia para dentro aquela dor indescritível. Eu chorava de um jeito quase morto, com as lágrimas caindo devagar, totalmente entregue, olhando para o ponteiro dos segundos do relógio contando, não para tirar a máscara, mas para realmente abandonar aquele corpo que já não servia mais.

Delirei. Muito. Vi umas pessoas de branco e laranja me dando banho na cadeira. Suas peles também eram alaranjadas. Ouvia alguém dizendo que meu pai já estava me esperando no estacionamento. O hospital estava igual, mas as paredes pareciam gelatinosas. Delírios, delírios. Uma piscada real, outra piscada, irreal. Naquele momento, peguei o celular e olhei o Facebook: fotos das pessoas e seu comprovante de vacina. Piadas com a doença que estava me matando. Comecei a rezar e achei que aquela seria minha última lembrança deste mundo.

Depois de uma hora, o fisioterapeuta voltou. Retiramos a máscara e a intensa dor anterior foi menor. Senti verdadeiramente um bem-estar e consegui dormir. Lembro-me de fechar os olhos e sentir esperança, aquela energia que não para de torcer pela gente.

Acordo, é Dia dos Namorados e envio uma cesta ao Reinaldo, encomendando pelo celular. Soube depois que ele chorou tanto que chegou a passar mal.

Veio o CPAP novamente e, agora, eu pedia para me deixarem com ele o quanto eu conseguisse. Consegui por horas. As pessoas que trabalham na enfermagem e na limpeza se tornam tudo que a gente tem.

Meu corpo estava rendido à covid-19 e à saturação, com suporte de oxigênio, ia agora para 76%. Chegou uma mensagem do Reinaldo contando que o médico havia ligado e que iriam me entubar no dia seguinte.

O medo com a contagem regressiva de despedida.

Entra a fisioterapeuta e me pede para sentar. Tento e perco o fôlego por 20 minutos. Ela avisa que não posso mais ir até o banheiro da UTI. Em seguida, alerta todas as pessoas para tomar cuidado com minha simpatia que fazia parecer que eu estava bem, mas não estava (saturação em 72%). Chegaram as técnicas da enfermagem e me deram, então, banho na cama. Com muita habilidade, elas cuidaram de mim. Sua naturalidade acolheu cada vergonha minha. Elas me lavaram. Qualquer traço de ego ou orgulho se foi ao urinar deitada, com ajuda.

Reinaldo avisou a todas as pessoas que eu, possivelmente, iria entubar. Chegou a noite e a dor foi tanta que, pela primeira vez, me ofereceram morfina. Veio o CPAP e senti que ele havia ferido toda parte de trás da minha cabeça. Dor passando. Morfina. Dormi.

**A súbita melhora**

Sou um desses milagres que caminham com a certeza de que existem milagres. A entubação não foi necessária. Durante a noite, milagrosamente, a saturação começou a melhorar. Orações atendidas.

Agora, as pessoas que trabalhavam na UTI vinham se despedir, falar o quanto aquilo era raro. A saturação foi melhorando ao longo do dia e o cansaço já não era mais tão desgastante.

Foi assim que fui melhorando a ponto de sair da UTI, passar um tempo na enfermaria me recuperando e, finalmente, voltar para casa.

Eu me iludi pensando que voltaria para ser cuidada pela família e com a mesma vida. Não.

Voltei para uma família traumatizada, quebrada psicologicamente pelos dias de incerteza e de perda enquanto eu estava no hospital. Voltei para um marido que enfrentou uma depressão profunda que o fazia acordar chorando a noite, ainda com medo. Voltei com uma memória péssima e um fôlego fraco que impediu, por meses, conversas de boa qualidade e mediação eficaz nas aulas.

Hoje, em 2023, olho com carinho para esse período e quase abraço aquela versão da Fabi, deitada, tão vulnerável e entregue, sem saber ainda que aquilo apenas a fortaleceria. Passei a parar o trabalho, mesmo acelerada e brava, por reconhecer que precisa vir de fora o meu alerta de pausa. Entendi que é delicioso ter sucesso e ver o fruto do trabalho, mas fazer isso de maneira equilibrada é bom para todo mundo. Até para quem ajudamos.

Não postei mais nada nas redes sociais. Reinaldo, família e a empresa, estão ainda melhores. E Cícero? Está bem. Escrevi este capítulo olhando para ele tomando sol.

### Minha mensagem para as mulheres que leem estas páginas

Meninas, nascemos para coisas grandiosas. Somos potentes. Na capa deste livro estão os nomes das mulheres que agitaram a sua produção em tempo recorde (com seus poderosos projetos pessoais a todo vapor).

"Sucesso" é o que você quiser. Não é cargo. Não é dinheiro. Abra os olhos para a época e atente-se ao que é ilusão. Nossa alma opera nossa mente e ela precisa estar equilibrada para fazer escolhas em paz, com uma leitura sóbria da vida.

Cuide do seu corpo e não perca seus almoços. Lembre-se de que nem toda reunião precisa ter uma hora. Desafie-se colocando 45 minutos e verá que isso já muda tudo. Coloque lembretes pela casa e não sobrecarregue demais a sua memória. Ela já está veemente, acelerada, cansada. Force ao menos meia hora ao sol, devagar, mesmo que a mente esteja voando.

Ela sempre está voando! O corpo que não voa.

Não deixe sua própria mente jogar uma culpa totalmente aleatória ao cuidar de você mesma. Coloque a máscara de oxigênio, primeiro em você. Depois, salve o mundo. Que estas palavras te abracem onde quer que você esteja. Se 1% do que desejo te alcançar, sua vida já será extremamente feliz.

# 14

# PUXE-SE!

Você já teve a sensação de não ser boa o suficiente? Aquela crise de existência que acontece em alguns momentos da vida, sabe? Comigo, aconteceu frequentemente: eu me senti muitas vezes insuficiente. Isso as revistas de negócios não contam, não é? Que até mesmo os ícones mais bem-sucedidos enfrentam altos e baixos, mas estou aqui para falar de peito aberto que, apesar de tudo: sim, você é capaz! Competente e talentosa do seu jeito, na sua história, no seu contexto.

## FERNANDA MOSANER

# Fernanda Mosaner

**Contatos**
femosaner@gmail.com
LinkedIn: linkedin.com/in/femosaner/

Atuo na área de comunicação e marketing, no setor de cultura e entretenimento. Sou pianista desde os seis anos, formada em Comunicação Social/Publicidade na FAAP, com especialização em Corporate Affairs na FGV. Fiz cursos em Inovação em Planejamento Digital e Propósito de Marca na ESPM, Liderança Executiva na Harvard e tenho MBA em Marketing e Mídias Digitais pela FGV. Possuo experiência de quase dez anos na Fundação Osesp (Orquestra Sinfônica do Estado de São Paulo), três anos no Instituto Baccarelli (ONG de música em Heliópolis) e há cinco anos, atuo na Dançar Marketing (agência de entretenimento/cultura) como diretora de comunicação. Desde 2018, sou diretora artística do Percorso Ensemble, núcleo de músicos dedicados ao repertório dos séculos XX e XXI. Entusiasta das práticas de ESG, busco direcionar minha carreira nessa área.

> *Dorme a estrela no céu*
> *Dorme a rosa em seu jardim*
> *Dorme a lua no mar*
> *Dorme o amor dentro de mim.*
> (VINICIUS DE MORAIS,
> Acalanto da Rosa, 1958)

**A criança inquieta**

Nasci em São Paulo, na década de 1980, numa família de classe média, filha de um pai empresário e de uma mãe publicitária (e professora de piano), que nos ensinou (e continua ensinando) diariamente a luta pela vida, a generosidade, a sensibilidade e a empatia com o próximo. Tenho também um tio e uma tia (minha madrinha) que moram na Itália e, para mim, foram como pais, me puxando em inúmeros momentos da vida. Filha do meio (com uma irmã mais velha e um irmão mais novo), fui uma criança hiperativa, daquelas com as quais os pais não sabem muito o que fazer e se esforçam para oferecer o máximo de atividades possível (na esperança de cansar a criança para ter um pouco de paz). Desde pequena, fiz aulas de piano, tênis, natação, sapateado, balé, computação, patinação (e mais algumas atividades que certamente já me esqueci). De todas, a única que segui durante a maior parte da minha vida foi o piano (inclusive, porque, quando não queria, minha mãe sabiamente me obrigou, dada a sensibilidade e talento que apresentava). Hoje só tenho a agradecer por sua percepção quanto a isso, visto que minha vida giraria em torno da música para sempre. Dizem também que, desde miúda, tive um lado comercial/negociador aguçado, já que fui a neta que, durante as reuniões familiares, regularmente "vendia as toalhinhas de lavabo da avó paterna" e, depois, negociava com quem havia comprado para recolhê-las (sem devolver o dinheiro) e revendê-las. Fato é que, posteriormente, as vendas fizeram parte da minha vida (bolsas, joias, roupas

Fernanda Mosaner

de ginástica, cosméticos) e, com o bico de aulas de computação e reforço escolar, me ajudaram a conquistar meu primeiro sonho: um intercâmbio na Alemanha, aos 16 anos.

## A música

A música foi responsável por me aproximar da família na qual permaneci na Alemanha: num núcleo de um casal e quatro filhos, todos eram músicos de instrumentos diferentes – trompa, trompete, trombone, violino, violoncelo e, claro, piano. Aliás, havia dois pianos: um de cauda e outro armário e, além de estudar, me divertia à beça tocando peças a quatro mãos e música de câmara com a anfitriã germânica, a qual, além do piano, tocava violoncelo. Linguagem universal, a música nos uniu e criou um vínculo forte até hoje – do grupo de intercambistas, sou uma das poucas que manteve o contato intenso e fraternal com a família alemã.

Estudei, com bolsa de estudo, em boas escolas e faculdades, e o meu primeiro emprego foi um estágio na Fundação Osesp, numa época em que sequer existia uma política estabelecida de cargos e salários. A Sala São Paulo é um lugar mágico, o qual sempre frequentei por paixão e que me acolheu como profissional desde o início. Entrei como estagiária e, após três meses, meu chefe à época aceitou uma proposta em outra instituição, me indicando para ocupar o seu lugar. Lembro-me da minha insegurança ao assumir o seu posto e, hoje, me dou conta de que ele foi a primeira pessoa a "me puxar" profissionalmente, inclusive com um grande chacoalhão: "Fernanda, você já faz o trabalho necessário para o cargo, você vai dar conta! Inclusive porque eu não iria nem pensar em te indicar se não estivesse seguro de que daria certo". Na ocasião, atuava como editora das publicações e impressos, trabalhando os conteúdos de comunicação dos projetos. Foi lá também que tive a oportunidade de conceber, ao lado da diretoria executiva, superintendência e da agência contratada, o primeiro material de responsabilidade social da fundação. Lembro-me com carinho da minha satisfação ao receber o livro impresso, com um texto fluido, interessante e bem diagramado. Nessa interface entre diversas organizações parceiras, chefiei equipes internas e tive o privilégio de coordenar a troca da logomarca da Osesp, ao lado de diretores artístico e executivo, diretor de arte, diagramador, agência, gráfica e colaboradores de outras áreas. Fazia a interface também com diversos jornalistas do meio cultural, outras organizações da cultura, artistas convidados e instâncias governamentais. Além disso, integrei projetos admiráveis como o Festival de

Música de Campos do Jordão, a criação da Academia da Osesp e de outros corpos estáveis, como o Coro Acadêmico. Minha paixão por projetos institucionais foi crescendo e tive a chance de, direta e indiretamente, participar de turnês nacionais e até fora do país. Foi também na Fundação Osesp que conheci meu primeiro marido; aliás, músico da Orquestra até hoje. Ficamos juntos por sete anos e, durante esse período, deixei de tocar piano, assumindo que ele era o "músico profissional da casa"; portanto, eu seria uma diletante ao seu lado. Fui tragada pela minha própria insegurança. Fiquei na Osesp até 2015, participei de encontros de gestão cultural, de conferências de orquestras e de fóruns pelos direitos da cultura, até começar minha jornada no Instituto Baccarelli, em Heliópolis.

**Marketing, música e relações institucionais**

Foi no Instituto Baccarelli que, pela primeira vez, atuei diretamente com relações institucionais, liderando projetos memoráveis, dos quais tenho muito orgulho, como o lançamento do filme *Tudo que aprendemos juntos*, com direção de Sérgio Machado e Lázaro Ramos como protagonista. Baseado na história da Orquestra Sinfônica Heliópolis, o filme foi uma experiência maravilhosa: nunca havia trabalhado com cinema, encarei o desafio e fizemos o lançamento na 43ª Mostra Internacional de Cinema, com direito a uma sessão gratuita *open air* em Heliópolis (e visita dos atores ao instituto). Atuei também na criação de um documentário pela TV Cultura na Suíça, com três alunos, a partir de uma parceria que articulei entre o Consulado da Suíça, a Swisstour, a TV Cultura e o Instituto Baccarelli. Na ocasião, participei da escolha dos alunos que iriam viajar, das entrevistas, da coordenação com a imprensa e as áreas de comunicação e pude acompanhar os alunos durante a viagem, representando o instituto no país.

Já no final da minha gestão, organizei um concerto em Paris, com quatro alunas, para o instituto Stop Hunger da Sodexo. Acabei não acompanhando o evento, pois saí da organização antes de a viagem acontecer, mas pude vibrar de longe com a felicidade das alunas e o sucesso da apresentação. Posso dizer que no Instituto Baccarelli concretizei inúmeros feitos, dentre eles a reestruturação do departamento, a contratação de novos colaboradores, redesenho de funções e fluxo, liderando um time importante, fazendo a articulação com a comunidade, com os centros, hospitais e escolas públicas, iniciando uma campanha de arrecadação junto às empresas e pessoas físicas. Fui porta-voz do instituto em projetos e visitas de estrangeiros, dado que tenho uma enorme facilidade com línguas. Recebi diversas visitas internacionais, intermediando eventos e negociações em inglês, alemão, italiano e espanhol. Fiz múltiplas parcerias com corpos consulares, universidades e conservatórios estrangeiros, além de colaborações em revistas como *Época, Trip, Cult, Brasileiros, Carta Capital, Vogue* e instituições como Sesc, Aberje, TV Cultura, FecomercioSP, entre outras fundações e empresas renomadas.

Outra conquista foi a conexão com o consulado da Bélgica, que possibilitou à Orquestra Sinfônica Heliópolis receber alguns solistas vencedores do Concurso Internacional Rainha Elizabeth, um dos mais respeitados do gênero, o qual premia pianistas, violinistas, violoncelistas, cantores e compositores do mundo todo. Uma parceria que se manteve por anos, após a minha saída do instituto, pela qual fui homenageada e reconhecida posteriormente na residência oficial do cônsul da Bélgica, na presença de representantes do Instituto Baccarelli, da Bélgica e do Concurso Rainha Elizabeth.

Em 2018, fui convidada para ser diretora artística do Percorso Ensemble (núcleo de músicos que promove o repertório do século XX e contemporâneo) e encontrei uma excelente oportunidade de investir no lado mais artístico da minha carreira, aproveitando todo o meu conteúdo/repertório nessa área. Fui puxada pelo regente do grupo, mas, muitas vezes, fui a minha própria mola, que puxava as empresas, as pessoas e os negócios.

**Diretora de comunicação**

Contatada pelo presidente da Dançar Marketing, segui para minha ocupação atual – Diretora de Comunicação – no grupo empresarial Dançar Marketing, fundado em 1982, que cria experiências memoráveis por meio da cultura e do entretenimento. São mais de 40 anos concebendo projetos e soluções criativas que conectam pessoas, marcas e oportunidades, para clientes como AstraZeneca, Samsung, Vale, Deloitte, Banco Pan, SulAmérica, entre outros. Vim para estruturar a área institucional da agência, e acabei implementando estratégias de comunicação para diversos projetos, como as turnês do tenor Andrea Bocelli, a exposição da Rita Lee, o festival Best of Blues and Rock, o Arts SP (projeto de artes visuais e grafite) e o concurso musical eFestival, entre outros.

O "encantamento do cliente" e o "senso de dono" fizeram sempre parte da minha visão e estratégia para o negócio. Com um olhar humanizado, estruturei o departamento, contratei colaboradores, planejei ações, trouxe resultados concretos como prêmios e otimização de recursos/tempo.

Nesse cenário, o que mais gosto de fazer? Gestão: da área, de processos, de pessoas, de fluxos, de projetos, do conhecimento. A arte de liderar a equipe, desenvolver e gerenciar novos fluxos, otimizar o trabalho, implementar manuais, formulários de *briefing*, matrizes de avaliação com resultados mensuráveis da área. Sempre tive uma cabeça muito racional e analítica. Diferentemente da maioria dos meus colegas e pares de trabalho na área de Comunicação, o meu ponto forte é, com certeza, a matemática; e se tem algo que me fascina é montar uma tabela dinâmica no Excel. Para ser sincera, nunca odiei nenhuma matéria: humanas, exatas ou biológicas. Tanto que, no final do colegial, quando não tinha a menor ideia do que fazer profissionalmente, busquei testes vocacionais cujos resultados foram inconclusivos, justificados pelo tal do "perfil pluriapto" – o que para mim foi uma confusão mental geral. Tinha medo de ser apta para tudo, mas de não ser boa em nada. O resumo foi ter ido fazer cursinho em Exatas (no Anglo da Tamandaré), para prestar engenharia na USP e, no meio do caminho (quando já não dava para trocar a opção do vestibular), mudar de ideia e ir para o curso de Humanas. Ainda bem! À época, o ambiente de Exatas no cursinho era totalmente masculino, machista e hostil. Numa classe com cem alunos, por exemplo, éramos apenas três mulheres. Logo, minha escolha foi ir para a comunicação (dizem que sou comunicativa, inclusive), mas esse lado estratégico e de análise continua muito presente em mim e na minha carreira. Adoro calcular, criar *templates* e padrões, mesmo tendo uma veia criativa que uso mais na música, nas artes e em outros momentos. Tive a oportunidade de criar uma planilha de inventário de projetos, tanto no Instituto Baccarelli quanto na Dançar Marketing, reunindo os principais dados ao longo da história das duas instituições.

O ano de 2022 foi muito gratificante para mim em relação ao trabalho: puxada pelo presidente da empresa, me inscrevi num edital da Secretaria de Estado da Cultura de São Paulo para integrar o CreativeSP, um programa do governo que auxilia empresas paulistas do setor de economia criativa a se internacionalizarem. O edital era para participar do SXSW, um dos eventos mais importantes de inovação no setor do entretenimento, e fui uma das dez selecionadas (num edital com mais de trezentas inscrições). Eu estava extasiada.

**Nem tragédia shakespeariana nem Ópera Buffa**

Medo de não ser inteligente, de não ser bonita o suficiente ou de não ser capaz de conquistar meus sonhos foram alguns dos fantasmas que me assombraram, mesmo tendo uma jornada supostamente de sucesso. Analisando-me desde a infância, vejo que a síndrome da impostora foi algo tão presente na minha vida que, inevitavelmente, deu lugar à autossabotagem e à baixa autoestima. Construí na minha cabeça uma percepção de mim mesma associada à incompetência ou à insuficiência. Busquei no outro a segurança que me faltava, numa tentativa desesperada de acolher a minha vulnerabilidade, e fracassei. Porque, no fundo, somos os únicos responsáveis pela nossa própria confiança e é só conosco que temos de contar.

Enquanto ganhava o mundo, perdia os continentes do meu relacionamento. Engravidei e a pessoa com a qual imaginei dividir a vida optou por não me acompanhar nesse percurso. A nossa história se acabou num momento delicado, e vivo uma espécie de renascimento, em que, apesar de alguns puxões para baixo, tenho a plenitude de realizar o maior sonho da minha vida, o que me puxa para cima o tempo todo. Por que te contei isso? Só para dizer que teremos inevitavelmente quem nos puxe, tanto para cima como para baixo. E não há nada de excepcional nisso: uma hora estamos em cima da roda-gigante; outra, temos uma visão limitada do horizonte lá de baixo. Se por um lado encontrei hostilidade, desprezo e abandono, por outro, houve muito acolhimento da família, de amigos, de colegas de trabalho e de todas as mulheres (sem exceção) que escreveram e assinaram este livro comigo. O grupo *Uma sobe e puxa a outra* simbolizou, para mim, uma rede infinita de apoio, de onde derivaram relacionamentos genuínos e verdadeiros, que ficarão eternamente na minha memória. É nesse contexto que a minha história se mistura a das mulheres admiráveis por aqui (e a de tantas outras do grupo que não estão neste livro). A todas vocês, o meu agradecimento por tanto amor e acolhimento. À Natasha de Caiado Castro agradeço por ter me puxado para participar desse grupo e à Chris Pelajo, meu sincero muito obrigada por ter me puxado para ser coautora deste livro.

Meu conselho? Puxe quem estiver ao seu alcance. Orgulhe-se da própria história, seja mais generosa (e menos exigente) consigo mesma, não se envergonhe de pedir ajuda (ou de tomar antidepressivos) para enfrentar as dificuldades da vida. É legítimo e razoável não ser a mulher-maravilha sempre, mas lembre-se de que você é a sua maior força. Não deixe ninguém te puxar para baixo e entenda que os outros podem te puxar, mas você tem todas as ferramentas para "se puxar para cima" e alçar voos que farão sentido naquele momento da sua vida.

Nas palavras de Maddalena Casulana (compositora italiana do final da renascença, primeira a ter suas obras publicadas), vamos "mostrar ao mundo o erro vaidoso dos homens, ao pensar que só eles têm os dons da inteligência e que tais dons nunca são dados às mulheres" (MADDALENA, 2023). Juntas, somos mais fortes. Generosidade, sororidade, empatia, rede de apoio e respeito são as bases do nosso grupo. Então, quando subir, puxe outra mulher. E puxe-se o tempo todo: é o melhor que você tem a fazer por si mesma!

**Referência**

WIKIPEDIA. *Maddalena Casulana*. Disponível em: <https://it.wikipedia.org/wiki/Maddalena_Casulana>. Acesso em: 01 mar. de 2023.

# APRENDA A VIVER 99,9% EM TEMPO REAL

"A vida acontece justamente nas horas desperdiçadas com o que não interessa". Dados da OMS mostram que o Brasil é considerado o 1º país mais ansioso do mundo, sendo também o quinto mais depressivo. Pesquisas realizadas pelo Google mostram que houve uma alta de 98% nas buscas sobre o tema de saúde mental em 2020, em comparação aos dez anos anteriores. A pergunta "como lidar com a ansiedade?", por exemplo, cresceu 33% nos motores de busca e bateu o recorde das últimas décadas.

## FLÁVIA LIPPI

# Flávia Lippi

**Contatos**
flavialippi.com.br/palestras/
contato@idhl.com.br
LinkedIn: linkedin.com/in/flavialippi/
Instagram: @flavialippi
11 99638 1468

Cientista de pessoas, jornalista científica de formação, empreendedora social de coração, pesquisadora, educadora em Gestão Emocional, Inovação nas Relações de Trabalho, Neurobiopsicologia Organizacional. Pós-graduada em Neurociências e Comportamento, Gestão Emocional nas Organizações (*Cultivating Emocional Balance*), Mediação e Resolução de Conflito, Biopsicologia, Psicanálise e Psicoterapia Vincular-Dialética, Comunicação com o Mercado. Membro do Mind & Life Institute e Harvard Medical Center. Defende a autenticidade e a compaixão. Autora de 14 livros e oito best-sellers. Há 25 anos, mentora de executivos e empreendedores do Brasil e do mundo. Fundadora e CEO do IDHL (Instituto de Desenvolvimento Humano Lippi). Palestrou na Europa, na Ásia e na América Latina. Em 2019, fez uma turnê mundial falando sobre a importância das pausas. Além disso, ama se aventurar pelo mundo em trabalhos voluntários.

## Hackeando a vida para uma existência plena

Tudo começou em uma madrugada. Em poucos minutos, eu caí no chão sem forças para levantar. Meu corpo estava praticamente sem movimento, meus dedos duros, minha visão turva, sentia que era impossível conseguir chegar ao telefone para pedir ajuda. E lá no hospital, em 2017, nenhuma das minhas preocupações existentes faziam sentido e pude calcular a minha vida, de maneira inconsciente e quase espiritual, podendo experimentar a realidade de que nossas ansiedades fundamentais são mais fantasmas que a mais pura realidade da vida.

Os meus neurônios resolveram pifar, meu cérebro ficou zoneado e todo mundo guerrilhando dentro de mim. Um ataque a cada pedacinho do meu corpo se iniciava naquele trajeto entre prédios, carros, luzes da madrugada. Ali, na maca daquele hospital frio e com dores que rompiam cada centímetro do meu corpo, entendi que não tinha controle de absolutamente nada. O diagnóstico, Guillain-Barré. Lembro-me de sentir alguma experiência mística acontecendo na maca gelada. Escrever este capítulo me faz lembrar que a vida é simples, apesar de complexa. E talvez seja interessante te chamar para a realidade. Lembre-se de que alguém que morreu hoje pela manhã tinha planos para hoje à noite. Alguém que morreu ontem à noite tinha um plano para agora. Não há como ter certezas na vida, não existe garantia. Não acredite absolutamente em tudo e não acredite que você está com a vida ganha (risos), não se leve tão a sério. Seja gentil, compassiva e autêntica, viva os instantes, seja curiosa o suficiente para rir de si mesma, faça coisas de que gosta, seja generosa, cultive seus relacionamentos, cuide-se, a gente nunca sabe a hora que a vida vai se encerrar. Esses são os passos para *hackear* a vida para uma vida plena.

Continue aqui comigo para entender como cheguei a essa conclusão.

## Infância

Nasci em Belo Horizonte, entre montanhas, sítios, Ouro Preto, tintas, livros, violões e violinos. Casa de artista com psiquiatra. Sempre foi a casa legal de todos os primos e amigos. Os limites eram diferentes dos outros. Comparo os limites que os meus pais me deram aos limites da cidade em que cresci. As montanhas eram o ápice da jornada. Portanto, sempre havia um pôr do sol e um nascer do sol no meu horizonte. Meu sonho era ser médica, como o papai. Cheguei até a ir para a Europa com a intenção de estudar medicina. O contato com outras culturas e a facilidade com idiomas logo fez despertar outros interesses, e a vontade pela medicina ficou guardada no coração. Eu queria trabalhar com o comportamento e encontrei na comunicação uma maneira de fazê-lo. A troca não chocou ninguém; aliás, parecia muito natural. Em apresentações no colégio no qual estudava, sempre fazia a dupla "Flávia Maria", já era fã da Glória Maria, e "Sérgio Chapelão" com o colega Marcos Paulo.

Meu interesse pela humanidade se deve muito pela educação, tanto em casa como na escola, que era, digamos... incomum. Afinal, acho difícil que você tenha tido aulas de cinema, costura e culinária e que, em vez de provas, deveria escrever um livro ou apresentar uma peça de teatro sobre sua interpretação do que aprendeu durante o semestre. Pois é, era assim na escola em que estudava.

Em casa, o lado humano nunca foi deixado de lado. Pelo contrário, era colocado em prática a todo vapor. Desde cedo acompanhava meus pais, Lígia e José Raimundo Lippi, nas favelas de BH. Como médico psiquiatra, papai tratava da saúde, enquanto mamãe da importância da limpeza para o bem-estar e a prevenção de doenças. Ela também levava a beleza e a harmonia das cores. Ficava encantada com a facilidade com que eles andavam nas ruelas de mãos dadas com a vida. Ali despertei para as diferenças sociais e para as igualdades humanas. As regras, quanto aos brinquedos, também eram bem interessantes: ganhava um, saía um. Com isso, eu e minhas irmãs aprendemos a dividir desde cedo.

Li certa vez uma crônica da Jany Vargas, na qual ela dizia, "as situações, as coisas das quais tenho vontade de reclamar, são um campo aberto para eu atuar". Assim, responsabilidade social se tornou a base de ação de todos os meus passos. Reclamar nunca teve lugar.

Sem dúvida, esse direcionamento harmônico desenhou a minha personalidade baseada em vivências de liberdade. Se minha mãe não me desse a liberdade de fazer amigos, onde quer que eles estivessem, eu não saberia que existem milhões de pessoas que precisam uma das outras, em lugares diferentes.

Liberdade? Sim. Ela compõe muito do meu caráter, dos patamares alcançáveis e de como é enxergar o mundo com os próprios olhos – sem construções preestabelecidas. É a forma de criar possibilidades, de explorar defeitos, qualidades e frustrações. Isso mesmo. FRUSTRAÇÕES! Ou você só vive floreando o Instagram?

**De lá para cá**

Minha alma empreendedora pulou cedo para o mundo. Por volta dos meus nove anos, coloquei uma mesinha na portaria do condomínio de luxo em que eu morava e vendia os brinquedos dos amigos do prédio, os que eles não queriam mais. Meus pais, supervisionando tudo, achavam importante que eu conseguisse "olhar os meus talentos".

Trabalhar sempre foi sinônimo de liberdade e poder de escolha. Depois dos brinquedos, resolvi ampliar os "negócios" (risos), e vendia perfumes, produzidos por mim e aprendidos em alguma revista.

Já na adolescência, levava biquíni para vender nas praias que eu frequentava. Alguns feitos por mim; aliás, aprender a costurar me trouxe muita liberdade criativa. Se eu precisava verdadeiramente ter um *business* na praia? Não. Mas o prazer em negociar, conhecer gente e ficar independente financeiramente era o que sempre me motivava a achar um negocinho aqui e outro ali.

O fato é que eu queria tudo! Desbravar as possibilidades do mundo, conhecer algo profundamente e resolver os problemas que aquilo trazia para a sociedade. E depois? Desde sempre, quero outra coisa para resolver! Outros problemas, outros entendimentos, outras possibilidades. Nasci com esse desejo profundo de resolver problemas, trocar informações e conhecer pessoas.

Já tive inúmeros negócios. Uma *startup* humana. Tive mais negócios que idade biológica. Quebrei, vendi, comprei, perdi, ganhei. Fundei uma das maiores empresas de entretenimento da década de 1990, fui empresária protagonista do primeiro show transmitido ao vivo via internet, quando a internet ainda era a cabo. Inovei em grandes eventos da América Latina, com tecnologia e realidade virtual, quando o tema ainda era fonte de pesquisa.

Criei o primeiro MBA internacional em *Business Coaching* pela Laurent Internacional, quando *coaching* ainda era novidade no Brasil, lá pelos anos 2000.

Já tive SPA, *outlet* de luxo, fiz distribuição de produtos de beleza, roupas e bijuterias, produtora de vídeo, cinema e shows. Tive até uma editora de livros. E tudo ao mesmo tempo, misturado. Via uma brecha e preenchia com um produto que poderia solucionar aquele nicho.

Presidi ONGs pelo simples desejo de ajudar. Em 2000, criei uma das maiores ações internacionais contra a cegueira na população ribeirinha e em índios da Amazônia.

Para alguns, charlatã, perdida, agitada ou qualquer outra coisa que pretenda taxar a minha curiosidade. Para mim, um canivete suíço pronto para resolver problemas.

## Da timidez à eloquência

Mas não foi sempre assim. Uma timidez trabalhada. Mas preciso confessar outra coisa. Aliás, me parece que este capítulo passou a ter esse teor de confessionário. Eu percebo que me relacionar não é a coisa mais fácil do mundo. Não sou antissocial, nem muito menos misantropa, uma pessoa que tem aversão ao ser humano e à natureza humana no geral. Não sou nada disso. Eu simplesmente não sou de turmas. Sou muito eclética e me misturo em vários lugares, dependendo da situação.

Fui muito mais ouvinte do que faladora, até porque, tive péssimas experiências em compartilhar segredos. As pessoas com quem escolhi compartilhar questões pessoais, em algum momento, foram desleais, até maldosas e, para os tímidos, o mundo é desafiador.

Por ter dificuldades no compartilhar, acabei sendo um canal de apoio, um ouvido apurado. No oposto da timidez, minha beleza física decretada real pelo *casting* da Ford Models, abria algumas portas. Eu sabia que podia provar a minha inteligência, depois de entrar sala adentro. Então, trabalhar a timidez virou uma meta.

Eu gosto mesmo de ouvir o que o outro precisa, o que a empresa precisa e como me encaixo no momento. Por ser comunicadora genuína, meio excêntrica, engraçada, agregadora, descolada, pesquisadora e casual – ainda que culta, prática e supersincera –, pode parecer que não sou tímida. Até por isso tenho um humor debochado com uma pitada irônica, mas sempre arrumadinha para o executivo me contratar (risos). Tudo isso fez a minha estrutura de trabalho ser pragmática e sistêmica, defendendo o crescimento a longo prazo e transdisciplinar na transformação humana.

## A mídia

Fui "puxada" pelo Marco Antônio Nascimento, diretor de jornalismo da TV Cultura, que acreditou no meu potencial e achou que minha cara poderia colorir a televisão brasileira; e ele realmente me considerava inteligente.

Um dos imensos privilégios do jornalismo é que temos acesso a uma diversidade de pessoas incríveis ao longo da carreira. Logo aparece a oportunidade, como produtora, diretora e editora dos jornais da casa. Conheci Maria Zulmira de Souza, que pensava em fazer um programa sobre ecologia para cobrir a Eco-92, no Rio de Janeiro. A proposta de se fazer um programa sobre questões ambientais era ousada. Ainda assim, o programa *Repórter Eco* foi ao ar em fevereiro de 1992. Zulmira levou o interesse e conhecimento sobre meio ambiente; eu, o interesse em ciência, bem-estar e comportamento; Vera Diegoli, foco jornalístico.

Logo após a estreia, fui "puxada" novamente pelo Marco, que disse assim: "Olha, o [Roberto] Muylaert, diretor-presidente da emissora, viu você um dia desses e me disse que você deveria ter um programa seu. E eu concordo." Passei, então, a apresentar o *Jornal da Cultura – 60 Minutos* e o *Repórter Eco*. E, depois, uma série de programas.

Recebi vários prêmios ao longo da vida, mas talvez os mais importantes sejam as indicações ao Emmy Award, em 2003 e 2004. É equivalente ao Oscar para o cinema. Foram mais de 20 anos de *broadcasting* (TV, rádio, blog, jornais, revistas).

Meu blog já foi Top 10 UOL, em inovação para transformação humana, e permaneceu um bom tempo nesta posição. Fui indicada duas vezes como uma das 100 mulheres mais influentes do Brasil. O tempo voa.

## O adeus à televisão

Num determinado momento, exausta, foi decretado o *burnout*. A TV, berço de glamour, maravilhamentos, era também lugar de assédios variados. Foi assim que, cansada de não ter vida, trabalhar sem hora, resolvi sair da televisão e me dedicar totalmente ao IDHL e minha grande paixão: ciência, tecnologia e alma humana.

Multidiversa, nunca me faltou solução. Qual é meu maior talento? Traduzir problemas complexos, fazer grandes pontes de negócio, conectar indivíduos e puxar pessoas. E puxei muita gente, auxiliando nas suas carreiras, como genuína educadora. Foi aí que descortinei um talento em que eu poderia mergulhar, o de mentorar pessoas e organizações para transformação de vida e carreira.

Criei uma plataforma on-line de experiências emocionais, mentais e espirituais, A Equação, com mais de 220 horas de conteúdo e mentoria quinzenal para ensinar o equilíbrio entre a vida pessoal e profissional. Pouca gente acreditou que levar autoconsciência para líderes poderia dar certo. E, agora em 2023, uma *health tech* inovadora, com tecnologia de ponta, o melhor da IA, um Pod imersivo sensorial para diminuir o estresse e trazer de volta o equilíbrio da vida.

## O futuro

Depois da quase morte em 2017, tive de reaprender a andar, falar, ler, escrever e só voltei a trabalhar em 2019, com a potência atual que depende muito mais da imprevisibilidade da vida do que do controle que hoje, absolutamente, sei que não tenho.

Desde então, resolvi me transformar em uma tradutora perspicaz dos caminhos tradicionais e ancestrais da vida. Me lembrei de como a possibilidade de descansar, mudar de ares, de meios e formas já me apavorou e de como fui sabotadora de mim mesma, me negando descanso e pausas. Sair do ambiente no qual se produz é uma maneira de ser ainda mais produtiva na volta. Está aí o *anywhere office* (trabalhar de qualquer lugar), fruto da pandemia de 2020. Mas, pensando bem, nem é essa a questão.

O ócio é justo. Temos, a meu ver, a obrigação de aproveitar esse curto espaço de tempo aqui com curiosidade e alegria. Não conheço emprego formal que faça isso por nós ao longo de uma vida inteira sem lazer em boas quantidades. E olha que gosto muito do meu trabalho. E adoro quando sobra bastante tempo para outras coisas, inclusive o ócio.

Sabia que quase 100% das nossas preocupações não se concretizam?

Um estudo realizado por cientistas da Pennsylvania State University, nos Estados Unidos, comprovou que a quase totalidade das nossas preocupações mais recorrentes não se concretizam: em suma, nossos medos mais frequentes não se tornam realidade em 91% dos casos, e não mereciam ocupar nossa atenção desde o princípio. Um terço das preocupações se revelaram menos graves do que inicialmente pareciam – para um em cada quatro participantes do estudo, nenhuma preocupação se concretizou. Uma das conclusões importantes que o estudo nos oferece é que devemos desconfiar do nosso cérebro e daquilo que pensamos e mesmo sentimos em um primeiro momento: nossos pensamentos e conclusões frequentemente se enganam.

Tal ponto pode oferecer importante reflexão sobre como avaliamos os dilemas da vida, bem como abrir espaço para terapias e novas formas de pensar: a confirmação de que a maioria das preocupações imediatas não se concretizam pode amenizar pensamentos compulsivos e quadros de estresse e ansiedade generalizados. A gente faz uma lista de coisas, desde papel higiênico que acabou mesmo você prevendo, porque a diarreia não estava na planilha de acontecimentos (risos) até a entrega de um relatório aleatório, da cabeça doida do seu chefe (risos). A gente tem agendas digitais, manuais, post-its para nos lembrar do que devemos fazer e ter o resultado que esperamos. Mas a única certeza da vida é que ela é imprevisível.

A vida não é se matar de trabalhar, mas os respiros entre um sucesso e outro. Viva a constância, a pausa e o desejo de se conhecer cada vez mais.

# 16

# RAÍZES PARA CRESCER, ASAS PARA VOAR

A opção pela ousadia é uma força que nos faz crescer. A urgência do novo, a impermanência e a busca do inexplorado sempre fizeram parte da minha história. Os líderes que me inspiram procuram continuamente a transformação. Conseguem mobilizar as pessoas e fazer com que elas deem um passo além. Nos últimos 25 anos, construí uma carreira como líder global em grandes empresas de tecnologia, entretenimento e internet seguindo essa intuição. Acolher, cuidar, ouvir: nada é tão potente quanto a empatia para trazer o melhor de cada um. Vivendo em Nova York, desde 2019, com meus dois filhos, aprendo a cada dia os desafios de quem se lança a reinventar a vida em outra cultura. Entro agora em um novo ciclo, mais inspirada do que nunca em impactar o mundo ao meu redor. Sem jamais me desconectar das minhas raízes. Pois a essência é o que me move.

**GISELE PERASOLO ALVES**

# Gisele Perasolo Alves

**Contato**
LinkedIn: Gisele Perasolo Alves

Executiva global de marketing, com mais de 25 anos de experiência nas indústrias de publicidade, entretenimento e tecnologia. Liderou equipes em todos os continentes por diversas vezes em sua trajetória profissional. Brasileira morando em Nova York, é movida pelo encontro com o surpreendente e rastreadora de experiências que tragam impacto positivo às pessoas e transformações de negócios. Ao longo da carreira, aprendeu na prática o poder transformador de inovar e criar em ambientes diversos. *Board member* do Rise and Raise Others (Uma Sobe e Puxa a Outra), sua missão é ajudar na expansão internacional do movimento nascido no Brasil em 2022.

> *Quando as raízes são profundas, não há razão para temer o vento.*
> Provérbio chinês

Uma das minhas habilidades é enxergar oportunidades navegando pelo caos. Entendo a vida como um mar de possibilidades, um canvas esperando novas cores. Parte dessa força vem do meu otimismo nato, parte é pela sobrevivência mesmo. Acredito que cada mudança soma mais um degrau na minha evolução como mulher, dentro de um objetivo maior de escalada espiritual. Mas por mais alto que eu alcance, ou mais longe que eu vá, sinto que só é significativo se alinhado aos meus valores e origens.

Enquanto escrevo este depoimento, paro para ver da janela meus filhos Gabriel e Rafaela brincando na neve com a nossa cachorra cockapoo Joy. Desde 2019, vivemos em Nova York e faz 5 graus negativos lá fora. A paisagem é um retrato em branco, que me leva a divagar pelo caminho que eu percorri para chegar até aqui. Sou uma aprendiz permanente, apaixonada pelo novo e pelo desconhecido.

Como muitas mulheres, enfrento o desafio de conciliar a demanda da família com uma vida profissional bastante intensa, sobretudo quando se está longe de casa, no contexto da cultura de outro país. Desbravar novos territórios nunca me deu medo, porque criar e iniciar projetos é o que me energiza, alimenta minha imaginação e minha alma, desde sempre.

## A minha jornada

Desde pequena eu sou movida pela curiosidade. Por isso comecei cedo como menor aprendiz em um grande banco, com apenas 14 anos. Sempre em busca de independência, tive a sorte de trabalhar diretamente na área de RH, um prenúncio de como toda a minha trajetória seria marcada pelas relações humanas.

Querendo saber mais e abrir novas possibilidades, encontrei meu destino na área de comunicação e marketing de grandes empresas. Um movimento intuitivo, também reflexivo, com muita vontade de inovar, realizar o que nunca foi feito antes. Porque eu acredito que a opção pela ousadia nos faz crescer: a urgência do novo, a impermanência e a busca do inexplorado.

Depois da experiência inicial em uma grande multinacional de logística, onde tive a oportunidade de lidar com gestão de equipes e planejamento estratégico, a vida me levou para um universo tão vasto quanto instigante: tecnologia, mídia, entretenimento e internet. Os primeiros cinco anos foram divididos entre uma das maiores empresas globais de serviços de TI e uma grande operadora internacional de TV por assinatura via satélite. Fazer parte de uma indústria tão veloz e disruptiva como a de tecnologia fez que nenhum ano fosse, nem de perto, parecido. Aprender todos os dias a me reinventar foi fundamental, uma lição valiosa para o que seria o maior e mais transformador ciclo profissional da minha vida.

Em 2005, comecei a trabalhar para uma das líderes mundiais da indústria da internet. Era a época em que a companhia dominava o mercado de buscas e via a ascensão do modelo de links patrocinados. Que delícia trabalhar com os pioneiros da internet do Brasil. Comecei atuando no marketing B2B, passei pela área de audiência dedicada ao grande público e retornei ao relacionamento com o mercado publicitário, tendo um olhar cada vez mais global.

Foi uma época em que pude exercer a minha criatividade, instigando minhas equipes a buscar permanentemente o novo. Criamos projetos memoráveis, principalmente em conteúdo de marcas, no ritmo acelerado de transformação da tecnologia.

Acredito que daí vem a importância da inovação estratégica na minha construção profissional. Esse espírito inquieto foi o combustível para que eu continuasse crescendo. Primeiro assumi funções para a América Latina; depois, ampliei o mercado hispânico dos Estados Unidos e fui, aos poucos, ganhando papéis na Europa, Canadá e Ásia-Pacífico.

Se eu pudesse resumir minha passagem por essa organização em dois pensamentos, diria adaptabilidade e senso de oportunidade. Foram nada menos do que 11 diferentes CEOs e diversas mudanças globais de marca. Fui me lapidando com a empresa e atingi a maioridade com o maior orgulho do meu crescimento.

A minha essência sempre falou mais alto: a cada chacoalhão eu via uma oportunidade. As mudanças demandam soluções criativas e o poder de improviso revelou a importância do diálogo e a compreensão das pessoas com todas as suas diferenças. Aprendi assim, na prática, o que significa atuar como uma líder humana e inclusiva.

Navegar no caos, sem dúvida, me impulsiona a ter novas perspectivas, a inovar, pensar e agir diferente. Por outro lado, as mudanças mais importantes sempre aconteceram de maneira muito consciente. A base das minhas escolhas foi a fé no meu instinto, minha bússola interna lapidada pela maturidade.

Os líderes que me inspiram imaginam o que pode ser diferente e procuram continuamente a transformação – de produtos, processos, tecnologias, relações e, o mais importante, de pessoas. Fazem parte das histórias de suas equipes, de seus clientes e parceiros. Impactam vidas e deixam aprendizados, enquanto memórias são construídas em conjunto.

## A minha coragem

Liderar pede coragem, convicção, persistência e integridade – competências essenciais nessa jornada. Coragem para sair na frente e fazer o que nunca foi feito, convicção para mobilizar outras pessoas a seguir com você nessa aventura, integridade para que esse voto de confiança que lhe foi dado seja merecido e respeitado e persistência para não desistir, mesmo quando parece impossível – grandes ideias costumam vir exatamente quando você está prestes a jogar tudo para o alto.

É preciso desprendimento para voar.

Acho fundamental equipes serem unidas por um senso de pertencimento que vai muito além da presença física. Os profissionais que têm clareza de seus propósitos e que querem deixar um legado significativo têm uma missão maior do que apenas vender produtos ou serviços. Existe o trabalho e o sentido da jornada de trabalho.

É radicalmente diferente ter uma relação funcional e uma relação conectada com a missão pessoal. Ao liderar equipes remotas espalhadas mundo afora por mais de uma década, aprendi diariamente o poder do alicerce de confiança mesmo por meio das telas. A tecnologia é uma ferramenta, o software que comanda é o humano.

Acredito que uma das principais qualidades em qualquer liderança é o autoconhecimento. Quanto mais você se conhece, melhor entende e ajuda a trazer à tona a melhor versão de si mesmo e do outro. Provocar novas ideias com impacto significativo nas pessoas me energiza. Meu mantra como líder é "O que você faria diferente mesmo que nunca tenha sido feito?".

Uma mudança importante na minha jornada de autoconhecimento foi a adoção do *mindfulness* como estilo de vida e de liderança. Busco estar inteira em cada momento, com atenção plena ao presente, ao que vivo e divido com os outros. O exercício de *mindfulness* também me leva a uma busca constante por significado. A clareza da minha missão pessoal é um alicerce de motivação. "Em nome de que estou e quero estar aqui fazendo isso?" Todo o restante faz mais sentido a partir dessas respostas. As escolhas ficam mais fáceis e mais claras.

Pratico meditação e faço pausas mais longas a cada ano para viagens de autoconhecimento – incluindo retiros espirituais e temporadas em silêncio. Há cinco anos fui à Índia para participar do festival Navratri ("Nove noites"), dedicado à divindade Durga, a "deusa suprema". A última noite, após longas sessões de prática do silêncio e meditação, coincidiu com meu aniversário de 40 anos. Foi um divisor de águas. Aprendi nessa jornada que o poder da escuta de mim mesma, sobre quem eu sou, para enxergar minhas fortalezas e minhas vulnerabilidades, me ajuda a manter os pés no chão. Quanto mais mergulhamos no autoconhecimento, mais profundas ficam nossas raízes internas e com isso nossa árvore cresce mais. Raízes para crescer, asas para voar.

Esse voo além foi dado em 2019, quando aceitei um convite profissional e fui transferida de São Paulo para Nova York. Depois de assumir tantas atribuições internacionais, uma posição global era uma consequência natural. Tive a chance de abrir um novo ciclo e permitir aos meus filhos a experiência de vida em outro país. Segui meu instinto mais uma vez e fui.

Mudar dói. Ninguém muda na zona de conforto, não é fácil, mas é um caminho possível e cheio de recompensas. Como imigrante mulher, latino-americana, ocupando um papel de liderança global, me senti à prova em todos os sentidos. Sinto nesse movimento a responsabilidade de dar o exemplo e inspirar mais mulheres a superar as próprias barreiras e as culturais. Mudar de país foi um ato de fé lapidado com muita terapia, que ajuda a ampliar minha consciência.

Devo muito esse entendimento à minha terapeuta Eliana dos Reis Betancourt, uma imigrante brasileira como eu. Cito especialmente uma passagem de seu livro *Psicanálise afora* (2021):

> Migrar significa reescrever o que desde o nascimento foi se acumulando em nosso balaio da experiência do mundo. O lugar de origem acompanha o sujeito em sua bagagem, um enredo formado de sons, cheiros, paisagens, texturas, temperos e silêncios. Todos estes elementos, minuciosamente embalados na mala da nossa língua materna.

## A minha liderança

Desde que cheguei aos Estados Unidos, tudo foi absolutamente intenso. Assim que me estabeleci em Nova York, o mundo fechou com a pandemia da covid-19. E eu, com mais duas crianças que não falavam uma palavra em inglês. Naquele momento eu assumia a liderança de um projeto influenciador enorme no trabalho e com times em todos os fusos horários. Meu papel era criar um *mindset* mais global na sede da companhia e mostrar o quanto a cultura local pode influenciar o negócio global, e como essa composição tão múltipla agrega valor. Meu desafio era trazer a diversidade de fora para dentro, e não a visão do comando de dentro para fora.

Fui acompanhando a explosão da pandemia com suas nuances regionais em tempo real pela vivência da minha equipe. Ali ficava ainda mais clara a posição que eu acredito que um líder deve ter. Acolher, cuidar, ouvir: nada é tão potente quanto a empatia para trazer o melhor de cada um. Perceber e valorizar cada pessoa em toda a sua singularidade e promover essa prática entre a equipe.

Profissionalmente, foi o período mais transformador que eu tive. Ampliou ainda mais minha visão de quão profundo é o impacto que o líder tem na vida de cada integrante da equipe. Uma lição da riqueza da diversidade nas relações humanas em toda a sua extensão. Vivi isso tudo com clareza do impacto que posso ter sobre as outras pessoas. A autenticidade é uma fortaleza porque está firmada na minha essência.

Clareza também da minha coragem de mudar de país e da minha missão de deixar certezas de que outras mulheres podem expandir suas carreiras para mercados internacionais. De sempre abrir mais espaços de inclusão, de fala para mulheres em qualquer conversa. De criar um efeito dominó positivo. Da importância de subir e puxar outras.

É por isso que me dedico com muito orgulho ao trabalho de internacionalização do *Rise and Raise Others* (*Uma sobe e puxa outra*), movimento nascido no Brasil em 2022 e que se materializou em um belíssimo prêmio apoiado pela ONU, do qual tive o privilégio de anunciar as ganhadoras.

Após um ciclo de 18 anos, 2023 traz outro marco importante na minha trajetória profissional. Chegou o momento de fazer outras pinturas em novos canvas, de voar sobre novos territórios, cheia de coragem para mergulhar em novos projetos transformadores, ligados com meu propósito e que me inspirem a ser melhor todos os dias. Sigo apaixonada por aprender, por ter cada vez mais perguntas e menos respostas. Porque ser livre para poder crescer e evoluir é muito bom… e nunca é demais.

> *A liberdade, quando começa a criar raízes,*
> *é uma planta de crescimento rápido.*
> GEORGE WASHINGTON

**Referência**

BETANCOURT, E. R. *Psicanálise afora.* São Paulo: Blutcher, 2021.

## 17

# A CORAGEM DE ME REINVENTAR É MEU LEGADO PARA MINHAS FILHAS

Viver em um eterno *rebranding* me fez conquistar a família e o trabalho que sempre sonhei. E, a cada mudança, tenho a sorte de poder contar com mulheres que me puxam e me inspiram a ser um ser humano melhor.

## GIULIANA TRANQUILINI

# Giuliana Tranquilini

**Contatos**
betafly.com.br
LinkedIn: linkedin.com/in/giulianatranquilinihadade/
Instagram: @giulianatranquilini

Apaixonada por comportamento humano, inovação e marcas. Atuei por mais de 25 anos como executiva de comunicação, *branding* e marketing em grandes empresas e agências no Brasil. Sou graduada em Administração e Marketing pela ESPM, tenho formação em *Coaching* pela SBC e formação internacional em *Personal Branding* na Reach. Estudei Antroposofia na Lumo e fiz cursos de *Social Marketing - Storytelling* e *Design Thinking* em Stanford e *Digital Marketing* na Kellogg University. Já orientei alunos da ESPM - Escola Superior de Propaganda e Marketing, sou palestrante e professora convidada do MBA Liderança Feminina - IMED. Após anos construindo marcas, atuando em grandes empresas e agências líderes em seus segmentos, como Natura Cosméticos, O Boticário, Havaianas, Shopping Iguatemi, PepsiCo, entre outros, decidi empreender e abrir, com minha sócia Susana Arbex, a Betafly Brandmakers, uma consultoria com metodologia exclusiva de marca pessoal para ajudar executivos, empreendedores e profissionais da saúde a cuidarem e nutrirem suas marcas pessoais e corporativas. Um trabalho que une minhas paixões: marcas, pessoas e suas histórias.

Quantas vezes em sua vida você teve que contar e recontar sua própria história? Eu fiz isso algumas. Mas nunca me vi como uma pessoa caótica. Pelo contrário. Nesse processo, estou em constante evolução. A cada novo capítulo, adiciono novas camadas de conhecimento, crescimento e aprendizado. Essa coragem de mudar expressa minha constante busca por me colocar a serviço das pessoas, como profissional, como mãe, como um ser humano que quer entregar sua melhor versão para o mundo.

A mudança ainda endossa o meu valor mais forte, que é a **liberdade**. Desde pequena tenho espírito livre e algo sempre fez parte de mim: a necessidade de ser dona da minha história.

Eu sabia – mais do que saber, sentia – que a relação dos meus pais tinha um conflito, por mais que eles tentassem esconder. De alguma forma, me preparava para sobreviver a qualquer abalo que aquela estrutura familiar pudesse sofrer. Talvez por isso, eu sentia uma inquietação, como se o mundo lá fora estivesse me convidando para voar e construir a minha vida, do meu jeito e ir além. Só precisava criar asas!

Ir além requer **coragem**. Coragem para reconhecer o caminho que não está levando para onde você quer e mudar a rota. Coragem para se reinventar. Coragem para dizer não. Coragem para recomeçar. Não foram poucos os momentos em que precisei de coragem. Se sempre consegui entrar em ação foi graças à obsessão por liberdade, pela necessidade de viver a vida sem nada que me limitasse.

Uma frase que faz parte do enredo da minha vida até hoje "não existe sucesso sem suor". Ainda que com dias de luta intensos, sustento uma vibração positiva, me recusando a alimentar o sofrimento por muito tempo. Aprendi a fazer dificuldade virar crescimento e transformação.

## A força do feminino na ancestralidade

Minha ancestralidade é repleta de mulheres fortes, corajosas e realizadoras, a começar pela minha mãe, Marlene, disciplinada e corajosa. Minha bisavó materna, Ritha, foi à frente de sua época. Nasceu no início do século XX e foi a única mulher da família a ter um diploma de graduação. Fez odontologia, casou-se com Jorge, seu colega de faculdade. Engravidou oito vezes. Perdeu três filhos no parto. Quando ele a traiu – e teve uma filha com a amante –, eles já tinham cinco filhos. Bisa Ritha não teve dúvidas e preferiu se "desquitar" – o que, na época, era suficiente para se tornar uma mulher malfalada. A história se repetiu nas gerações seguintes. Tanto minha avó quanto minha mãe foram traídas, não aceitaram e se separaram. Por muito tempo, eu tive vergonha desse histórico de traição e separação. Hoje, honro essas mulheres fortes e decididas da minha ancestralidade e as minhas irmãs amadas Dani, Gi, Ro e a Lu (a *sis* que escolhi), que não aceitaram uma situação por imposição social e, dessa forma, garantiram que os valores éticos e morais de respeito se perpetuassem em nossa família, que tem como marca a potência do feminino. Sou a segunda de quatro filhas e sempre quis ser mãe. Sou mãe de três meninas maravilhosas que me puxam o tempo todo.

**Um marco na minha história**

Comecei a trabalhar aos 14 anos para ter independência financeira e conquistar a tal liberdade. Arrumei uma vaga no telemarketing, vendia jornal por telefone. Logo, entendi que ter um trabalho que me realizasse e ao qual me dedicasse bastante me permitiria construir a minha vida. Não parei mais. Enquanto meus amigos estavam estudando e se divertindo, comecei a vida adulta mais cedo. Aos 16 anos, saí da casa dos meus pais e fui morar em uma república de meninas para dividir as despesas.

Meus pais não queriam que eu trabalhasse naquela época, porque priorizavam os estudos. Essa foi a grande herança que eles me deram: a oportunidade de estudar em excelentes escolas e o acesso ao conhecimento. Me formar na ESPM, a melhor faculdade de propaganda e marketing do Brasil, foi uma grande conquista, que veio somada a muito esforço e dedicação, como tudo na minha vida. Durante a faculdade, continuei trabalhando e morei com minha avó Dirce, que foi muito rígida comigo. Para aliviar a pressão, eu "fugia" nos finais de semana para a casa da minha tia Renata, outra mulher forte na família, que me puxou e foi uma inspiração para mim. É até hoje. Aos 20 anos, conquistei meu primeiro apartamento.

A ESPM abriu muitas portas e iniciei minha carreira em grandes agências. Desde o início de 1996, fui me transformando: trabalhei em empresas, como executiva de *branding*, comunicação e marketing; em agência de publicidade, como diretora de contas e diretora de planejamento. Minha primeira grande conquista profissional pareceu, a princípio, uma grande loucura. Giulia, minha filha mais velha, já tinha um ano, e meu casamento não estava bem. Na época, eu atuava como diretora de contas numa agência reconhecida e ganhava um bom salário. Entrei em um processo seletivo para ganhar 40% menos em um cargo de coordenadora de comunicação. Para alguns, um *downgrade*. Para mim, o maior *upgrade* da minha vida. Não foi uma decisão fácil abrir mão de um bom emprego com um bom salário, tendo uma filha para criar. Mas Giuliana sendo Giuliana está sempre aberta a novas experiências e oportunidades de crescimento. Com minha personalidade organizada, disciplinada e independente, avaliei a perspectiva futura a longo prazo e fiz o movimento: ação, sempre agindo com coração.

A Natura foi um grande marco na minha vida. Eu tinha a "cara da Natura". E a Natura tinha a minha cara. Fui puxada pela Cris Loize, que me indicou para a vaga. Na sequência, também me deram a mão a Isa Campos, que coordenou o processo de contratação, e a Susana Arbex, que me contratou. Só mulheres inspiradoras, fortes, que continuam amigas próximas. A Su é até hoje amiga e confidente, além de sócia. Cresci rapidamente nessa empresa com alma feminina, com valores humanos, preocupada com as relações, com poesia e filosofia e uma cultura forte de valorização da mulher. Ali comecei a me encantar em ouvir e contar histórias, entender o que era *branding* e a importância de conhecer profundamente o comportamento do consumidor. Sem falar na minha maior inspiração, Sr. Luiz Seabra. Foi a Natura também que trouxe a meditação para minha rotina. E lá pude conviver com um time de cerca de 450 mil consultoras, que traziam histórias de vida e superação apaixonantes. Um batalhão de mulheres que me puxaram! Mal sabia que estava me "preparando" para o que eu faço hoje.

Na mesma época, minha vida pessoal também passou por grandes mudanças. Me separei do primeiro marido. E, na Natura, conheci o Ale, meu parceiro de vida. Sempre o achei uma pessoa interessante e profissionalmente inspiradora, com muita energia e entusiasmo. Com Ale, vivemos um movimento de "sobe e puxa" constante, uma dança que funciona bem. Nos casamos, engravidei naturalmente de gêmeas, e hoje, nós cinco, Eu, Ale, Juju, Lara e Malu formamos a família com valores de respeito, carinho, amor e admiração que eu tanto sonhei e, de brinde, se juntou à minha vida minha sogra, outra inspiração de mulher forte, Jaqueline.

Depois de anos na Natura, atuei como Marketing no Shopping Iguatemi, puxada pela minha amiga Aline Zarouk. Outra experiência que contribuiu muito para minha formação foi como hunting na Spencer Stuart e GNext, puxada pela Denise Barreto. Ouvir histórias de executivos, conhecendo suas angústias, me aproximou mais do universo "humano".

Fui responsável pelo marketing da Havaianas, uma empresa que transborda liberdade, alegria, colorido e brasilidade, uma marca democrática, atributos que se misturam com meus valores. Foram anos incríveis que vivi lá, desenvolvendo inúmeras campanhas para 83 países. Dessa vez, quem me puxou foi a Chris Sanseverino, uma profissional acima da média, e a Carla Schmitzberger: a gestora com quem mais aprendi sobre liderança e a força da mulher.

A gravidez das gêmeas veio e tive de repensar minha carreira corporativa, por mais feliz que estivesse na Havaianas. Recebemos alguns "sinais" da vida que precisamos respeitar. Parar de trabalhar nunca foi uma opção, mas repensar a maneira e o ritmo foi necessário. Naquela época, 2010, não existia trabalho híbrido, *part time* ou remoto, apesar de eu ter buscado muito por isso. Sair do mundo corporativo, que eu sempre gostei, foi uma decisão muito difícil. Deixar o sobrenome corporativo era como perder minha identidade. Foram mais de 20 anos de carreira como executiva, mais de 800 campanhas, muitos projetos e eventos que tenho orgulho de ter participado. Tive a sorte de trabalhar com marcas incríveis, clientes, parceiros e equipe espetaculares, com os quais cresci muito. Decidi fazer um novo movimento e iniciei uma jornada empreendedora, fortalecendo minha trajetória em comunicação e *branding*.

**Um sonho chamado Betafly**

Na primeira tentativa de empreender, fiz um voo solo e quase surtei! Com três filhas, as gêmeas recém-nascidas, fracassei, mas cresci e muito. Consegui definitivamente empreender na segunda tentativa, com a BetaFly Brandmakers. Mas dessa vez não foi sozinha. Escolhi puxar quem tinha me puxado algumas vezes. Com a Susana, começamos uma história que já estava sendo desenhada 20 anos atrás, na Natura. Teve uma participação especial nessa história a minha irmã Roberta, que me ajudou nas minhas primeiras palestras. Temos uma relação de troca, em que uma puxa a outra. Gratiluz!

A Betafly me permite unir duas paixões, marcas e pessoas, e me colocar a serviço das pessoas, que é o meu grande propósito de vida. É muito lindo participar de cada jornada, que colaboro com cada cliente a reorganizar a maneira como se apresenta ao mundo. Essa busca por uma comunicação autêntica, alinhada com a identidade, requer muita coragem de mudar. É gratificante acompanhar esse processo, em que já me vi tantas vezes, certa de que estou ajudando mais uma pessoa a entregar o seu melhor para o mundo.

A BetaFly é feita com o que eu e a Su construímos de melhor ao longo de nossa trajetória. Sua história, iniciada em 2017, me dá orgulho: somamos mais de 50 projetos para *corporate branding* e mais de 500 clientes de mentoria e 15 mil pessoas impactadas em palestras, aulas e *workshops* conduzidos no Brasil e nos Estados Unidos.

O nome BetaFLY reflete minha vida e busca. Com sonoridade semelhante à palavra *butterfly* (borboleta em inglês), que representa o processo de transformação e de permitir que o novo surja para alcançar a melhor versão de si mesmo no mundo. Além disso, BetaFLY também nos lembra que vivemos em constante evolução, na fase BETA, e precisamos ter coragem de nos mover e FLY, voar, para viver o novo. Agora compreendo que minha missão é servir a esse propósito de provocar o movimento de "BetaFLY" em todas as pessoas com quem eu cruzar caminho e que me permitirem participar de sua jornada de evolução.

**Mudança para o Vale do Silício**

Em 2018, Ale e eu decidimos mudar para os Estados Unidos. Pensamos, em primeiro lugar, nas meninas e no que gostaríamos de proporcionar para elas. Depois, em como ajustaríamos nossas carreiras. Mais uma vez, foi preciso coragem para recomeçar. Segui meu estilo: parti para a ação. Em menos de quatro meses estava com container pronto, casa e escola decididas na Califórnia e malas fechadas para a próxima aventura. Débora e Natasha me puxaram nesse começo com dicas e conexões preciosas.

Recomeçar uma vida em outro país pode parecer mágico. Existe algo fascinante na oportunidade de viver uma nova cultura. Mas isso é permeado pela necessidade de se desfazer de muita coisa, desapegar, abandonar o excesso e só colocar na bagagem o necessário. Renunciar ao conforto e à estrutura que tínhamos construído no Brasil não foi fácil, estar distante da família e amigos em momentos importantes ainda tem sido a maior dificuldade.

Morar fora é testar todos os limites e saber que somos capazes de superá-los, mesmo quando parece que tudo vai cair por água abaixo. É experimentar tudo novo. Tudo mesmo! É descobrir prazer nos pequenos momentos em família e fazer novos amigos, que se tornam uma família "estendida". Nesse ponto, me sinto privilegiada por aqui. Ellen, Flá, Ia, Paty, Lau, Tô, mulheres gigantes que compartilham um constante sobe e puxa na minha vida.

### Querer ser melhor todo dia

Sou mãe de três meninas com muito orgulho e realizada. Ter tido um aborto espontâneo e milagrosamente engravidado de gêmeas, Lara e Malu, me fez uma pessoa mais forte e ainda mais grata. Hoje, quem mais me puxa são elas: Giulia, 20 anos, Lara e Malu, de 12 anos. Elas me provocam a ser uma pessoa melhor, a conhecer o mundo delas, a tentar entender cada momento que estão passando. Cada uma com sua identidade, diferença e uma potência única. Ter filhas meninas e gêmeas é aprender diariamente a respeitar as diferenças e valorizar o melhor de cada uma.

Me formei em antroposofia, puxada por Edna Andrade e Silvia Magalhães e pelas professoras Waldorf Dona Margarida e Chris, com o intuito de ser uma mãe melhor e mais preparada para auxiliar as meninas em cada fase. Essa filosofia explica que um novo ciclo se inicia a cada sete anos. Se considerarmos essa lógica, a vida nos convida à reinvenção. E pede uma pitada necessária de coragem para mudar e seguir para o próximo setênio mais preparada e forte para enfrentar os novos desafios.

Vivo nesse eterno *re-branding* com intensidade e consistência, pois acredito que os movimentos são necessários para sair da zona de conforto e evoluir como ser humano. Essa coragem de mudar é o meu legado para minhas filhas. Quero que elas sigam pela vida livres para abraçar suas escolhas. Escolhi ter a família que eu sempre sonhei e fazer da minha profissão algo que me realiza, encorajando cada indivíduo a viver na sua máxima potência e empoderando para usar seus talentos a serviço do outro, de maneira autêntica e genuína.

Acredito que disso vêm a felicidade e o sucesso em sua mais ampla definição.

# 18

# DO SONHO À REALIDADE
## UMA JORNADA DE DETERMINAÇÃO

Quando surgiu a oportunidade de ser coautora de um livro tão especial, que fala sobre a força das mulheres, fiquei pensando em como poderia contar minha história de uma maneira que pudesse agregar valor às mulheres que venham a passar por situações próximas às que vivi. Que desafio e privilégio! Determinação, vocação, força, coragem, equilíbrio e amor. Estas talvez sejam as principais palavras que resumem este capítulo. Que a história desta menina, que aos 16 anos foi apresentada a um mundo desconhecido e traçou nesse momento um plano de vida, possa te inspirar. Uma trajetória desafiadora, com obstáculos superados que viraram aprendizados e deram lugar a uma nova jornada surpreendente, muito mais equilibrada e igualmente maravilhosa.

## HELOÍSA CARVALHO GODOY

# Heloísa Carvalho Godoy

**Contatos**
heloisa@mentorflix.com.br
LinkedIn: heloisa-carvalho-84a2035/

Mentora de carreira, CEO e cofundadora da MentorFlix, possuindo 15 anos de experiência como *headhunter* e tendo conduzido centenas de contratações de CEOs, conselheiros de administração e executivos *c-level*. Junto à Spencer Stuart por 13 anos, atuou como *executing consultant* para as práticas de CEOs, Boards & Healthcare no Brasil e foi *knowledge manager* para as práticas de CEOs e Boards na América Latina. Adicionalmente, nos últimos seis anos, foi corresponsável pelo *Board Index* Brasil, uma das principais publicações sobre o tema no país. Apaixonada pelo universo de pessoas, diversidade e inclusão, está envolvida em várias iniciativas nesses âmbitos, incluindo o PDeC, no qual lidera o Comitê de Mentoradas, sendo membro também da Women Corporate Directors (WCD). Graduada em Psicologia pela Pontifícia Universidade Católica de São Paulo, Heloísa considera-se uma construtora de pontes e conectora de pessoas.

## O começo de tudo

Tenho orgulho de ter nascido na maravilhosa cidade de Ribeirão Preto/SP, onde estão as raízes da minha família materna e paterna. Aos três anos, após o triste falecimento do meu querido avô Geraldo, ainda tão jovem, nos mudamos para Dourados/MS, onde tive uma feliz infância e adolescência, cercada pela natureza. Embora vivesse tão próxima ao campo, era a vida urbana que me encantava e não escondia meu desejo de estudar fora, tendo sempre recebido apoio incondicional dos meus queridos pais, Geraldo e Sandra, para tal.

## A realização de um sonho

O ano de 2003 foi um divisor de águas na minha vida. Foi nesse momento que dei meu primeiro passo de fé e mergulhei no desconhecido. Após um período de grande preparação, eu estava finalmente prestes a realizar meu primeiro grande sonho: fazer o meu intercâmbio no Reino Unido.

Me lembro como se fosse ontem da preparação do *application form*. Mal imaginava que nada daquilo que coloquei no papel era o que eu realmente precisava para me tornar a pessoa que eu sou hoje.

Era dia 25 de agosto de 2003 quando recebi um e-mail dizendo que haviam encontrado a minha família. O alívio foi grande, pois àquela altura, faltando apenas 10 dias para a minha partida, eu enfim recebia a certeza de que iria. Qual foi a nossa surpresa quando soubemos que a minha idealizada família seria uma jovem mulher de 35 anos, que estava se propondo a receber um(a) estudante em sua casa por um ano, na Irlanda do Norte, em um momento em que o país passava por grandes conflitos religiosos. Apesar de todas as circunstâncias dizerem que não, meu coração dizia fortemente que sim. Mesmo notando uma grande preocupação nos meus pais, eu, muito decidida, disse-lhes que iria.

Dez dias depois, parti para a maior aventura da minha vida. Ainda dentro do avião, conheci a Ludy, uma das intercambistas, que se tornou a minha irmã de alma, com um papel muito importante na minha vida.

Ao desembarcar nesse país de paisagens lindíssimas, fui recebida por Kim Johnston, que me deu um longo abraço, como se já nos conhecêssemos de longa data e aquele fosse um grande reencontro (que, aliás, acredito ter sido).

No trajeto para casa, ainda em êxtase, fui escutando com muita atenção como foi desenhada, nos bastidores, essa nossa história. Kim voltava para casa após a comemoração do seu aniversário de 35 anos quando recebeu uma ligação do programa de intercâmbio. Após ouvir que seis intercambistas ainda não tinham casa, ela tomou a corajosa decisão de dar esta oportunidade para alguém, como uma forma de retribuir a experiência que teve como intercambista na Croácia. E quis o destino que a escolhida fosse eu! Em menos de 10 dias, Kim providenciou tudo o que eu precisava, inclusive uma vaga na Glenlola Collegiate, escola mais conceituada da Irlanda do Norte e apenas para meninas. Ao chegar ao meu quarto e encontrar na mesa de cabeceira um livro imenso de Astrologia, uma das minhas paixões, pensei: Como ela sabe tanto sobre mim? Na verdade, ela não sabia. Este era mais um dos sinais do universo de que nossas vidas tinham de se cruzar. Naquele mesmo dia, ganhei duas comemorações de boas-vindas. Duas festas após longas horas de voo me parecia algo surreal, mas viver intensamente foi mais uma das coisas que aprendi com ela. Kim logo me contou que era *headhunter*, profissão ainda desconhecida para mim. Achei muito interessante existir alguém que descobrisse talentos e fizesse um "*match*" entre os profissionais e as empresas.

Me lembro de, ainda bem pequena, por volta de seis anos, pedir para ir ao escritório dos meus pais a fim de participar das entrevistas com os funcionários. Algumas vezes, até sugeria algumas perguntas a serem feitas. Com o passar dos anos, continuei com essa paixão por entrevistar e sonhava em segredo um dia ter um *talk show*. Já adolescente, comecei a me interessar pelos mistérios da mente e do universo humano. Me sentia realizada em ajudar pessoas a encontrarem caminhos para seus problemas e, pouco antes do intercâmbio, decidi que cursaria Psicologia.

Certo dia, comentei com a Kim que estava cada dia mais encantada com esta profissão e que estava decidida a ser *headhunter*. Ela vibrou com minha decisão e, se já não bastasse tamanha conexão, isso nos ligou ainda mais; e juntas traçamos um plano. Me lembro tão bem de suas palavras naquele dia. "Heloisa, assim que retornar do intercâmbio, você sairá de Dourados, irá para São Paulo cursar a melhor faculdade de Psicologia e depois ingressará na melhor empresa de *executive search* do país". Ouvi com atenção aquele plano extremamente audacioso e guardei-o em um cantinho do meu coração.

Vivi o intercâmbio profundamente e honrei esta oportunidade dada pelo meu pai, que também pôde viver isso em sua adolescência, assim como meus três irmãos. Viajei para inúmeros países, inclusive sozinha, enfrentei medos, me superei, me conheci e reconheci. As lágrimas de saudade rolaram diversas vezes, principalmente nas datas especiais, mas de longe eu recebia dos meus pais a força de que precisava para seguir e tantos gestos de amor por meio das ligações e incontáveis cartas enviadas pela minha tão amada mãe.

Ganhar esta oportunidade da Kim, ainda tão jovem e em um momento de construção de sua vida, foi um grande gesto de sororidade e talvez a primeira vez que me senti "puxada". Puxada para o mundo, para a vida, para culturas novas, para o encontro com pessoas diferentes e, principalmente, para me tornar a mulher que realmente nasci para ser.

## E que comece o plano

Em 2004, retornei ao Brasil pronta para iniciar o plano que traçamos juntas. Prestei vestibular para Psicologia na PUC-SP e, por mais que não me sentisse pressionada, já que estava ainda na primeira tentativa, no fundo eu já queria muito que desse certo. E deu! A alegria em saber que havia sido aprovada foi tão grande quanto a expectativa em estar novamente diante do novo.

Nesse momento, o plano enfim começava. Aproveitei muito a faculdade, mas se fosse hoje, talvez a vivesse de maneira ainda mais intensa. Era visível meu desejo em terminar o curso e já começar a trabalhar. No terceiro ano, ouvi que uma de minhas colegas estava deixando seu estágio como *headhunter*. Nessa hora meu coração disparou e lhe pedi para ser apresentada à consultoria.

Com um currículo de poucas linhas, vivência como professora de Inglês e uma grande vontade de dar certo, consegui meu primeiro estágio na GNext, boutique de *search* liderada por três mulheres incríveis que me inspiraram demais. Ali aprendi muito sobre o mundo corporativo e sobre o ofício de uma *headhunter*. Pude mais uma vez testar a minha determinação e resiliência, já que por mais de dois anos minha rotina se resumiu a sair de casa às 6h, pegar três ônibus até a Vila Olímpia e, depois, cursar a faculdade até as 22h30. Em alguns momentos, quando pensava em desistir, me lembrava do meu sonho e ganhava forças. Ao me formar, surgiu uma oportunidade de eu ser apresentada à Spencer Stuart, uma das cinco mais bem conceituadas empresas de *search* no mundo. Dei esse passo com o coração apertado, pois era apaixonada por aquele ambiente acolhedor. Ao mesmo tempo, entendia que isso representaria algo muito importante na minha carreira e um pedaço valioso do meu plano traçado lá atrás.

Ao final de 2009, iniciei na Spencer Stuart como *researcher*. No começo senti o fato de não estar mais em uma empresa que era quase que uma família e passei por algumas situações muito difíceis, que me fizeram questionar se eu deveria continuar. Mas eu sabia que não poderia desistir e decidi aguentar firme. E como agradeço por ter ficado!

Foram anos de trabalho duro, noites em claro, muita dedicação e inúmeros aprendizados. Em 2012, após passar por um período importante de autoconhecimento, fiz uma viagem com a Ludy. Ao chegarmos a um evento, fui apresentada a um de seus amigos, Antônio Carlos (carinhosamente conhecido como Cal), hoje meu amado marido e pai dos meus filhos. E assim começava nossa história. Logo, ele ganhou o respeito dos meus irmãos, o carinho da minha mãe e avós e o coração do meu pai, que ganhava mais um filho. E eu, nesse momento, ganhei minha segunda família. Em um ano, ficamos noivos e, no ano seguinte, nos casamos. A maternidade sempre foi um sonho muito grande e, pouco tempo após nos casarmos, soube que a nossa Luíza estava a caminho. Que alegria ela trouxe para minha vida; e me deu uma força ainda maior para continuar me dedicando em minha vida profissional e buscar ser a melhor mãe para ela. Quatro anos depois, recebemos a notícia de que nosso Antônio estava a caminho para deixar nossa vida ainda mais completa. Deus nos presenteou com dois filhos maravilhosos, inteligentes, amorosos e dotados de grande sensibilidade. E como se amam!

## O início de uma reflexão profunda

Ainda na licença-maternidade do Antônio, comecei a sentir em meu coração que aquela vida tão intensa e desgastante talvez já não fizesse mais sentido para mim. A sensação de ter que dar conta de tudo, trabalhar em média 12 horas por dia e não poder sequer acompanhar o meu pequeno na natação estava deixando meu coração cada dia mais apertado; e eu já quase não me reconhecia mais. Passei por algumas crises de ansiedade e muito estresse.

Os sinais de que eu deveria mudar de rota não paravam de chegar. O principal deles foi um texto recebido, que tinha como título: "Os filhos não podem esperar". Tudo espera, mas estar mais presente na vida dos meus dois filhos, enquanto ainda dava tempo, era o que não podia esperar.

## A difícil decisão: é hora de mudar de rota

Foram 13 anos de muitos aprendizados, passando pelas mais diversas práticas (Serviços Financeiros à Saúde), ao lado de um time maravilhoso e do meu sócio e amigo, Fernando Carneiro, por quem sempre terei uma enorme gratidão.

Após dois anos de muita reflexão, eu enfim resolvi deixar minha posição em uma das mais respeitadas consultorias de *search* globais para estar mais presente para minha família e viver o que, no meu entendimento, era o que importava. Ouvi diversas pessoas dizerem que este foi um ato de muita coragem. Devo concordar que foi sim. Mas só eu sei quantas lágrimas foram derramadas nos momentos em que pedia a Deus uma direção até entender que era chegada a hora de fechar este ciclo, de encerrar o plano tão legal que eu tinha construído lá em 2003 com a Kim. Decidi seguir a voz do meu coração e confiei que seria mais feliz assim. Uma vez ouvi que nenhuma liberdade é maior do que a de uma mulher que descobre a força que tem. E assim me senti. Totalmente livre e pronta para conhecer a minha nova versão.

No momento que tomei verdadeiramente esta decisão, fui brindada pelo universo, de maneira inesperada, com um projeto maravilhoso que parece ter sido desenhado para mim. E, como tudo sempre se conecta, quem me apresentou este projeto foi a Danute Gardziulis, minha amiga, primeira líder e mentora, com quem trabalhei no início de minha carreira, na Gnext. Em 2022, topei o desafio e me juntei a ela e a outras duas mulheres incríveis para lançarmos juntas a Mentorflix, programa de mentoria focado no desenvolvimento de *soft skills*. Apesar dos desafios que envolvem a arte de empreender, eu hoje tenho a felicidade de participar ativamente da vida dos meus filhos e sinto no coração o quão maravilhoso é, enfim, encontrar o tão sonhado equilíbrio. Além de inúmeros aprendizados, esse processo de mudança me amadureceu, me deixou mais resiliente, flexível e, principalmente, mais humana. Gratidão pela jornada até aqui; e que venha mais um ciclo de muitas experiências, amor e aprendizados.

## Agradecimentos finais

Tudo o que vivi só foi possível por ter o apoio incondicional da minha família. Ao meu pai Geraldo, agradeço por sempre me incentivar a perseguir meus sonhos e me dar todo o suporte necessário para que eu pudesse alcançá-los. À minha querida mãe, Sandra, meu porto seguro e maior incentivadora, agradeço por sua força e bondade, que sempre foram uma inspiração para mim. Ao meu marido Antonio Carlos, agradeço por todo o seu amor, dedicação, compreensão e apoio em todas minhas decisões. Agradeço a minha amada e preciosa filha Luiza. Nem nos meus melhores sonhos imaginei ter uma filha tão iluminada e com o coração bondoso como o seu. Ao meu amado filho Antônio, agradeço pelos sorrisos e pelos abraços diários; e por me lembrar todos os dias o que realmente importa nesta vida. À minha querida avó Heloiza, de quem herdei não apenas o nome, mas também a coragem e o otimismo. Por fim, um agradecimento especial às queridas pessoas que fazem parte da minha rede de apoio, pois sem elas eu não conseguiria ter chegado até aqui.

# 19

# A TODAS AS MULHERES, UM SALVE!

Dedico este capítulo às maravilhosas mulheres que me incentivam a acreditar no meu potencial, a acreditar na vida todos os dias e a acreditar que o melhor ainda está por vir. Obrigada a todas as mulheres que me mostraram que fé, coragem e resistência são ingredientes fundamentais de sobrevivência. Uma salva de palmas a essa incansável rede de força e de puxadas feminina!

## HELOÍSA SANTANA

# Heloísa Santana

**Contatos**
LinkedIn: linkedin.com/in/heloisasantana/
Instagram: @hellosantana

Foto: Alê Oliveira

Publicitária com especialização em Finanças e 3º Setor. Trabalha com comunicação e marketing há mais de 30 anos, sendo os últimos 16 anos no *live marketing*. Passou por anunciantes, agências, veículos e entidades do setor. Presidente executiva na Ampro (Associação de Marketing Promocional). Palestrante sobre representatividade, com olhar para Diversidade e Inclusão. Jurada do Cannes Lions, em 2022, categoria mobile. Eleita uma das 13 Personalidades do Turismo pela Skål Internacional 2022 e, em 2023, pelo PROPMARK, como uma das 10 lideranças femininas de destaque no mercado de comunicação no Brasil.

**Quando as cortinas se abrem**

Estou emocionada! Sim, meus pensamentos estão a mil, ao escrever e pensar nas diversas mulheres da minha trajetória. A sensação é igual à de ver um filme com roteiro desordenado, porque muitas lembranças fora da cronologia passam na minha mente, para "escolher" contar um pedaço da minha vida. Tem muita presença feminina: mulheres da minha família, as que hoje não são mais – e que têm um lugar tão especial; as amigas de infância, as dos bancos de estudos, do teatro, da jornada profissional; as mais jovens que revisam minhas crenças e padrões – Bia e Bella, vocês puxam essa fila, obrigada, queridas; e finalmente ela, uma das mulheres mais intensas que já conheci, a minha mãe, a primeira que me puxou.

Quando meus pais se separaram, eu tinha menos de 1 ano de vida. Meu pai biológico sempre morou longe e, com isso, dois homens acabaram por fazer a figura paterna: primeiro o Tom, meu amado e saudoso padrinho – que esteve em momentos tão importantes com seu estilo divertido, afetuoso e conselheiro. Era para a casa dele que eu queria fugir quando a barra pesava! Depois o Luiz, o segundo marido da minha mãe, padrasto amigão, que não media esforços para mostrar que uma relação de pai e filha se faz para além da certidão de nascimento.

Minha mãe foi uma mulher bem severa, mas também alegre e espontânea. Ela tinha uma luz que transformava qualquer ambiente gregário, tanto assim que nossa casa era sempre cheia de gente, especialmente aos finais de semana.

Lurdinha, como gostava de ser chamada, pertencia a uma geração em que o afeto não era o principal ingrediente na relação materna. No seu plano de educação, bem rígido, não tinha muito espaço para negociar algo que ela já tinha determinado. Errar era algo impensável para ela. Naturalmente isso trouxe consequências nada agradáveis no meu plano psicológico. Uma das minhas irmãs dizia: "*mã* é ótima da porta para fora, porque da porta para dentro ela se transforma". Bem determinada, desgarrou da sua família de origem para migrar em São Paulo. Chegou doméstica e sua determinação a tornou técnica em enfermagem. Criou suas três filhas com dignidade e aperto no orçamento, mas sempre preocupada em oferecer o mínimo de educação e estímulos necessários para sobrevivermos na selva de pedra.

Influenciada pelo ambiente de casa, especialmente pelas minhas irmãs, comecei a me interessar por comunicação, cultura e artes. E lá estavam mais essas duas maravilhosas e inspiradoras mulheres para me puxar. Obrigada Edna, obrigada Edilene!

Seguindo a vida e me encaminhando para a pré-adolescência, estudei artes cênicas no Teatro Escola Macunaíma, inicialmente por uma puxada da minha mãe: ela me via como uma filha estranha, quando na realidade eu era ultratímida e retraída. As aulas começaram a me tirar da bolha, fazer pensar além dos preconceitos e a ver a vida de maneira diferente, fora das amarras. Me peguei interessada em estímulos, como: muita gente diferente e misturada, música, cinema, teatro. Hoje entendo que isso tudo contribuiu para me direcionar à carreira de publicitária.

Venho de uma família pobre, e isso naturalmente levou a mim e minhas irmãs a começarmos a trabalhar muito precocemente. Minha irmã Edilene, por exemplo, começou aos 14 anos.

No meu caso, lembro-me como se fosse hoje. Eu tinha QUINZE ANOS e era meu primeiro dia de férias escolares. Pontualmente, às 7 da manhã, acordei ao ouvir Lurdinha abrindo abruptamente as cortinas da janela do meu quarto. Ela me "convidou" para levantar com a inusitada notícia de que eu estava matriculada num curso de datilografia intensivo de trinta dias, e um detalhe: naquela época, esse curso podia durar até dois anos. Minhas férias foram tomadas por algo que eu não tinha escolhido. Me senti injustiçada, sem saber o que o destino e essa mulher estavam me presenteando: as cortinas das oportunidades estavam se abrindo, mas só enxerguei isso anos depois.

Diferentemente de outras garotas da minha idade, eu já tinha na cabeça onde queria atuar: com algo que me conectasse com pessoas e marcas, que fosse divertido e criativo, e nada voltado para as exatas. Foi assim que fiz o técnico em criação, e logo depois a graduação em publicidade e propaganda. Posteriormente, cursei várias especializações e nunca mais saí da área.

Minha primeira experiência profissional foi na Faculdade de Engenharia Industrial (FEI), secretariando mais de 100 professores e cerca de 2,5 mil alunos. Como aquela garota de 16 anos narraria essa experiência? Dos gestores e professores, majoritariamente homens, eu recebia pedidos do tipo: "Heloísa, roda no mimeógrafo trezentas cópias desta prova", "põe no escaninho esses holerites dos professores", "publica as notas no quadro de avisos". Já alguns alunos burgueses tentavam me subornar financeiramente para conseguir o gabarito das provas das disciplinas em que mais reprovavam.

Aos 21 anos, trabalhei como vendedora em uma loja de acessórios de luxo na Oscar Freire, a qual era frequentada por um cliente muito expansivo. Sempre que ele ia na loja e me via lendo, fazia perguntas sobre o que eu lia e passou a demonstrar interesse pelos meus planos para o futuro profissional. Muito generoso, caí nas suas graças. Em uma de suas visitas, ele me apresentou uma empresa de turismo, líder do setor, sem revelar que era uma das empresas dele. "Seu Walter" apenas me indicou para conversar com certo gerente. Começava então minha jornada no marketing em uma das maiores operadoras de turismo da América do Sul.

Paralelamente a esse início de trajetória profissional, fui entrando em várias turmas e fortalecendo meu círculo de amizades. Um dos grupos que eu mais gostava era com uma turma com cabeças muito diferentes – estávamos na fase pré-vestibular, e nossa marca registrada era montar passeios e atividades aos finais de semana no formato surpresa. Era uma delícia, porque nunca sabíamos aonde chegaria, mas as experiências e o efeito das descobertas eram fantásticos. A dinâmica era montar um *briefing*, por exemplo "roupa de parque" e lá ia a turma de 25 pessoas, fazer piquenique no parque. Que saudades dessa turma querida.

Também tinha a turma das pessoas negras, apresentada pela minha mãe, que certa época cismou que eu não me achava uma garota negra. Dela, também surgiram ótimas amizades como, por exemplo, a da Patti: quando fiz minha primeira viagem de intercâmbio ao exterior, ela me ajudou nos detalhes para que eu pudesse me conectar da melhor maneira no destino. Dias antes do embarque, ela me entregou uma linda carta, carinhosamente escrita à mão, superdetalhada quanto a como aproveitar Londres da melhor forma e com segurança, nessa tão sonhada viagem. Ao entregar, ela pediu que eu abrisse dentro do avião, na virada de 24 para 25 de dezembro, pois era seu presente de Natal para mim. E assim, ao longo de minha vida, fui fazendo parte de muitas e diferentes turmas: as dos trabalhos que fui passando, a Weberland, as Meninas de Moema, e por aí vai. Sou convicta de que elas construíram minha habilidade para me juntar (também para agregar) a diversos tipos de grupos de pessoas.

## O caminho pelo qual eu segui

Sempre atenta, ia observando as líderes dos locais onde trabalhava, até mesmo as de outras áreas. O olhar curioso procurava oportunidades para ser puxada de tudo que é jeito, muitas vezes sem saber direito qual seria o próximo desafio.

Quando voltei da Europa, escolhi trabalhar em agências de publicidade. Com isso, surgiu um novo capítulo: aprender a "vender comunicação". Contando aqui, parece uma jornada simples, mas não. Eu tinha em mente que qualquer mudança ou desempenho malsucedidos poderiam trazer impactos profundos e até o desemprego, o que não estava nos meus planos; logo, eu não podia errar.

Entre as gestoras com as quais trabalhei, a maioria amigas até hoje, há uma em especial com quem tive uma relação de puxadas recíprocas. Ah, Isabela, obrigada por suas tantas puxadas e por sempre me dizer que tenho "a força da delicadeza". E assim fui experimentando vários segmentos e culturas em empresas, anunciantes, agências, veículos e, recentemente, mais uma cortina se abriu: a oportunidade de atuar em uma das entidades mais representativas do marketing nacional, a AMPRO (Associação Brasileira de Marketing Promocional), na qual tenho a honra de representar cerca de 70% de mulheres do setor. Nela, também conheci mulheres incríveis que me catapultaram nessa jornada de mais de trinta anos de profissão. Muito obrigada a todas que me puxam, desde a entrevista de contratação!

## As "puxadas" do meu tapete

Percebi que as puxadas de tapete, na maioria, estavam relacionadas a descréditos a mim duplamente atribuídos: ao meu gênero e à cor da minha pele. Minha capacidade tem sempre de ser duplamente comprovada. Por exemplo, em reuniões, muitas vezes minhas palavras não são ouvidas, mas quando são repetidas por outras pessoas, observo-as serem aplaudidas e valorizadas. Esses fatos são recorrentes.

Certa vez participei de um processo seletivo numa agência multinacional e, apesar de possuir todos os requisitos necessários para o cargo, o presidente da empresa demonstrou ressalvas a minha candidatura. O motivo? Ele temia que o fato de eu ser negra prejudicasse os negócios da sua empresa. Apesar dessa discriminação racista, tive o apoio da gestora direta, que me contratou. O curioso dessa história de preconceito, entre tantas outras já vividas, é o fato de que ela me foi revelada 18 anos depois por essa gestora. Querida, um beijo para você. Obrigada também por me puxar!

Até hoje enfrento desafios oriundos do racismo e do sexismo. Entretanto, abandonar meus objetivos, sonhos e metas nunca foi uma alternativa. Além disso, sempre encontrei pessoas generosas, com corações gigantes que me ajudaram a prosseguir. Será sorte ou será que quem puxa sempre também será puxada?

**Se pudesse brincar de criar 7 puxadas para as mulheres mais jovens, seriam:**

1. **Deixe que pessoas "puxem suas cortinas"** – Quem puxar as suas cortinas estará te tirando da zona de conforto. Sair dela pode ser incômodo e assustador, mas também extremamente gratificante. Estamos acostumadas a ficar em nossas bolhas, mas às vezes é preciso furá-las para evoluir. Sucesso e crescimento geralmente exigem praticar coisas que incomodam.
2. **Autenticidade leva a lugares inusitados** – Autenticidade, para mim, significa viver de acordo com seus valores e princípios, mesmo que isso mostre que você é diferente das outras pessoas. É ter coragem de abraçar as coisas das quais gosta e nas quais acredita, mesmo que isso leve a algumas escolhas difíceis.
3. **Crie redes de conexões com diferentes perfis de pessoas** – Fazer conexões te possibilita abrir relacionamentos, que podem levar a inúmeras possibilidades. É uma forma de expandir rede de contatos e, a longo prazo, poder puxar mulheres incríveis.
4. **Escolha uma ou mais mulheres que admira e chegue perto delas!** – Isso mesmo: é só se aproximar. Essa mulher pode estar bem mais perto do que você imagina, como na família, uma amiga ao lado, nas redes sociais. Identifique os motivos de admiração e crie as conexões a partir daí. Às vezes, ela pode nem ser percebida pelo que você admira.
5. **Fique atenta às situações que ampliam possibilidades** – Não se limite a uma única carreira, pois a jornada da vida se torna muito mais interessante quando é feita com o coração e sem medo de se aventurar pelo novo.
6. **Vivencie as práticas** – Seguir sua intuição e olhar nos olhos das pessoas, especialmente em momentos difíceis, é mais importante do que livros de autoajuda.
7. **Puxe a representatividade** – Puxe sempre a pauta de representatividade. Seja uma agente de oportunidade para abrir espaço para mulheres

negras, PCDs, homoafetivas e todas as lacunas de preconceito que você pode impedir. Puxe pessoas com o olhar mais generoso que você possa ter.

Encerro este capítulo puxando a próxima história e agradecendo a todas as puxadas recebidas.

*Eu não nasci rodeada de livros e, sim, rodeada de palavras.*
CONCEIÇÃO EVARISTO

# 20

# HIPERATIVOS SÃO INQUIETOS, ACELERADOS E MAL COMPREENDIDOS, MAS NOSSO PIOR DEFEITO PODE SER NOSSO SUPERPODER!

"Eu sabia que a minha agitação era uma força poderosa e decidi usá-la para o bem. Em vez de me deixar dominar por aquilo que os outros consideram um defeito, decidi transformá-lo em remédio e produtividade. Cansei de sentir a dor de tentar me mutilar para caber nos lugares onde eu achava que deveria caber, e utilizei essa energia para fazer o que amava e para tornar o mundo um lugar melhor". Usando a minha maior dificuldade – a minha mente agitada – consegui transformar a realidade à minha volta e, principalmente, da vida profissional. Aquilo que era um defeito se transformou em força para buscar constantemente conhecimento e nunca perder o ritmo da vida. Hiperativos são só diferentes!

INGRID BARTH

# Ingrid Barth

**Contatos**
ingrid.g.barth@gmail.com
LinkedIn: linkedin.com/in/ingridbarth/
Instagram: @ingridbarth

Sou economista e estudei engenharia civil, porém nunca cheguei a atuar na área. Tenho MBA em Empreendedorismo e Inovação pela FIA-USP. Em 2016, ganhei um prêmio de *startup* com a ideia mais inovadora pelo fórum de empreendedorismo da FEA-USP, era uma *fintech* de arte como investimentos, talvez tenha sido meu primeiro passo no mundo do empreendedorismo. Fiz algumas especializações, entre elas em Tesouraria em Nova York e Chicago, e em Inovação e *Design Thinking* (Hive Lab SP). Atuo profissionalmente, no mercado financeiro, há 18 anos, passando por bancos internacionais como Santander e JPMorgan. Fiz uma transição de carreira para o mundo de *fintechs* em 2016, quando fui responsável pela estruturação do produto PJ da Neon Pagamentos, depois pela *fintech* Foxbit. Atualmente, sou cofundadora do Linker, Banco Digital PJ focado em PME, adquirido pela Omie em 2021. Sou ex-diretora da ABFintechs, atual presidente da ABStartups e conselheira do conselho deliberativo do Open Banking do Banco Central do Brasil. Também sou investidora-anjo de *startups* e atuo como conselheira e *advisor*.

## Mulheres de mente "a milhão", que não desistem nunca

Há algo mágico e melancólico em olhar para trás e refletir sobre nossa vida: aquela sensação estranha de conseguir enxergar todas as nossas conquistas, mas, ao mesmo tempo, reconhecer nossas vulnerabilidades, e é exatamente isso que faremos juntas agora.

Sou mulher branca e nascida em São Paulo, uma cidade heterogênea, mas que dentro das desigualdades brasileiras oferece muitas oportunidades. Preciso então, desde já, reconhecer os privilégios que vieram junto desses pontos. No entanto, não vim de uma situação familiar financeiramente confortável e nunca recebi nada fácil ou "de mão beijada" em minha vida. Mas uma coisa posso dizer: o maior privilégio que recebi da minha família foi o apreço pelo conhecimento, pela cultura e o amor pela educação.

A verdade é que a minha vida tem sido uma montanha-russa de emoções – como acredito que seja a da maioria das pessoas de maneira geral. Houve momentos em que pensei não conseguir superar as dificuldades, mas foram esses mesmos momentos que me tornaram quem sou, e acho bem importante termos orgulho da nossa jornada.

Sempre soube que queria algo mais para mim, que me levasse além do que já havia sido alcançado pela minha família. E é assim que, com muita determinação e esforço, tenho traçado meu próprio caminho e alcançado meus objetivos.

Minha família prezava muito pelo valor dos estudos, sempre me incentivara a correr atrás dos meus sonhos e me cobrava muito para ser inteligente e estudiosa. Hoje, olhando para trás, sou muito grata a esse tipo de incentivo e cobrança. Afinal, foi graças a meu próprio suor, ao conhecimento adquirido por meio dos estudos e aos desafios que me impus constantemente que conquistei oportunidades, das quais me orgulho muito atualmente.

## Minha inspiração para sempre: focar em estudar

Imagine crescer ouvindo histórias motivadoras de alguém que você admira profundamente. Para mim, esse sempre foi o papel do meu avô Alaor. Ele é meu verdadeiro herói, alguém que personifica a humildade, a força de vontade e a compaixão. Para ele, a educação era algo quase divino, milagroso, a chave para o sucesso, e fazia questão de que todos da nossa família valorizassem os estudos, pois tinha certeza de que éramos capazes de alcançar qualquer coisa dessa forma.

Até hoje, sempre que me sinto desanimada, cansada ou perdida, penso no meu avô e numa história que ele contava: quando menino, em Minas Gerais, ganhou um par de sapatos para ir à escola – o único que ele tinha. E, para ele, aquilo era mais que apenas um par de sapatos – era a chave para um futuro melhor.

Por não ter condições de comprar outro par de sapatos (e sabia que, quando aquele acabasse, não poderia mais frequentar as aulas), ele fingiu ter machucado um dos pés para que pudesse usar apenas um sapato. E assim, ele usou aquele único sapato até que a sola estivesse completamente gasta. Quando o primeiro sapato acabou, ele fingiu ter machucado o outro pé para que pudesse usar o segundo sapato sozinho. Dessa forma, ele foi capaz de estender a vida útil do par de sapatos e continuar indo à escola por mais tempo.

Infelizmente, quando o segundo sapato finalmente acabou, ele teve de parar seus estudos, o que virou o trauma da vida dele. Prometeu, então, que isso nunca ia acontecer de novo na família dele.

Algo tão trivial para nós hoje em dia, como um par de sapatos, impediu o sonho do meu avô de concluir seus estudos, mas isso me ensina todos os dias a enxergar que eu tenho absolutamente todas as ferramentas para seguir em frente de modo incansável, independentemente do que aconteça no caminho.

## Hiperatividade

Sou uma pessoa hiperativa – hoje em dia também chamada de *neurodivergente*. Considerada uma "doença de menino", fui diagnosticada relativamente tarde (aos 20 anos) e, recentemente, esse tipo de diagnóstico passou a ser mais recorrente e trivial, possibilitando procedimentos e recursos prévios. Mesmo tendo passado por tratamentos adequados, isso teve bastante consequência para minha autoestima. Embora sempre tenha tido paixão pela aprendizagem, quando criança, meu comportamento foi visto como problemático pelas pessoas de maneira geral, professores e pais de meus amiguinhos de escola.

Havia um impulso em mim, algo que simplesmente não me deixava ficar quieta na sala de aula. Eu olhava em volta e sentia que aquilo não fazia sentido: meus colegas de classe se concentravam em suas lições, mas eu não conseguia fazer o mesmo. Queria conversar, brincar, bagunçar, me manter em movimento. Era como se o tédio da sala de aula me engolisse e eu precisasse encontrar maneiras de escapar dele.

Cansei de ouvir que não conseguiria atingir sucesso profissional, mesmo tendo um bom desempenho escolar. Como alguém como eu, com uma imensa dificuldade de seguir ordens, de ficar quieta, de parar de falar, conseguiria "ser alguém na vida"? De uma maneira ou de outra, durante muito tempo acreditei nisso e achei que não seria ninguém, nem chegaria a lugar algum por ser "daquele jeito". Para completar o cenário, diferentemente de muita gente daquela época, eu era filha de pais separados – o que também corroborou no prognóstico de uma vida de derrotas, que me assombrou durante muito tempo.

Felizmente, apesar de carregar essa carga pesada para uma criança, tive pessoas muito especiais na minha vida, como a minha mãe e a minha avó, que me fizeram entender que não tinha nada de errado comigo. Eu era apenas diferente, isso poderia ser uma coisa muito boa.

Ainda tenho uma mente hiperativa, mas encontrei maneiras de usar essa energia como um superpoder, e descobri que isso beneficia não só a mim, mas a todos ao meu redor. Sinto-me melhor e mais produtiva realizando mais de uma atividade ao mesmo tempo, o que me deixa satisfeita e completa.

## Canalizando as energias para seguir propósitos

Após tantos anos e aprendizados, sinto que minha mente é uma verdadeira força da natureza. Sou inquieta e sempre estou em busca de novos conhecimentos, novas informações, novos estímulos positivos. Ninguém consegue assimilar direito e a pergunta mais constante que ouço é "como você consegue tocar todas essas coisas?". A verdade é que essa é a maneira como funciono, a fórmula que precisei encontrar para drenar o fluxo de energia que mora dentro da minha cabeça, e se não fizer muitas coisas simultaneamente, eu não funciono bem. É o jeito de canalizar a energia sem atrapalhar as pessoas ao meu redor e me sentir frustrada por isso.

Atualmente consigo ser empreendedora, mãe, esposa e me dedicar a inúmeros projetos paralelos, sem fins lucrativos, mas que trazem muito aprendizado e satisfação pessoal. Além disso, possuo uma vida social agitada e participo ativamente de diversos grupos. Minha extroversão já me levou a lugares dos mais diversos possíveis, como ONU e G20.

Eu sabia que minha agitação era uma força poderosa e decidi usá-la para o bem. Em vez de me deixar dominar por aquilo que os outros consideram um defeito, decidi transformar em remédio e produtividade. Cansei de sentir a dor de tentar me mutilar para caber nos lugares onde achava que deveria caber e utilizei essa energia para fazer o que amava e para tornar o mundo um lugar melhor.

**Missão de vida por meio da promoção da bancarização**

Comecei a minha carreira no mercado financeiro tradicional com muita certeza do que queria. Aprendi muito sobre o mercado de maneira geral e sou muito grata a todo o conhecimento que adquiri lá. Como sempre atuei nesse mercado, conhecia apenas uma parte do sistema econômico, e queria saber mais sobre outras questões. Foi por meio do MBA, focado em empreendedorismo e inovação, que tive um clique e passei a entender também o que estava acontecendo no mundo das *startups*, da tecnologia e inovação. Percebi que não queria estar só daquele lado das finanças mais tradicionais em que atuava e, em 2016, resolvi fazer uma transição de carreira.

Quando a gente conta a história, parece que foi um passo natural e simples, mas foi muito, muito difícil. Eu amava o meu trabalho, amava o que eu fazia e sempre tive muitas certezas na minha vida, e não saber mais onde eu queria estar era realmente assustador, além, claro, de ser alguém muito apegada às leis trabalhistas e ao regime CLT. Só em pensar em instabilidade profissional e financeira me gerava desespero.

Como parte dessa transição de carreira, decidi então morar quatro meses na Ásia, sozinha, num esquema mochilão mesmo. Costumo brincar que não encontrei a tão sonhada paz interior, mas considero que foi bastante importante para resgatar um pouco da minha essência, tentar entender quais seriam meus próximos passos e aquilo que realmente era importante para mim, sem interferências no meio. Ao voltar para o Brasil, por incrível que pareça, já estava empregada numa *fintech*. Ainda não sabia profundamente o que era, mas hoje entendo que o destino faz questão de te encontrar, mesmo que você nem saiba o que ele seja. Foi nessa minha primeira experiência em *fintech* que me apaixonei de vez por esse universo, e descobri que, apesar de o Brasil ser referência mundial em sistemas e inovação financeira, ainda temos um caminho muito longo para que, de fato, o sistema financeiro seja inteiramente inclusivo. Percebi que temos um número assustador de desbancarizados no país, e, apesar de ser um grande problema, foi nesse momento que identifiquei minha grande missão de vida: impactar positivamente a vida dos brasileiros por meio da boa bancarização. Temos a falsa impressão de que ter acesso a bons produtos e serviços financeiros é um luxo. Mas, na verdade, ser bem incluído no sistema financeiro é um direito essencial dos brasileiros. E, por meio da tecnologia, não vou descansar até transformar esse sonho em realidade. Quero criar soluções inovadoras, fáceis de usar, acessíveis e que realmente entreguem resultados palpáveis. Apesar de estarmos no caminho certo, sei que ainda há uma longa estrada a percorrer.

**Entrada no empreendedorismo e empreendendo na maternidade**

Acredito que a tecnologia possa ser uma ferramenta poderosa para oferecer serviços financeiros acessíveis à população brasileira. Meu sonho é levar dignidade financeira a todos, independentemente da classe social.

Meu lema de vida é: "Serviço financeiro não é um luxo, mas um direito essencial e inalienável para todos". E eu não vou desistir enquanto não cumprir o meu objetivo de levá-lo a todo o Brasil.

Depois de passar pela experiência de duas *fintechs*, em 2018, conheci uma pessoa que viria a se tornar meu sócio na minha *fintech*. Um amigo em comum nos apresentou, ele queria conversar sobre o mercado de contas digitais para pequenas empresas, e eu era uma das únicas pessoas que conhecia profundamente esse tema. Fui tão empolgada falar para ele que tinha bastante mercado para novas iniciativas nesse caminho que, em setembro de 2018, ele me chamou para um café e me fez o convite para participar dessa jornada com ele. Nascia assim, do zero e com bastante boa vontade, o Linker, apenas com a ideia de ajudar os empreendedores a terem sucesso. Fizemos pesquisas, construímos o projeto, conversamos com potenciais clientes, montamos um time, testamos bastante entre amigos e, em outubro de 2019, finalmente lançamos o aplicativo para o mercado.

Desde então, passamos a maior parte da vida da empresa numa pandemia. Ao longo de 2020, foi bem difícil empreender: a equipe nova, o gerenciamento do time de maneira remota, tudo foi um grande desafio. Mas isso não foi impeditivo para crescermos, e nessa trajetória, em 2021, surgiu a oportunidade de vender o Linker para outra grande *fintech* que sempre admiramos. Atualmente continuo na operação, e o trabalho está animado como sempre.

Sempre gosto de destacar a importância do autoconhecimento no processo empreendedor e como ele pode ajudar a identificar pontos fortes e fracos, bem como a direção a seguir. Foi o autoconhecimento que me ajudou a não sucumbir quando enfrentei fases extremamente desafiadoras, não apenas profissional, mas pessoalmente também. Em 2020, além do trabalho e da pandemia, perdi uma das pessoas que mais amava na vida de maneira muito inesperada, minha tia Irene. Ela não era casada nem tinha filhos, e eu era como uma filha para ela também. Foi muito duro, e tive estresse pós-traumático. Um dos efeitos foi a interferência no meu ciclo menstrual. Fui ao médico, que me encaminhou para fazer exames e suspendeu o uso do anticoncepcional por duas semanas. Assim, sem planejar, algo impensável para mim, engravidei.

A venda da empresa coincidiu exatamente com o nascimento da minha filha, e toda a minha história acabou se juntando nesse momento em que me vi novamente fazendo várias coisas ao mesmo tempo. Sendo tudo, mulher, mãe, empreendedora, sem deixar nenhum pratinho na mesa, sem renunciar a nada que me faça feliz.

No final, é essa a imagem e referência que quero deixar para a minha filha e para o mundo: uma pessoa diferente, mas feliz, que faz muitas coisas ao mesmo tempo, mas sempre o que quer e o que acredita, cheia de propósito, incansável, que quer um dia sair de cena com a certeza de que fez o possível e o impossível para deixar o mundo um lugar melhor e mais justo do que quando o encontrou.

# 21

# A *FLÂNEUR* E A FÊNIX

Este é um sobrevoo autobiográfico de momentos marcantes na vida de uma mulher. Aqui, ela conta sua história de lutos, resiliência, transformação, superação e esperança. O texto apresenta a descoberta do verdadeiro sentido da perda e o apoio nos valores éticos adquiridos em família para realizar uma transformação positiva na jornada. A narrativa usa uma perspectiva singular, construindo um estilo próprio de contar a história, alinhando – por meio de uma "observadora" – as passagens do tempo e das memórias. A ajuda de uma *flâneur*[1] é fundamental para construir um relato único, original e profundo.

## JANE DE FREITAS MÜNDEL

---

[1] Flâneur, em francês, significa, entre outros, "observador". Flânerie é o ato de passear, flanar. Walter Benjamin, baseando-se na poesia de Charles Baudelaire, fez dessa figura um objeto de interesse acadêmico. A figura essencial do espectador urbano, um investigador.

# Jane de Freitas Mündel

**Contatos**
janedefreitas@uol.com.br
LinkedIn: linkedin.com/in/janedefreitas/

Publicitária. Mestre em Comunicação e Práticas do Consumo pela ESPM e extensão acadêmica em *Intercultural Communication* – ICI EUA. *Head* de Marketing e Inteligência de Mercado na ESPM, onde também atua como professora no curso de Comunicação e Publicidade. Orientada a resultados e apaixonada por relações humanas que possam construir, criar impacto e gerar transformações por meio da educação e da colaboração. Com mais de 25 anos de experiência, sua formação profissional foi construída em agências de grande porte, nas áreas de atendimento e planejamento: Lowe Brasil, Publicis Brasil, QG/Talent, entre outras. Liderou o atendimento de contas multinacionais como: Nestlé Purina, P&G, J&J, Sadia, Nissan, British Airways, Sebrae, Laureate Education, AGF Seguros e Embratur. Coautora do livro *Laboratório do sensível*, do Grupo de Pesquisa Comunicação, Consumo e Arte do PPGCOM-ESPM.

## A menina e a *flâneur*

Uma menina está diante de um papel em branco. Ela tem algo a contar. Histórias a escrever. Ela visita sua memória como o *flâneur* de Walter Benjamin. Ou seria o de Baudelaire? Ela levanta o olhar e, diante de um espelho, percebo que essa menina sou eu.

Há um tempo não me encontrava com ela. Não desta maneira! Não de modo tão profundo. Ela voa, ela plana, ela se deixa levar pelas vias das lembranças como se fossem vitrines de sentimentos e emoções. Eu a observo desfrutar desse momento e, assumindo seu posto diante do papel, passo a retratar o que ela encontra nesse passeio.

Sou a primogênita de um casal que teve três filhos. Meus pais eram desprovidos financeiramente, mas abastecidos de amor e cuidado para com a família. Infelizmente, eles não tiveram a oportunidade de se graduar. Meu pai, na década de 1970, foi o quarto caso de transplante renal do Hospital São Paulo, na capital. De certo modo, foi um experimento vivo para a ciência. Felizmente, o procedimento se mostrou eficaz e nos deu onze anos a mais de convivência ao seu lado. Isso foi um dos motivos que fizeram que meus pais adiassem seu sonho da formação superior. Só conseguiram concluir o ensino médio quando meus irmãos e eu estávamos no ensino fundamental. Presenciei cada obstáculo, cada pálpebra cansada durante esse período. Realizaram-se! Contudo, por conta da condição física do meu pai, a morte rondava nossa casa...

Meus pais sempre foram fundamentais para minha formação e educação. Incentivaram e valorizaram muito os estudos, acreditando que a educação poderia me ajudar a mudar de vida. Eles me ensinaram os valores mais importantes: o trabalho digno, o respeito ao próximo, o amor ao conhecimento e a dedicação às minhas metas.

Desejei ir à escola aos dois anos de idade. Lembro-me bem disso.

Estudava em escola pública quando, aos 8 anos, descobri as enciclopédias. As que mais me encantavam eram *Livro da vida* e *Novo conhecer* (aquela da capa azul). Passei a pesquisar tudo. Ao ver o meu interesse, uma professora, D. Gemma, começou a trabalhar temas que me permitissem aprofundar meus conhecimentos, discutir livremente em sala de aula e expandir meu repertório. Foi uma época em que pesquisei sobre a doença do meu pai, sobre drogas, sobre viagens, sobre culturas diversas e sobre a morte.

Entusiasta, D. Gemma foi a segunda figura feminina a me incentivar, me dar asas, a me puxar na vida. A primeira, e mais especial: minha mãe, Izabel. Mulher forte, corajosa e determinada, não hesitou diante das dificuldades trazidas pela vulnerabilidade de meu pai. Jogou-se no mercado de trabalho, lutando por um espaço e assumindo o papel de provedora da casa. Ao mesmo tempo, meu pai, extremamente inteligente e criativo, descobriu seu lado doméstico e se tornou o "dono do lar", cozinhando maravilhosamente, cantando, compondo e tocando, envolvendo-nos com suas histórias e sua visão de mundo. Um mundo que ele sabia não estar no seu destino, mas vislumbrado na minha jornada e na de meus irmãos. Meu pai nos ensinou que tudo era possível desde que quiséssemos muito e fizéssemos acontecer com ética e respeito. Minha mãe nos ensinou o "como". Assim, meu modelo de essência feminina foi forjado pela força e pela determinação.

Após muita dedicação, destaque acadêmico e perseverança de meus pais, realizei meu sonho de estudar em colégios particulares, com bolsa de estudos. Ali, deparei-me com outras realidades de consumo, culturas e estilos de vida. Acreditei que poderia fazer parte e mudar o roteiro de vida que estava escrito.

*A flâneur acelera seu voo.*

Um dia, na primavera de 1988, recebi a notícia que nos assombrava desde sempre: meu pai havia partido. A temida visitante, a morte, finalmente se instalara. Uma mistura de dor e alívio. Saudade. Luto! A certeza de que, desde então, tudo o que eu alcançasse seria em sua memória. Estudar e me graduar tornaram-se uma questão de honra, um passaporte para uma nova história.

Concluí o ensino médio em uma pequena cidade do interior paulista, para a qual minha família se mudara após o falecimento do meu pai. Estava ansiosa para voltar à cidade grande e dar início à minha vida adulta, como eu havia planejado.

Deixei a casa da minha mãe, despedi-me dos meus irmãos. Medo e esperança. Parti para São Paulo e fui viver com a família de uma grande amiga:

Ana Beatriz. Ela foi essencial em vários sentidos. E foi ela quem me apresentou o meu grande amor – o qual viria a ser o meu companheiro de jornada.

Comecei a trabalhar para pagar meus estudos desde o início. Passei em todos os processos seletivos e escolhi uma renomada escola de Publicidade e Propaganda. O interesse pela área surgiu no auge da minha adolescência, quando assisti a um clássico comercial de TV, seguido por uma entrevista com a redatora do filme, Camila Franco. Quanta inspiração! Durante os quatro anos do curso, fui contemplada com bolsa parcial de estudos e trabalhei muito para bancar a faculdade. Graduei-me com honra e aplausos, de pé, do presidente da instituição, que surpreendentemente foi banca do meu TCC.

*Papai, mamãe, consegui. Por mim e por vocês!*

## A jovem e o fazer

A menina respira. Parece exausta pelo intenso perambular emocional por sua mente. Porém, espere: ela não é mais uma menina! Diante do espelho e do papel está uma jovem publicitária. Sigo registrando seu encontro com o passado como se fosse minha própria voz.

Um desafio havia sido lançado por um professor ao meu grupo de TCC: abrir uma agência de comunicação que culminou numa iniciativa empreendedora, minha primeira experiência empresarial. Eram meados da década de 1990.

Eu e meus amigos, sócios, recém-formados, trabalhamos juntos por quatro anos e tivemos o privilégio de atender a mais de dez clientes, com uma equipe de mais de vinte funcionários. Descobri o prazer de trabalhar com as estratégias discursivas publicitárias e com as lógicas comunicacionais para influenciar positivamente o comportamento humano.

Um belo dia, em uma visita a um cliente, recebi uma inesperada proposta de trabalho, financeiramente irrecusável. Não tive forças para negar. Deixei a sociedade de nosso empreendimento. Essa foi a porta de entrada para vivenciar uma sequência evolutiva de mudanças corporativas e fazeres em grandes agências de propaganda multinacionais. Patrícia, minha grande gestora, inspiradora, e amiga, foi quem me impulsionou. Com isso, desenvolvi uma obsessão pelo entendimento e vivência da comunicação intercultural, estudando inglês e espanhol e conhecendo o mundo. Logo, aos 32 anos, tornei-me Diretora de Atendimento e Planejamento. Essa nova realidade agora me pertencia. Pude, finalmente, experimentar o estilo de vida que havia descoberto durante a estada nos colégios particulares, e que meus pais ajudaram a crer possível. E, assim como fui puxada, me propus a puxar também.

Não demorou para que a universidade na qual me graduei me convidasse para fazer parte do seu time de docentes. Voltava, então, à minha casa dos saberes. O contato com os estudantes transformou de maneira definitiva o meu entendimento da relação ensino-aprendizagem. Atribuiu propósito à minha vida e aumentou meu senso de responsabilidade para com a comunidade.

Sentia-me pronta para um novo desafio: constituir minha própria família. Depois de oito anos e sete meses de namoro, casei-me com Paulo (aquele que me foi apresentado pela Ana Beatriz). Meu esteio, melhor amigo e grande incentivador. Adiei o sonho de ser mãe para consolidar a minha carreira profissional. Quando decidi que era a hora certa, a gravidez não aconteceu. Sem pensar duas vezes, resolvi encarar a FIV (Fertilização In Vitro).

## A mulher e o renascer

O sucesso da FIV foi já na primeira tentativa. Um menino estava a caminho. Nosso Felipe: desejado, sonhado e tão esperado. A gravidez foi algo incrível. Senti-me plena, realizada, admirada, mulher. Aproveitei cada detalhe, cada movimento e cada centímetro da minha barriga. Cada olhar, cada demonstração de cuidado e atenção do meu marido. Senti-me protegida!

Meu filho nasceu de cesariana programada. Nasceu lindo, saudável e perfeito. No entanto, a tal visitante intrusa, que circundava minha infância, resolveu dar o ar da graça. Dessa vez, pairou sobre mim numa tentativa árdua. Ao retornar do parto, sofri um choque hemorrágico gravíssimo provocado pelo chamado útero de Couvelaire[1].

Virei estatística. Recusei-me a receber a morte. Em troca da minha vida, entreguei meu útero. Era ele ou eu. Esse foi o trato com a tal visitante que ficou ao meu lado por vários dias, até se perceber derrotada. Luto! Eu sabia que, ali, abria mão de vivenciar novamente tudo aquilo que a gravidez me proporcionou. Jamais me senti menos mulher por isso. Ao contrário. Agarrei-me à fé, à medicina, à minha família e, principalmente, à minha enorme vontade de presenciar a trajetória de vida do ser ao qual havia acabado de dar à luz. Perdi uma parte de mim, mas me senti aliviada e agradecida por estar viva! Uma segunda chance me foi dada e a recebi com grande responsabilidade.

---

1 O útero de Couvelaire é uma classificação de descolamento prematuro de placenta em que ocorre a infiltração do miométrio pelo sangue, dificultando a contração uterina. Acomete 0,4% das gestações.

Entendi que milagres acontecem. Tudo é possível! Afinal, não foi assim que eu aprendi?

Constituir a tão sonhada família foi um grande passo na minha vida. Decidi dar um tempo do ritmo de agência para me concentrar na maternidade e na minha saúde emocional. Precisava assimilar e transmutar tudo o que tinha acontecido. Segui lecionando e realizando consultorias para me manter aquecida e próxima ao mercado. Como presente, mudamo-nos para os Estados Unidos, onde ficamos por dois anos como expatriados. Lá, estudei, viajei, cuidei, fui muito bem acolhida e fiz amigas para a vida. Encontrei-me em vários sentidos. É felicidade que se fala?

*A flâneur se detém no ar, a volitar.*

## A profissional e o novo conhecer

Voltamos ao Brasil com o coração pequenino, mas com muitas conquistas e expectativas futuras. Tão logo aterrissei, recebi uma oferta novamente irrecusável (dessa vez, emocionalmente): trabalhar na mesma instituição onde eu já lecionava, com a missão de estruturar e liderar a área de Marketing e Comunicação. Minhas duas paixões profissionais unidas em uma única empresa: comunicação e educação. Satisfação embrulhada para presente. Uma experiência gratificante!

Respirar o ar de uma instituição de ensino por mais de quarenta horas semanais estimulou, em mim, um desejo de constante atualização e ampliação repertorial. Para abraçar os inúmeros desafios que me foram colocados, liderar times relevantes, diversos e multifacetados e, ainda, me desenvolver pessoal e profissionalmente, embrenhei-me em extensões acadêmicas, MBA e mestrado. Várias especializações, eventos, *networking* e convites para palestrar e ministrar *workshops*.

Numa espiral ascendente de carreira, vivi o Céu e o Inferno. Este, ofertado de bandeja por quem eu esperava que me oferecesse sororidade: mulher(es). Fui golpeada de muitas maneiras: tristeza, decepção. Num momento de fragilidade e incertezas, o oxigênio veio pelas mãos de minha própria equipe (seres mais que especiais, mais que amigos) e de um homem. Alguém que olhou para mim, olhou por mim, independentemente das circunstâncias.

Esse sopro revigorante teve um preço a ser pago. Mais uma vez fui para a mesa de negociação: desprender-me de uma área que amava, que me realizava, para atender a um chamado aflito de reestruturação de um novo setor. Um chamado que urgia pelos meus saberes. Sofri para me soltar! Novamente me agarrei à minha fé e vi a expectativa se converter em esperança. Respondi ao chamado. E colhi alegria.

*A flâneur está em paz!*

Nesse sobrevoo da minha história, vejo que conquistei e tenho conquistado, ascendi. Fiz e tenho feito amigos. Caí e levantei. Surpreendi e fui surpreendida. Percebo situações que marcaram o caminho desta mulher que se posiciona com maturidade para inspirar, encorajar e valorizar o outro como gostaria de ser valorizada; puxar da forma como gostaria de ser puxada.

Penso na menina que, em meio ao legado de seus pais, acreditou que faria a diferença no enredo de sua família e tomou as rédeas para uma nova realidade. Este é o meu projeto em construção a ser visitado pela *flâneur* das lembranças, e a ser relatado em algum momento futuro.

A mulher se mostra reflexiva. Um demorado piscar de olhos surge com um leve sorriso. Flanar por suas memórias mexe muito com sua alma. Sei que está envolta em um sentimento de plenitude e gratidão. Sei, também, que ali ela ficará por um tempo. Que assim seja!

# 22

# MULHER-MARAVILHA, EU?!

Este capítulo conta parte da história de uma mulher que, ao chegar aos 48 anos, olha para trás em busca de respostas sobre o seu real propósito e o sentido da vida, com o mesmo sentimento e impulso que a levaram a iniciar essa busca por volta dos seus 13 anos de idade. Certa angústia é gerada ao pensar que possíveis talentos e paixões possam ter se perdido pelo caminho, mas, ao mesmo tempo, ela se sente orgulhosa e satisfeita por ver os seus esforços gerando impactos positivos nas empresas e nas pessoas até os dias de hoje, afinal, precisou aprender a se puxar, ser puxada e a puxar pessoas à sua volta... O olhar para si com mais amor e generosidade tem sido, atualmente, um de seus maiores aprendizados.

## JUCILA MISSENO

# Jucila Misseno

**Contatos**
jucila.misseno@weredeconsult.com.br
LinkedIn: jucila-misseno
Instagram: @Jucila Misseno
11 94688 4986

Consultora sênior em desenvolvimento humano, executiva, empreendedora e *coach*, com mais de 23 anos de experiência em RH. Desenvolveu a sua carreira em empresas e consultorias multinacionais como WTW e Korn Ferry, atuando e gerenciando projetos em vários temas e em empresas de diversos tamanhos e segmentos. Atualmente, com a sua consultoria, a WE Rede Desenvolvimento de Pessoas, desenvolve projetos focados na área de gestão e desenvolvimento humano e organizacional, como planejamento estratégico de RH, competências, gestão de desempenho e potencial, carreira e sucessão, *assessment* executivo e avaliação 360º, desenvolvimento de liderança, *coaching* e *mentoring*, cultura organizacional, entre outros. Graduada em Psicologia, especializada em RH, MBA em Gestão de Negócios e vários cursos em gestão de talentos, incluindo formação em *Coaching* e *Assessment*. Busca ser *trusted advisor* e contribuir com processos de transformação de seus clientes para excederem o seu potencial com e por meio das pessoas.

## O começo – a primeira descoberta

Nascida em abril de 1975, ariana, com ascendente em aquário e lua em câncer, sou uma combinação bombástica dos astros que, no mesmo instante em que iniciava a minha jornada na vida, conectava-me ao possível renascimento de meu pai, que se preparava para receber um transplante de rim, uma cirurgia esperada ansiosamente pela família. A voz desenganadora dos médicos ecoava nos ouvidos de minha mãe, dizendo: "Leve seu marido para morrer em casa, pois ele tem pouco tempo de vida"... Algo muito forte e pesado naquele contexto. A resiliência da minha mãe a fez não desistir e pouco tempo depois, pudemos ter o meu pai de volta, transplantado... uma grande conquista para todos!

Ao olhar para a infância, no auge da minha vida adulta, consigo claramente perceber o quão significativo foi ter nascido nessa família. Pais mineiros, recém-casados e jovens, deixaram a roça no interior para tentar a vida em São Paulo. Foi um período bastante conturbado, dada a frágil saúde de meu pai, que teve nefrite crônica. O cenário trouxe necessidades de reinvenção e ajustes de todos os membros da família, principalmente por parte de minha mãe, uma mulher que, sem muito repertório de vida, se descobriu forte, guerreira, enfrentando desafios bastante complexos, como cuidados com a casa, marido doente e três filhos pequenos para criar, contando apenas com os sogros próximos para ajudá-la. Literalmente teve que vestir a roupa da "Mulher-Maravilha", sendo corajosa, independente, desbravadora e sair para trabalhar e prover o sustento da família. Sim, estava ali aquela que se tornaria a minha primeira grande inspiração como mulher.

Ainda bebê, tive minha mãe tirada de mim, literalmente. Passei a ser cuidada por minha avó paterna, que muito contribuiu me dando colo e amor de "nona". No entanto, o sentimento de "abandono" havia se instaurado ali, mesmo que circunstancialmente, mas que, mais tarde, se repercutiria em diversas áreas da minha vida. Contextos familiares complexos trazem lições que podem transformar as pessoas.

Apesar da saúde frágil de meu pai, as melhores lembranças também estavam lá, com ele sendo a representação de um Pai com letra maiúscula – presente, inteligente, criativo, amoroso, além de um superartista: músico, compositor, piadista e com um bom humor invejável. Da sua maneira, trazia leveza e alegria para a família. Foi com ele bem próximo que vivi meus primeiros anos de vida e aprendi sobre o amor. Meu pai foi uma das pessoas que mais me puxaram, algo tão intenso que, por mais curta que tenha sido a sua duração, reverbera até hoje. Com ele, eu tinha a certeza de que o mundo era bom. Mas a intensidade vivida era reflexo do possível sentimento que ele tinha de que sua passagem por aqui seria breve.

Com meus pais, aprendizados sobre os valores da família, fé, justiça, o "ter e o ser" e, principalmente, educação foram a base que determinaria o futuro dos filhos, o que de fato fez a diferença para todos. Meus irmãos e eu estudamos em escola pública, depois em escolas particulares com percentuais de bolsa de estudos que meus pais buscavam conseguir para nos oferecer uma educação melhor e uma visão mais ampla da vida. Estudamos também piano, teclado, violão e canto e até tivemos, sob a gestão do meu pai, um grupo musical que participava de diversos festivais. São doces lembranças...

Por meio das "brincadeiras de competição" entre nós, irmãos (sou a caçula de três – uma irmã mais velha e um irmão do meio), meu pai exerica habilidades em gamificação (sem saber que a praticava), o que foi de muita valia em minha carreira posteriormente.

Nas alamedas de minha memória, posso lembrar de meu pai me puxando: "Vai lá!", "Força!", "Você consegue!", "Você é capaz!". É claro que, ainda garotinha, eu confiei em tudo o que ele me dizia. De fato, eu sentia a força de suas palavras, e corri atrás dos meus sonhos com bravura, pronta para competir e vencer. Ele só esqueceu de me avisar o quanto o mundo lá fora também era cruel, injusto e intolerante aos erros.

## O primeiro baque – a segunda descoberta

Aos 13 anos, o maior *boom*: meu pai não aguentou a necessidade de um segundo transplante e faleceu. Perdi o chão – meu herói, meu maior incentivador havia partido. O mundo estava de cabeça para baixo!

Num dia de tristeza "caí em mim" e percebi de fato que "o mundo não era tão belo assim... Eu tinha perdido a minha referência, meu maior "puxador de mim". Foi muito difícil viver esse luto, mas necessário para eu entender que, a partir daquele momento, eu tinha de me reposicionar e me fortalecer para dar conta de outros baques que a vida poderia me trazer.

Foi nessa época que comecei a buscar o real sentido da vida... Precisava de respostas existenciais. E foi tentando me ajustar no mundo que comecei a mergulhar em leituras que me direcionaram ao autoconhecimento e autodescobertas. Nasceu ali um interesse genuíno pelas temáticas de psicologia, pelo olhar profundo e intuição aguçada. Uma das minhas tias, irmã da minha mãe, atuava na área e foi outra grande inspiração feminina que me puxou para a evolução pessoal. Ela me apresentou testes vocacionais; então, descobri que tinha talento para a Psicologia. E lá fui eu...

Nessa mesma época, minha irmã mais velha também se tornou uma referência. Ela sempre fora a irmã defensora dos irmãos menores, em especial, a minha, porque era a caçula, tomando as dores nas discussões e partindo para briga, caso fosse necessário. Outro viés da inspiração feminina, pois sempre me puxou e abriu as portas das vivências externas com amigos e relacionamentos amorosos. Quanta admiração, respeito e orgulho havia ali...

Na faculdade, várias foram as inspirações femininas que me puxaram e ampliaram o meu olhar e, para referenciar ainda mais algumas de minhas crenças, escolhi a linha existencialista-fenomenológica em que a ênfase se resume, de maneira bem simples, na frase de Jean Paul Sartre: "Não importa aquilo que fizeram conosco, o que realmente importa é o que fazemos com o que fizeram de nós." E foi aplicando essa afirmativa que me vi crescendo e evoluindo.

**A alavanca – a terceira descoberta**

Sempre tive objetivos muito claros na vida, e comecei trabalhar aos 17 anos. Logo no primeiro emprego, depois de alguns meses, notei que tinha potencial para "ir além". Não contente, pedi demissão e fui atrás do meu lugar ao sol. Rapidamente consegui entrar em uma grande empresa na área comercial, onde fiquei por quatro anos. Meu chefe foi um "pai profissional", um puxador incrível, diretor comercial da empresa que muito me ensinou sobre influência, persuasão, comunicação assertiva e negociação. Surgia em mim uma forte veia comercial.

O primeiro estágio veio no 4º ano da faculdade, com uma decisão importante de "abrir mão" de uma carreira que estava trilhando para migrar para o RH. Era uma empresa de médio porte e a gerente de RH me aprovou já na 1ª entrevista. Sorte?! Não, é claro que não. Habilidades de influência e persuasão aprendidas e colocadas em prática. Essa chefe, uma mulher de garra, com posicionamentos fortes e comunicação direta, que me puxou e me ajudou a criar boas musculaturas para lidar em ambientes masculinos e transitar politicamente nos diversos níveis de liderança, com certeza foi outra grande inspiração feminina. Nessa experiência, pude escolher a minha área de atuação para a vida – Desenvolvimento Humano e Organizacional. Ela também proporcionou a alavanca necessária para que eu, com meus 23 anos, recém-formada, recém-casada e recém-mudada de São Paulo para o Rio de Janeiro, pudesse ter minha primeira experiência em consultoria de RH. Sorte?! Não, é claro que não. Habilidades de persistência e resiliência colocadas em prática.

Ali, bebi da fonte do mundo da consultoria e nunca mais larguei. Tive um chefe forte, dominante e competente, ensinando-me sobre inúmeras capacidades comerciais e de liderança. Ele era um empreendedor direto, assertivo, às vezes agressivo, mas extremamente focado em resultados e foi um ótimo parceiro e amigo que trouxe para a vida.

### A puxada de tapete – a quarta descoberta

Como a vida desta ariana aqui gira em torno de ciclos, após quatro anos e meio de empresa, resolvi sair para cursar MBA em Gestão de Negócios e elevar meu "*speech*" junto aos clientes. Nesse período, fui chamada para trabalhar em uma grande multinacional, onde ocupei o meu 1º cargo de liderança na área de desenvolvimento de RH. Atuar ali fazia todo sentido para a carreira que eu almejava.

Minha chefe era uma mulher de forte presença, dura e agressiva, contudo, muito competente. Hábil na influência e na sedução de todos à sua volta. Não demorou muito para, de alguma forma, ela se incomodar comigo: outra mulher competente, que talvez a intimidasse. Comecei a me destacar com um ótimo trânsito nos diversos níveis hierárquicos e a ter excelentes *feedbacks* de clientes internos e outros líderes, porém minha boa leitura de cenário me fez discernir que aquela situação não se sustentaria por muito tempo.

Ali, constatei que o mundo corporativo é muito cruel e que até nas melhores organizações, mesmo diante dos melhores profissionais e mais qualificados líderes, existe a puxada de tapete. Vi de perto como uma mulher sem escrúpulos pode derrubar outras por inveja, competição ou, simplesmente, por prazer. Tive uma "psicopata corporativa" como chefe e comi "o pão que o diabo amassou" nessa relação. Recordo-me de querer ser perfeita para tentar atendê-la, e nessa ânsia, adoeci. Somatizei fortemente a dor emocional que estava sentindo. Pedi demissão. "Era impossível dar conta", e tudo bem não dar conta? Não, é claro que não! Lembrei-me de meu pai dizendo: "Você dá conta", "Você consegue!". O que eu faria com a crença de precisar dar conta? Senti-me fracassada, frágil, vulnerável.

Resolvi, então, empreender tendo uma loja de produtos naturais em São Paulo para tentar me "curar" do universo corporativo impiedoso. Nessa experiência, recebi o presente que foi a amizade, companheirismo e troca com minha sócia. Deu certo enquanto durou, mas sentia que eu mais puxava do que era puxada. Acabei aceitando um convite de assumir uma área de Gestão de Talentos em uma grande consultoria multinacional. E, em comum acordo com a minha sócia, fechamos o negócio.

**Do céu ao inferno – a quinta descoberta**

Já na atuação de *head* da área, recebi a oportunidade e liberdade para criar e implementar projetos que tornariam o meu propósito vivo – "Tocar sem Tocar", foram muitas atuações voltadas à transformação e desenvolvimento que impactavam as pessoas e impulsionavam às mudanças e evoluções pessoais e profissionais. Trabalhava muito intensamente, tinha resultados expressivos e passei a ser um talento para a empresa que não queria me perder, palavras ouvidas do próprio CEO.

Essa experiência de alta dedicação e energia ao trabalho culminou com uma separação do meu primeiro marido, um alto executivo, também *workaholic*, após 13 anos de um casamento "quase perfeito". Foram anos muito felizes, mas que, no final, faltou essencialmente o amor. Depois de várias tentativas frustradas e reflexões profundas, pedi o divórcio. Além de me sentir nos bastidores da figura profissional do meu marido, sentia que era tudo, a amiga, sócia, parceira, psicóloga, *coach*, menos a Mulher. Mais uma vez me senti vulnerável e vazia em um casamento em que vivia praticamente sozinha.

Estava na hora de me reinventar como mulher, por isso tirei um período sabático de quatro meses em uma licença não remunerada e fui para fora do país. Senti-me livre novamente, outra vez adolescente, e vivi ótimas experiências de simplesmente "ser", algo que não havia sido possível quando mais jovem. Depois de um tempo, já curada de todas as máculas, conheci uma pessoa, meu atual marido, que me virou de ponta-cabeça, quebrou todos os paradigmas, fez me sentir mulher novamente e com quem tive meu maior presente: a minha filha. Meu maior sonho havia se realizado! Um sentimento de enorme gratidão e felicidade invadia o contexto familiar.

Ainda frágil, pós licença-maternidade, mas completa como mãe, retornei para a empresa. Voltei com gás, energia e vontade de continuar fazendo acontecer, porém encontrei um ambiente bastante hostil e totalmente diferente. Uma nova estrutura havia se estabelecido mudando a liderança da minha área para debaixo de outra pessoa e deparei-me com uma mulher nessa posição.

Pela segunda vez, estava diante de outra "psicopata corporativa". De surpresa, fui desligada da forma mais cruel e despreparada para uma consultoria de RH. Cheguei ao fundo do poço, senti-me a pior das profissionais. E agora, o eu que faria desempregada e com uma bebê pequena? Como seria a minha vida, já que quem supria a maior parte financeira da casa era eu?

**Luz no fim do túnel – a sexta descoberta**

No fundo do poço tem uma mola, com certeza tem... Renovada por processos reflexivos e de autoconhecimento, voltei a empreender com duas amigas incríveis e colocamos no mundo uma maneira colaborativa de atuar. Uma consultoria de desenvolvimento humano e organizacional onde meu propósito de "tocar sem tocar" voltaria a vibrar novamente. Foram projetos e aprendizados coletivos fantásticos, em uma convivência na qual o feminino era o grande impulsionador, nos puxamos mutuamente e fomos puxadas.

Após alguns anos, fui convidada para assumir uma cadeira executiva e voltar ao mundo corporativo, e resolvi aceitar. Foi um período importante de autorreconhecimento, mas principalmente porque sentia que merecia essa posição. O problema é que, quando você tem tudo "para fazer acontecer", mas está em um ambiente cultural tóxico, com pessoas egoicas e ambiciosas, pouco a pouco, o vigor se esvai. Fui vencida novamente pelo cenário indiferente. Cheguei à exaustão e quase em um *burnout*. Fui desligada da organização.

Dessa vez, lapidada, o fundo do poço não era uma opção. Dei a volta por cima, pois o maior aprendizado já tinha se dado. Eu estava pronta e, de verdade, queria muito ter saído, portanto, o sentimento foi de grande alívio... Voltei a empreender, dessa vez sozinha, com o mesmo propósito: continuar "tocando as pessoas sem tocar" para gerar transformações e evoluções pessoais e profissionais por meio da atuação como consultora em desenvolvimento humano e organizacional.

Há pouco completamos dois anos de vida da empresa; sinto-me feliz, realizada e plena, conseguindo colocar no mundo a minha melhor versão. O fantasma da "Mulher-Maravilha" sempre volta... Vejo os olhares de fora, questionando: "Como essa mulher dá conta de tanta coisa no campo pessoal e profissional?". Mas, ao me olhar de dentro, sei que a "Mulher-Maravilha" não existe. O que existe é a mulher real com todas as suas forças e vulnerabilidades em todos os seus papéis e, que, hoje, tem a certeza de que não precisa mais dar conta de tudo... E tudo bem se não der!

# 23

# POTENCIAL HUMANO, TECNOLOGIA E INOVAÇÃO

"Inovação" é uma ideia, método ou objeto criado, que se desvia dos padrões anteriores. Inovar não significa, necessariamente, criar algo, mas sim buscar formas de gerar valor. Existe um grande descompasso entre pessoas, empresas e tecnologias. A tecnologia e a inovação estão à frente da compreensão humana, pois, enquanto adormecemos, elas avançam de maneira acelerada.

## JULIANA FIUZA

## Juliana Fiuza

**Contatos**
juliana@inbounds.com.br
LinkedIn:linkedin.com/in/julianafiuza/
Instagram: @julianafiuza_
11 94205 0777

Graduada em Marketing pela TAFE College e em Administração de Empresas pela Universidade Anhembi Morumbi. Durante sua jornada de mais de 10 anos de experiência em estratégia de recursos humanos, conheceu e conectou profissionais de alta performance de e para grandes empresas como Anheuser-Busch InBev, Belden, Merck, Mosaic, LG e outras. Atualmente, está como CPO e cofundadora da Mesttra e da DeFi10X, é palestrante e professora convidada do MBA em Inovação da FIA Business School e conselheira do Meu Futuro Digital.

Acredito que a inovação começa de dentro para fora e que novas tecnologias são pessoas que se transformam dia a dia. Sou tecno-otimista, comprometida com o avanço de estruturas sociais por meio da transformação e inclusão de pessoas no alcance de futuros desejáveis. Como diz o livro *Abundância*, de Peter Diamandis e Steven Kotler (2018), "o futuro é melhor do que imaginamos".

Qual caminho percorremos até encontrar o nosso propósito? No meu caso, tudo começou quando eu tinha apenas sete anos e vivi uma experiência incomum, única, eu diria. Lembro-me de que estava no supermercado quando um homem foi baleado dentro da loja. Meu pai, médico, logo se prontificou a prestar os primeiros socorros.

Naquele momento, uma garotinha viu seu pai se transformar em um super-herói. Comecei a pensar em como a medicina era extraordinária e, em todas as possibilidades que um médico tem de salvar vidas. Talvez tenha sido esse episódio que me fez refletir pela primeira vez (e mais a fundo) sobre o potencial humano.

Para mim, todos têm um grande potencial (ainda que oculto) e podem ser muito bons em algo, contribuir para o bem comum e passar isso adiante, seja ensinando ou servindo, por exemplo.

### Decifrando o próprio potencial

Aos 16 anos, comecei a trabalhar como secretária na clínica médica do meu pai. Eu cuidava principalmente da área de agendamentos, mas minha curiosidade me levou a questionar e entender mais sobre os casos de ortopedia que chegavam. Tive a oportunidade de acompanhar cirurgias mais complexas e fiquei maravilhada com a inteligência e singularidade criadas por Deus. Embora eu tenha acompanhado meu pai durante toda a minha vida e contribuído para o cuidado de vidas, com o passar do tempo, fui me dando conta de que a medicina não era o meu destino. Talvez, em parte, porque me forcei a escolher uma profissão para seguir para o resto da minha vida – hoje entendo que não é mais assim.

Na inquietude de conhecer um novo país, uma nova cultura e, claro, aprender inglês, muito encorajada pela minha mãe Eliana Fiuza (mulher forte e corajosa que amo muito), concluí o ensino médio e parti de "mala e cuia" para Sydney, Austrália, com passagem só de ida. Assim que me senti mais segura no idioma, iniciei meus estudos em Marketing no TAFE College em New South Wales. Além disso, trabalhei na área de hotelaria, o que me permitiu aprender sobre pessoas, padrões de atendimento ao cliente e a importância do trabalho em equipe para que houvesse excelência e encantamento da experiência. Durante os seis anos que vivi na Austrália, dediquei-me tanto aos estudos quanto ao trabalho.

Ao retornar para o Brasil, fui indicada pela querida Mariana Gaspar para realizar traduções de dossiês de candidatos para uma renomada consultoria de *executive search*. A minha interface com o time de *headhunters* foi intensificando, até que recebi o convite para trabalhar de maneira integral. Foi então que decidi me inscrever para a graduação em Administração de Empresas na Universidade Anhembi Morumbi. Apesar de não possuir muita experiência como *headhunter*, assumi a liderança nos processos de *hunting*, identificando possíveis candidatos para cargos específicos em diferentes empresas. Além disso, também conduzia projetos de ponta a ponta, lidando diretamente com os clientes – tarefa que sempre gostei de fazer.

## O potencial humano na tecnologia

Após alguns anos de experiência como *headhunter* generalista, passei a atuar exclusivamente na vertical de tecnologia e inovação. Já havia recrutado profissionais de tecnologia para outras empresas, mas dessa vez foi diferente: uma multinacional nos solicitou o recrutamento de 30 engenheiros de softwares ao mesmo tempo, o que eu nunca havia feito. Para isso, reuni o time interno e direcionei as atividades das recrutadoras de modo a otimizar o processo e alcançar o resultado desejado. Entrevistar mais de 100 profissionais da área de software foi um marco fundamental na minha jornada. Fiquei profundamente emocionada nas primeiras entrevistas, pois isso me trouxe maior compreensão do potencial humano nos desenvolvimentos tecnológicos *versus* o impacto na transformação dos negócios e social. A maioria das pessoas entrevistadas, geralmente jovens entre 20 e 28 anos, apresentava características semelhantes: mostravam brilho nos olhos por tecnologias, eram autodidatas e tinham certa obsessão por solucionar problemas. Que poderoso! Mas faltava senso de propósito e visão além do código. Em minhas entrevistas, fazia questão de perguntar: por que você faz o que você faz? A maioria das pessoas entrevistadas não conseguia responder com certeza. Isso me intrigou. Ao final, conseguimos recrutar os profissionais necessários e prosseguimos com os próximos projetos de clientes. Até então, eu pensava que inovação era sinônimo de tecnologia, mas, após essa experiência, entendi que a tecnologia era apenas "meio" e não "fim", e que a inovação deve permear todas as áreas.

**Inovação**

Atendendo diversos clientes e observando a crescente demanda do mercado de TI, comecei a ter cada vez maior dificuldade em encontrar profissionais qualificados. A demanda era alta. Nessa fase da minha carreira, trabalhei para grandes empresas nas mais diversas áreas e 99% dessas empresas estavam interessadas em um perfil de profissional que chamamos de "Talento". O "Talento" é alguém difícil de se descrever, um "Grit", ou o que os especialistas definem como paixão e persistência por objetivos de longo prazo (como estudado pelo pai da psicologia positiva, Martin Seligman [2019]), mas quando você consegue encontrar um, é muito fácil de se identificar. A grande questão é que, quando um candidato é "Talento", muitas vezes é uma pessoa tão assediada por recrutadores que nem atende a mensagens ou telefonemas.

Para encontrar uma resposta, mergulhei de cabeça no mundo da tecnologia. Participei de inúmeros eventos de inovação e transformação de negócios, me conectei verdadeiramente com ecossistemas e conheci muitas pessoas que partilhavam dessa mesma paixão: gerar valor. Isso foi muito importante para elevar o meu entendimento sobre o que as empresas realmente precisam como organização e procuram nas pessoas candidatas, e vice-versa. Aprofundei meu conhecimento sobre estratégia e gestão de *employer branding*, de como as marcas empregadoras poderiam se tornar mais atrativas para conseguir despertar o desejo dos profissionais qualificados e assediados pelas empresas. Busquei cursos e certificações em *employer branding* para entender melhor como as empresas podem usar seu marketing e recursos humanos para criar experiências que atraiam os melhores profissionais. Com isso, publiquei um artigo sobre como essa nova relação entre marketing e recursos humanos pode responder às principais perguntas de um candidato: "O que essa empresa agregará na minha experiência e desenvolvimento profissional?", "Como é a cultura dessa empresa?", hoje são cada vez mais facilmente respondidas com uma pesquisa na internet, no Google ou em mídias sociais. Assim, é importante refletir sobre qual mensagem você gostaria de transmitir em cada etapa, qual a forma e formato para a interação acontecer assertivamente e direcionada ao público-alvo. Foi aí que entendi que precisava, eu mesma, inovar, dentro do meu processo de recrutamento.

Essa inovação teve início com o *Living Lab*. Me recordo, na época, que um dos meus clientes, uma grande empresa de bebidas, buscava contratar um time de especialistas da área de *analytics* para lidar com fornecedores. Não é comum encontrar profissionais com competência analítica na área, que possuem habilidades (e interesse) em gestão de projetos, negociações e prazos de terceiros. Fui buscar maneiras pois o processo tradicional de *hunting* não seria a solução, visto ao prazo de entrega e descompasso entre o mercado e a empresa. Abordamos alguns dos principais profissionais da área e os convidamos para uma espécie de "Petit Comité de Analytics" no cliente. Do outro lado, instruímos a empresa para receber os talentos de maneira a terem uma experiência com a marca.

As interações foram extremamente produtivas e as pessoas realmente se conectaram. A marca empregadora teve a chance de demonstrar sua proposta de valor e os candidatos interagiram, exibindo suas competências, habilidades e atitudes. Eles reconheceram uns nos outros o seu modo de ser e realizar leituras analíticas, além de se identificarem com a cultura da organização. Conforme previsto, as contratações foram realizadas com sucesso.

Depois desse projeto, ficou claro para mim o potencial da inovação no processo de recrutar, de conectar pessoas e empresas. Ao mesmo tempo, ainda faltavam pessoas qualificadas. Então, lancei um novo desafio para mim mesma: e se eu pudesse incluir mais pessoas nesses processos, criar fluxos de talentos e conectá-los com empresas? E se fosse possível capacitar pessoas para que estivessem qualificadas para as vagas que eu estava acostumada a recrutar?

Afinal, atravessamos a revolução chamada "Reskill Revolution" – ou seja, cada vez mais, o profissional terá que se adaptar a um mercado de trabalho mais dinâmico que demanda novas competências que antes não eram desenvolvidas.

Foi assim que, com a Mariana Gaspar e Gustavo Albuquerque, desenvolvemos um *Bootcamp* para pessoas com deficiência e chegamos a capacitar 70 alunos na época (um projeto que vale ser compartilhado, mas em outro momento).

## Educação é a ponte

Esse propósito de ensino e desenvolvimento foi exatamente o que encontrei na Mesttra, *startup* que visa acelerar o talento e a inovação por meio de novos formatos de atração, seleção, capacitação e conexão entre pessoas e empresas. Fui apresentada ao Gustavo Maierá, um inovador e idealizador inquieto, para atender a uma demanda específica de contratação. No entanto, o propósito de transformar pessoas por meio da educação falou mais alto e eu aceitei mergulhar integralmente na fundação da empresa. Desde então, mais de 400 pessoas já foram capacitadas com uma taxa de empregabilidade de 96%.

Mais do que promover inovação, o meu objetivo e o da empresa é trabalhar na edificação de futuros desejáveis para todos. Acreditamos que a tecnologia é uma grande ferramenta para resolver problemas da humanidade (que são muitos hoje em dia, concorda?). Fazemos isso de maneira inteligente, mensurando impacto e servindo grandes empresas em suas estratégias de pessoas.

## Mulheres na TI

A indústria tecnológica tem sido tradicionalmente dominada por homens, entretanto mulheres estão migrando cada vez mais nas carreiras tecnológicas (ainda que de maneira morosa), porém aos poucos ocupando o seu lugar. Em nossos programas de capacitação, procuramos incluir ao menos 50% de mulheres.

A diversidade de pessoas desempenha um papel fundamental na formação de times de tecnologia. À medida que a tecnologia se torna cada vez mais complexa e interligada, são necessárias pessoas com diferentes históricos de formação, conhecimentos e pontos de vista. Por meio da diversidade de pessoas, times desenvolvem soluções mais inovadoras, alcançam mais usuários e, consequentemente, geram melhores resultados.

Já a tecnologia, por sua vez, "empodera" pessoas e deve ser desenvolvida em cima de valores, com ética e propósito.

Acompanhei a palestra do Tristan Harris (2023), no último festival de inovação SXSW (*South by Southwest*) que acontece anualmente em Austin, na região do Texas. Tristan é cofundador do Center for Humane Technology, trabalhou no Google e hoje milita pela causa da ética no uso da tecnologia. Sua motivação vem do profundo conhecimento que possui sobre os mecanismos das *Big Techs*, para manter as pessoas conectadas e promover uma espécie de perda de perspectiva e de consciência de si mesmas nas redes. "A tecnologia está minando a sabedoria e a consciência", afirmou.

No contraponto da falta de diversidade e da necessidade de repensar a forma de como a tecnologia é desenvolvida, existe uma grande oportunidade de reparo e transformação social. Afinal de contas, tudo começa pela base e as empresas são reflexo da sociedade. A minha visão é de que a tecnologia não é boa, nem má, em si – o problema está no interesse das empresas de escalar rápido e a qualquer custo.

Por fim, o que o acontecimento entre a garotinha de sete anos do início do capítulo e o pai super-herói tem a ver? Tal como um médico que salva vidas, a tecnologia pode ser usada para o benefício da humanidade, empoderando as pessoas, ajudando na construção de valores nas organizações e contribuindo para a compreensão de nosso propósito na Terra. Assim como o super-herói, a tecnologia é um meio de ajudar as pessoas e contribuir para um mundo melhor. Muitas pessoas me perguntam se seremos substituídos por robôs. A resposta é não – se não trabalharmos ou agirmos como um. Tenderemos a ser substituídos por pessoas mais qualificadas em tecnologia do que nós. A tecnologia estende as nossas capacidades e o que temos de melhor é humano. Por isso, precisamos agir. Se não formos capazes de programar o mundo, seremos programados por ele. Vamos, juntos, transformar realidades?

**Referências**

BOCCIA, S. Tristan Harris – debate os pecados das big techs e por que ainda nos rendemos a elas. *Época Negócios*. Disponível em: <https://epocanegocios.globo.com/Tecnologia/SXSW/noticia/2022/03/tristan-harris-debate-os-pecados-das-big-techs-e-por-que-ainda-nos-rendemos-elas.html>. Acesso em: 20 fev. de 2023.

DIAMANDIS, P.; KOTLER, S. *Abundância*. Rio de Janeiro: Alta Books, 2018.

SELIGMAN, M. *Felicidade autêntica*. 2. ed. São Paulo: Objetiva, 2019.

# 24

# TEMPO, TEMPO, TEMPO

Para contar um pouco da minha história, procurei refletir sobre o que me trouxe até aqui – as inspirações, os exemplos, as dificuldades que me ensinaram tanto, as fortalezas que fui construindo ao longo da vida e que me ajudaram a obter conquistas sobre as quais, aos 20 anos de idade, eu sequer sonhava. Entre os exemplos estão a principal inspiração feminina da minha vida, dona Maria José, minha mãe. Uma das fortalezas é a imensa rede de mulheres que ajudei a construir e que foram e continuam sendo um esteio necessário e insubstituível. E também fazem parte dessa história, como protagonistas, homens que me ensinaram sobre parceria e amor. Não se faz nada sozinho. Mas, para construir uma história que valha a pena contar, é fundamental nunca abrir mão dos próprios valores e de ser quem se é.

**KIKI MORETTI**

# Kiki Moretti

**Contatos**
kiki.moretti@grupoinpress.com.br
LinkedIn: @kikimoretti

Kiki Moretti é fundadora e CEO do Grupo InPress, que tem 35 anos e engloba agências de comunicação como InPress Porter Novelli, FleishmanHillard, Oficina Consultoria, Media Guide, e de serviços especializados – Vbrand, Critical Mass e The Buzz Now (TBN). Desde 2014, o Grupo tem como sócio o Omnicom Group. Uma das executivas mais admiradas pelo mercado de comunicação, de acordo com a auditoria global PR Scope, Kiki foi a representante brasileira no júri de PR do Cannes Lions 2015, indicada ao Prêmio Caboré 2016, na categoria Empresário ou Dirigente da Indústria da Comunicação, e eleita, em 2017, Women to Watch pelo Meio & Mensagem/AdAge. O Grupo InPress é signatário do Pacto de Igualdade de Gênero da ONU, do Pacto Global da ONU e é parceiro estratégico da ONU Mulheres no Brasil. A CEO lidera o capítulo brasileiro do Omniwomen, programa que incentiva maior presença feminina em cargos de liderança dentro das agências da holding. Kiki lidera um time de mais de 700 funcionários, com 73% dos cargos de liderança ocupados por mulheres.

Há um versículo da Bíblia que sempre me inspirou: "os que com lágrimas semeiam, com júbilo ceifarão. Quem sai andando e chorando enquanto semeia, voltará com júbilo trazendo os seus feixes". É o salmo 126. Ele me serve de guia porque diz essencialmente o seguinte: problemas não podem nos paralisar ou nos aprisionar ao passado. É preciso continuar andando, e seguir em frente seja qual for a situação. Esta crença me parece um bom começo para esta história, para este relato resumido de como cheguei até aqui.

Comecei a InPress há 35 anos, com três pessoas: eu, uma secretária e um boy – e o apoio fundamental de um marido e sócio que sempre acreditou e estimulou o protagonismo feminino. Eu tinha 25 anos, estava grávida, e já trazia na bagagem a experiência de trabalhar em redações nas editoras Abril e Bloch e de ter sido gerente de comunicação na Embratur por dois anos. Tudo aconteceu muito cedo para mim.

É preciso registrar aqui, neste livro que fala de mulheres apoiando mulheres, que o melhor chefe que tive por acaso foi um homem, que se tornou também meu marido e sócio (o jornalista Ivandel Godinho). E ele foi tudo isso porque em nenhum momento deixou de me estimular, me colocar para cima e me ajudar a acreditar em mim mesma. Bons chefes, de qualquer gênero, fazem isso. Em diversas ocasiões, me propôs desafios, acreditando no meu talento e capacidade: alguns eu aceitei, outros não, e o meu tempo era respeitado. Cada um tem o seu, e sempre acreditei em fazer as coisas no meu ritmo.

O tempo foi um grande aliado ao longo da minha história. Com algumas crenças fundamentais, trazidas pela minha mãe e pelo evangelho – ambos partes fundamentais da minha caminhada desde que me entendo por gente. Se por um lado tive de enfrentar situações desafiadoras desde cedo, fui capaz de aprender a exercitar a calma diante das adversidades, a capacidade de respirar fundo e não paralisar.

Acho que vale introduzir aqui a dona Maria José, a maior inspiração feminina da minha vida. Minha mãe desde cedo foi "arrimo de família". De família humilde, natural do interior do Rio, teve mãe analfabeta e só foi à escola a partir dos 11 anos. Mas havia nela uma fome de aprendizado, e logo conseguiu estudar e trabalhar ao mesmo tempo. Lembro-me dela fazendo faculdade de Direito quando eu tinha 15 anos, e ela já estava separada do meu pai (eles se separaram quando eu tinha 7). Ela saía muito cedo para trabalhar como gerente administrativa numa fábrica em um subúrbio do Rio e, ao final do expediente, ia para o curso de Direito, chegando em casa quase às 23h.

Minha mãe teve poucos recursos, mas muito foco em ser independente e nos educar, em ser bom exemplo para nós. Desquitada em plenos anos 1970, aos 32 anos, sempre enfatizou que era preciso trabalhar e jamais depender financeiramente de marido. Que não se deve desperdiçar oportunidades quando elas aparecem — mas sem se precipitar, tendo a tranquilidade para buscar o momento certo de fazer as coisas. Minha mãe nunca enxergou no fato de ser mulher um empecilho para nada. Ela era dura e amorosa ao mesmo tempo, e se doava muito para o próximo — o que foi para mim aprender o evangelho vivido na prática, em casa.

Fui criada por uma mulher de muita fibra, que nunca teve medo da vida e não esmoreceu diante das dificuldades. Seus valores, sua correção e capacidade de ajudar as pessoas foram me moldando. Fui ensinada a não achar nada "ruim", a nunca achar que algo era impossível para mim e, principalmente, a não reclamar da vida. Me inspiraram principalmente a sua fé, a sua resiliência, a sua alma de lutadora. Isso explica um pouco porque comecei a estudar e trabalhar cedo. Entrei na faculdade aos 16 anos, dava aulas de inglês, aos 18 já trabalhava como repórter e cheguei à editora-chefe de uma revista (*Mulher de Hoje*, na Bloch) aos 22. Começar cedo na profissão demanda enfrentar situações de pressão muito cedo também, e ter de aprender a lidar com elas na raça. Liderar uma redação de cerca de 30 pessoas aos 22 anos foi uma dessas ocasiões — inclusive entrar em contato com a competitividade tantas vezes tóxica que pode existir nos ambientes de trabalho. Diante de todas as adversidades, respirava fundo, orava e seguia em frente. Aliás, a própria prática da oração nos ensina sobre o tempo das coisas. É um elemento ao mesmo tempo fortalecedor e reflexivo e desde cedo passou a fazer parte de cada lance da minha vida, bom ou ruim.

E não faltaram desafios para buscar o equilíbrio em Deus. Um deles foi quando me descobri grávida (do meu primeiro filho, Lucas) aos 25 anos, logo depois de sair da Embratur a convite do Luis Lara e da Margareth Guida para abrir uma agência de RP e representar seus clientes no Rio. Era o início da InPress. É claro que eu tremi na base, mas foi um conselho da minha mãe que definiu minha trajetória: "minha filha, gravidez não é doença". Parece óbvio, mas fez toda a diferença na maneira como passei a encarar aquele momento. Eu simplesmente segui trabalhando. Sou grata à Meg e ao Lara por terem enxergado meu potencial. Foram meus primeiros passos como empresária, algo que nunca havia passado pela minha cabeça.

Anos depois, esta mesma fibra combinada à solidez da minha fé, me ajudou a passar pela pior experiência da minha vida. Em 2003, perdi meu marido – pai dos meus filhos e sócio – de uma forma muito violenta, após um sequestro com um desfecho trágico. Foi um período de grande aprendizado, nada simples, em que tive de seguir vivendo mesmo sem saber o que havia acontecido com ele (só viemos a saber um ano e meio depois), criando os filhos e mantendo a sanidade para que nada interferisse nos negócios. Me doía especialmente o fato de que meus filhos cresceriam sem aquele pai maravilhoso e presente. Mas apesar de todo o caos, me mantive em paz e serena, sabia que ficaria tudo bem. Nunca deixei de acreditar nisso, e foi essencial para seguir na minha jornada, do meu jeito. Ganhei a consciência de que eu não precisava cobrar de mim mesma mais do que eu poderia entregar. Sem o Ivandel, a InPress seria o que eu pudesse fazer dela. E tudo bem. Foi um exercício de humildade. Não digo que me reinventei depois disso. Mas aprendi a ser eu.

Foi muito importante também a família e os amigos terem se unido numa verdadeira corrente amorosa. Meus filhos, meus enteados, minha mãe e meu irmão foram essenciais para eu me manter de pé. Foi um período difícil, mas de muita união e amor. Fundamental também foi perceber que eu tinha, na InPress, um grupo de mulheres aguerridas, que lutaram para que tudo desse certo. Naqueles tempos difíceis, descobri uma InPress muito profissionalizada. As mulheres, literalmente, me salvaram. Sonia Azevedo, que foi morar em São Paulo por cinco anos, para tocar o escritório. Roberta Machado, hoje sócia e CEO da InPress Porter Novelli e meu porto seguro, Ana Julião, na época diretora do escritório do Rio, Cris Fernandes, Silvia Szarf, Renata Jordão, Deborah Gelwan, Alessandra Fonseca, Edna Polito, Carmem Gonzalez e Lilian Quintino foram minha fortaleza naquele período, decididas a manter a empresa viva e de pé comigo.

Patricia Marins, que topou mudar para Brasília por mim e hoje é minha sócia lá, e Diva Gonçalves, diretora e hoje nossa consultora, foram esteio profissional e espiritual. Vinham sempre no meu apartamento, em São Paulo, orar comigo. A Diva tinha acabado de fazer uma cirurgia delicadíssima, mas não deixou um segundo de me sustentar em oração, diariamente comigo. A Sheila Wakswaser, CFO da InPress na época – e hoje conselheira no Grupo InPress – cuidou da gestão com tamanho amor que viramos irmãs de alma e madrinhas de casamento uma da outra. Por fim, a Carmen Baez, na época presidente do grupo Omnicom para América Latina, foi o melhor presente que recebi dos sócios norte-americanos. Minha mentora, até hoje guia para os momentos mais delicados, pessoais e profissionais.

Puxada de tapete? Machismo? É claro que teve. Mas nada que me paralisasse. Como diz um amigo meu: se você quer botar um muro na minha frente, é melhor que seja alto, porque senão eu vou pular. Sou talhada, até profissionalmente, para encontrar soluções. Naquele período vi o machismo se fazer presente de diversas maneiras. Pessoas encontravam a minha mãe e diziam "coitada da Kiki, a empresa vai acabar". Outras, de empresas concorrentes, apostavam no fim da InPress sem o Ivandel. Naquele momento, eu senti, como nunca antes, o peso institucional do machismo, com o sucesso da empresa atribuído ao homem, e ninguém acreditava que eu seria capaz ou teria estrutura emocional para seguir tocando a InPress com sucesso.

Depois de tudo, a maior lição para mim foi viver, na prática, a frase "aquilo que não me mata só me fortalece" (de Nietzsche). Um cliente meu costumava dizer que, na crise, uma empresa morre ou cresce. E a InPress virou uma gigante.

Olhando para trás, acredito ter chegado aqui – neste lugar de muitas conquistas, liderando um grupo com faturamento de R$ 300 milhões e 700 funcionários – por algumas razões primordiais.

Primeiro, por ter me jogado muito cedo na vida. Depois, foi fundamental ter a coragem de sair da Embratur, grávida, e aceitar o desafio de me tornar empresária. Foi uma decisão fundamental: mesmo sem ter ideia do que estava fazendo, senti que era a minha hora e fui em frente. Nascemos em um momento muito rico, com outras grandes empresas de RP, trazendo uma visão mais estratégica para a comunicação corporativa. Foi o início de uma grande indústria, repleta de oportunidade de negócios – inclusive internacionais. E tenho orgulho de ter participado de sua gênese no Brasil.

Foi muito importante ter tido a parceria do Ivandel, que primeiro foi meu chefe e, depois, sócio. Tínhamos um projeto a dois, profissional e pessoal, gostávamos de fazer as coisas juntos, nos admirávamos mutuamente e ele desejava genuinamente o meu sucesso. E eu o dele, claro. Éramos complementares e entre nós não havia brechas de desentendimento. Caminhávamos na mesma direção.

Também fui abençoada, logo no início da InPress, com a chegada de uma mulher pra lá de especial, que nos ajudou a construir a base do que é a InPress até hoje, a Mônica Albuquerque. Trabalhamos lado a lado por mais de 10 anos, compartilhando tanto os mesmos valores e crenças que vejo a marca da Moniquinha nas mulheres que hoje lideram a InPress. O que não somos nós, Roberta e Pat, parafraseando Virginia Woolf, se não a soma de todas as mulheres que vieram antes de nós?

Parte da minha força passa, sem dúvida, pela rede de apoio de mulheres que construí, que se fez presente e imprescindível, e vai muito além do plano profissional. Tenho orgulho de ter ajudado a sedimentar esse caminho da liderança feminina na comunicação corporativa, contribuindo para que muitas outras mulheres sejam hoje líderes também. Construímos um clã – aprendi isso estudando a nossa cultura organizacional. Clás se unem na dificuldade e atravessam melhor as crises. E tenho muitas delas comigo há mais de vinte anos. Minha secretária, Carmem, está comigo há mais de trinta. A Roberta Machado acabou de fazer 25 anos de InPress. E ainda hoje, temos mais de 70% de mulheres em cargos de liderança no Grupo InPress. Fomos e seguimos sendo exemplo e inspiração umas para as outras, nos puxando e nos ajudando. Este é, sem dúvida, um dos meus grandes legados e um dos motivos para eu estar aqui, escrevendo estas linhas.

E olha o tempo aí, não me deixando mentir. O tempo me trouxe de volta a alegria perdida, me ajudou a construir este legado sem pressa, com a certeza de estar fazendo as coisas do jeito certo, com ética e amor. Minha vida seguiu, casei-me novamente, com o David Zylbersztajn, um homem maravilhoso que me admira, me incentiva, seguro, que não compete comigo. Meus filhos Lucas e Julia, hoje com 34 e 26 anos, são parceiros incríveis, amigos, cresceram felizes e seguros. Tempo, tempo, tempo.

E pavimentou todo este caminho, sem dúvida, a minha fé: ela me ajudou e continua ajudando a não olhar para trás, a seguir em frente e a manter meu foco no futuro, como uma mão invisível que me toca e diz "estou contigo". Tenho hoje, com a experiência, muito mais facilidade para julgar situações e tomar decisões.

Acredito ter me tornado uma líder que inspira pela própria história, que trabalha com verdade, autenticidade, cordialidade e coerência, colocando leveza até nas situações mais duras e complexas. Que sabe dizer não com clareza, carinho e objetividade. Sou provocadora, inquieta, mas acolhedora, e sou essencialmente eu mesma. Deito a cabeça no travesseiro e durmo bem, porque tenho a certeza de que não precisei deixar de fazer a coisa certa para conquistar tudo o que conquistei.

Se puder dar um conselho para as mais jovens, eu diria: acredite que nada é impossível. Não se intimide e não complique muito as coisas. A vida é curta demais para fazer onda. Ah, e muito importante: não abra mão dos seus valores, seja sempre você mesma. E acredite no tempo.

## 25

# CONSTRUINDO A DONA LAURINHA
## UM CAMINHO DE CORAGEM, APRENDIZADO E MULHERES FORTES

Considero-me praticante de *lifelong learning*, a crença de que não se deve parar de aprender ao longo da vida. E acredito que aprender é um composto entre a escola e os ensinamentos que tiramos das lições que a vida dá. Aprendo para me aprimorar e pela honra de poder contribuir mais e melhor com quem virá depois de mim.

**LAURA CHIAVONE**

# Laura Chiavone

**Contatos**
laurachiavone@gmail.com
LinkedIn: Laura Chiavone

Empreendedora e executiva de carreira internacional atuando no Brasil, Estados Unidos e em projetos globais de publicidade, tecnologia e transformação de negócios. Atualmente, diretora de agências da Meta – empresa proprietária do Facebook, do Instagram e do WhatsApp –, liderando negócios no vibrante ecossistema de agências de publicidade brasileiro. Retornou ao Brasil após quatro anos em Nova York, liderando projetos junto a clientes *Fortune 500*. Fundou sua primeira empresa aos 28 anos, a Limo Inc. Socióloga formada pela USP, mestranda pela Berlin School of Creative Leadership, na Alemanha, professora na Miami Ad School há 18 anos e fundadora do *Like a Boss*, treinamento on-line de liderança para mulheres. Reconhecida como indivíduo de habilidade extraordinária (EB1) pelo governo dos Estados Unidos. Premiada individualmente múltiplas vezes, é constantemente jurada de premiações internacionais e teve trabalhos de seus times reconhecidos dentro e fora do Brasil. Voluntária em projetos ligados à DEI e ao meio ambiente.

Perguntaram para o meu filho aos quatro anos o que era o trabalho da mãe dele e ele respondeu na lata: "minha mãe aprende coisas novas". Nem parou para pensar. Assisti à resposta em um vídeo dias depois, porque a pergunta era para uma entrevista filmada e eu não estava na sala quando foi gravada. Não me pergunte de onde ele tirou essa resposta porque não tenho ideia. Mas fiquei muito feliz e grata. Naquele dia, ele me ajudou a olhar para dentro e reconhecer o aprender como minha alegria de viver. Fazendo uma reflexão, sigo aprendendo por meio da educação formal da escola, com as pessoas que encontro e me relaciono mais e menos profundamente, com o que absorvo de conteúdo todos os dias e, principalmente, com os riscos que assumi até hoje, que não foram poucos. Risco de se propor a fazer coisa demais, risco de aceitar um trabalho com escopo imenso, de ir trabalhar em outro país, ou empreender simultaneamente a ter um bom emprego, risco de engravidar enquanto se é CEO, ou, sei lá, começar a trabalhar inteligência artificial e dados preditivos aos 40 anos. Oi, eu aqui. É comum eu receber *feedback* bacana sobre a minha biografia e algumas vezes olhares incrédulos – às vezes de admiração, às vezes de ansiedade e, às vezes, de dúvida mesmo. Seria muito legal a gente normalizar a conversa não sobre o fim, mas sobre o caminho, os riscos, os aprendizados e quem esteve ao nosso lado. Seria mais útil para quem está chegando e enfrentando as barreiras que aparecem no caminho, em diferentes proporções, dependendo de onde você nasceu, do tamanho de seu privilégio, de seu perfil de personalidade e da sua disposição para arriscar. Todo sucesso envolve perdas e todo tombo um grande ganho. Navegar a ambiguidade desse caminho define bastante o jeito que escolho olhar para a vida, e hoje trouxe aqui algumas reflexões com pouca censura sobre minha biografia, práticas que desenvolvi para lidar com um volume imenso de tarefas e decisões que preciso tomar. O texto será acompanhado de nomes de mulheres (em forma de #hashtags) sem as quais eu não estaria aqui hoje. Mulheres que me puxaram no passado, me puxam hoje e com quem partilho minhas conquistas.

Trabalho na indústria de marketing e publicidade há mais de 20 anos e já fiz projetos no mundo todo em grandes grupos de comunicação e para clientes de empresas famosas na Fortune 500, embora o que eu quisesse mesmo quando entrei na faculdade era ser diplomata e ir trabalhar na ONU em mediação de conflitos. Até hoje, o mais próximo da ONU que cheguei foi meu último escritório em NYC, na Madison Ave. Mas eu não reclamo não, e consigo trazer no meu dia a dia boa parte do que sonhei para mim. Comecei a trabalhar cedo porque queria ser independente e sair da casa dos meus pais. Assim foi. Entrei na faculdade aos 17, comecei a trabalhar com 18 como estagiária (#RosaMoyses #ValeriaBarbosa #AnaCarusi, #MaluMelo), 20 como assistente (#CeciliaNovaes), saí de casa aos 21 quando virei supervisora (#GabrielaSoares, #DanielaBombonato, #PaulaVampre, #DanielaGlicenstajn, #TaisNicoletti, #NathalieBalo), me formei e virei gerente aos 23 (#CarolMello, #SylviaPanico, #RenataSalles #GlauciaMontanha), diretora aos 27 (#RenataBokel, #ThaisFrazao, #PaulaGonçalves, #MahiraOliveira, #CamilaHamaoui #MarcellaH #CamilaKiseliauskas). Nesse momento eu já dava aulas há 5 anos, convite que chegou quando ganhei um prêmio importante na área em que trabalho (#RitaAlmeida). Nesse momento da vida, já tinha enfrentado *bullying* na escola, abuso moral na faculdade e assédios sexuais no trabalho. Assédios, no plural. Abri minha própria empresa aos 28 e tive clientes dos sonhos que confiaram no projeto e mudaram minha trajetória para sempre (#DaniCachich, #MaluAntonio, #AdrianaGirao, #AnaCortat, #SuzanaPamplona, #FabiolaMenezes, #FlaviaAltheman, #EneidaNogueira). Melhor coisa que fiz e um dos maiores perrengues que você pode experimentar no mundo profissional: ter uma empresa e ser mulher no Brasil. E mãe, porque eu e meu companheiro, na época, tivemos nosso filho enquanto eu era empresária. Não teremos aqui o capítulo maternidade, porque o tema merece um volume inteiro dedicado (#LaisChiavone, #LeilaFigueiredo, #IlanaPinksy). Voltei ao mundo corporativo como vice-presidente de uma agência de publicidade famosa aos 35 (#LuizaMadeira, #LaraThomazini, #NathaliaAndrijic, #LauraVarante, #RenataDuarte, #ThaisSumida) e mudei-me para os Estados Unidos, onde me tornei Chief Strategy Officer para a América do Norte, aos 38, e Managing Partner, aos 40, tive colegas de mercado e clientes inspiradoras espetaculares (#TiffanyRWarren, #KatGordon, #TorreyLaGrange, #CarlaEboli, #PollyBaur, #AnneDooley, #LilianGalarraga,

#HannaHickman, #MaryKlindwood, #SharonFoo, #AnnalieKillian, #KristinCohen, #CourtneyTwardy, #SilviaCavalcanti, #FernandaGiacomeli, #AlexCuevas, #EliVelez, #MariaGloriaMoya, #IsabelCoutinho #IshaVyas, #MariaTender, #CaitlynAcosta). Nesse momento já falava quatro, cinco línguas, o que sempre me ajudou muito a decodificar códigos e navegar culturas – sim, quatro e meia porque tem sempre uma das cinco em que estou muito enferrujada. Não acho que vou equalizar essa conta, mas tá tudo bem. Tenho muito orgulho dos prêmios que ganhei individualmente, prêmios com minhas equipes de todas as vezes que sirvo como jurada em um prêmio nacional ou internacional ao lado de mulheres incríveis (#DilmaCampos, #HeloSantana, #JoanaMendes, #KekaMorele, #PatriciaCorsi, #MarianaSa, #LuHaguiara, #GabiRodrigues, #PatiMoura), dos artigos que sou convidada para escrever, aulas que dou e keynotes em que tenho oportunidade de falar. O prêmio que mais gostei de ganhar foi o Women to Watch 2018, porque fui homenageada no mesmo ano em que minha mãe e mulheres pioneiras do mercado publicitário; e passei a fazer parte desse grupo de mulheres admiráveis (#MarleneBregman, obrigada #MariaLaura). Busco honrar cada uma dessas oportunidades pensando em quem veio antes de mim e para quem eu posso abrir as portas após minha passagem. Por isso, prefiro não fazer a mesma coisa mais de uma vez e dar lugar a uma nova pessoa quando é possível. Cada vez que posso, envolvo-me em iniciativas ligadas ao empoderamento feminino e ao aumento de representatividade e inclusão no mercado (#LauraFlorence, #CamilaMoletta). Queria ter mais tempo, e ainda planejo me envolver de maneira consistente em uma iniciativa que combata a violência contra a mulher (#MafoaneOdara). Mas, primeiro, preciso concluir o mestrado no qual estou matriculada na Alemanha há 10 anos cuja tese trata justamente de liderança feminina. Quem sabe neste ano eu defenda? Será uma alegria se der certo. Assim posso trocar de mestranda para mestre no CV. Torce por mim. Aprendi com minha amiga #ViviDuarte em seu *Pitch da Deusa* a não ter vergonha de falar claramente de minhas conquistas e da minha biografia, lutando contra uma barreira social que mulheres têm de falar bem de si mesmas. Trabalhando juntas e validando cada mulher que se apresenta com orgulho, evoluímos como um todo. Veja só que coisa: uma vez, uns três anos atrás, estava em NYC dando uma aula para o Brasil por videoconferência, passei o constrangimento de alunos (homens) começarem a zombar de minha biografia dizendo que devia ser fraude ou *fake news*, porque não era possível. As mulheres da sala começaram a fazer *fact check* na internet e mandar no grupo de WhatsApp os links que comprovavam cada item que eu falava. Graças ao espírito de sororidade que cresce entre as comunidades femininas, recebi ao vivo de alunas *prints* dessas conversas paralelas e consegui administrar a aula, que virou uma bagunça em um momento. Disse, durante a aula, que minha biografia não me imunizava de agressões e de preconceitos como latina nos EUA, e como mulher no Brasil. Também não tenho espaço aqui para aprofundar minha experiência na dupla identidade adquirida como mulher latina nos Estados Unidos, mas é um tema sobre o qual você pode puxar conversa comigo no café e vou adorar. É possível sim eu estar aqui com orgulho e espero estar contribuindo para a pavimentação menos acidentada do caminho das que vêm depois de mim. Mas acredito que será sempre desafiador para quem quer fazer coisas novas, e estamos caminhando naquele risco contínuo de tombo, mas de mãos dadas com nossos privilégios (para quem os reconhece), nosso talento, autoestima e nossa rede, um ponto fundamental de segurança e confiança. Não acredito em personagens planos e pessoas rasas, mas que somos complexos, profundos e nosso poder está em nossas escolhas com tudo isso ao redor. Ao pensar na proposta deste capítulo também conversamos sobre as pessoas que puxaram nosso tapete. Estão lá, torcendo ou puxando você para baixo. Como escolhi escrever sobre aprendizados, confesso que sou grata a cada uma delas por me mostrarem o mundo como ele é e do que o ser humano é capaz por ganância, vaidade, inveja ou incompetência. Mas não me prolongarei mais do que isso porque não acho que elas merecem. Escolhi sair melhor de cada experiência amarga, ser muito gentil com minha memória e encontro muita alegria nos meus dias. Hoje estou no Brasil e tenho uma posição de liderança em uma das Big Techs. Faço o que amo, no mercado em que me sinto em casa, e trabalho com a equipe mais talentosa que eu poderia sonhar (#SuDuarte, #AnaMonteiro, #AleRieli, #ErikaAraujo, #DessaAndrade).

Dado esse contexto, e considerando que sou mãe, não mais casada há 7 anos, muitas pessoas me perguntam há anos como eu faço tudo o que faço. Escolho fazer esse montão de coisas porque eu gosto do desafio e porque eu fico feliz. A vida é corrida? É. Dá tempo de fazer tudo o que gostaria? Não. Me sinto culpada como mãe executiva? Nunca. Tem três coisas que pratico com frequência e me ajudam muito a ter dias recompensadores e dormir, muito bem, 8 horas por noite.

**1. Meditação prática da manhã:** num determinado momento dos últimos cinco anos, comecei a meditar todos os dias ao acordar. Ou melhor, entendi que o que eu faço pode ser chamado de um tipo de meditação. Ao despertar, penso que dia é hoje, e me concentro profundamente em todas as tarefas pessoais e profissionais que me aguardam no dia. Uso esse tempo para pensar em como vou me organizar e distribuir minha energia, em que período precisarei estar com a cabeça sintonizada de qual maneira e em qual lugar. Todo esse pensamento acontece antes de eu sair da cama e, às vezes, antes de abrir os olhos. Assim, levanto da cama todos os dias com o dia ensaiado na cabeça e a energia ponderada. Meu maior ganho com essa prática é controlar a ansiedade, estabelecer metas realistas para mim e para os outros e viver no tempo presente.

**2. Troca-troca mentoria:** quando me mudei para os Estados Unidos, fiquei perdida com algumas partes do meu escopo de trabalho em consultoria digital que ninguém tinha me contado que eu teria de supervisionar. Aquelas surpresinhas do mundo corporativo que dão o maior frio na barriga. Olhando para trás, eu não tinha como saber que isso aconteceria e não podia nem imaginar, porque nunca tinha tido essa experiência antes. Então, veja: eu não sabia aquilo que eu não sabia. Após perrengues terríveis, comecei a refletir: "Deve ter várias mulheres na minha rede que entendem disso, daquilo, daquilo outro". E me senti à vontade para propor um troca-troca de mentoria: A pessoa me dava 1 hora de mentoria sobre aquele assunto que eu precisava aprender desesperadamente e eu dava uma hora de mentoria dentro de um dos temas que domino. Até hoje e, em várias situações depois dessa (lembra da mentoria de SEO #LiliFerrari?), fiz essa proposta para mulheres e tem sido uma escola. Trabalhando juntas, caímos em menos ciladas.

**3. Prazer, dona Laurinha:** deixei a mais legal para o final, se você chegou até aqui. Quinze anos atrás, ouvi de um geriatra que todas as escolhas que fizesse produziriam a Laura aos 80 anos. Perceber essa ligação foi muito impactante e importante para mim. Desde então, além de pensar sobre as consequências de minhas ações no meu corpo, passei a me colocar no meu lugar aos 80 anos como uma forma de buscar sabedoria para tomar decisões grandes com base no legado que gostaria de deixar. Assim, vez ou outra me consulto com a Dona Laurinha. Pergunto: olhando para trás, a senhora tem orgulho dessa decisão? Foi a melhor que poderia tomar? Dona Laurinha é supercorajosa e nunca escolhe o caminho mais fácil. Me dá um trabalho danado (trecho inspirado na entrevista que dei para a #ClaudiaPenteado).

Uma vez aprendi com um mestre zen em um treinamento de meditação no Japão (#RobertadiPace) que o sentido da vida está em viver o momento presente, que a vida é feita dessa coleção de momentos e sentidos. Inspirada pela Dona Laurinha, é isso. Quero viver meus dias deixando-a satisfeita com o que vai ser gerado e a diferença que conseguirei fazer para os outros por meio de exemplo e ações. É uma aparente contradição viver o hoje e o longo prazo simultaneamente, mas acho que para aprender o tempo é gentil com a gente.

26

# EMPURRA & SOBE & CAI & LEVANTA & PUXA & VOAMOS!

A história aqui contada foi construída como escrevivência da trajetória da autora rumo à ascensão profissional, bem como do entrelaçamento desse caminho com seu ativismo pela equidade de gênero no ambiente de trabalho, especialmente nas carreiras jurídicas. A narrativa percorre o início de sua vida adulta, com o ingresso no mercado de trabalho, passa por um marco crucial no desvelar da meritocracia e da armadilha que esta criou para as mulheres de sua geração, e deságua no agir que se seguiu. Nela, aparecem a menina, a estudante, a mãe, a esposa, a filha, a advogada, a acadêmica, a ativista e as tantas outras que leitoras e leitores puderem encontrar.

## LETÍCIA BADDAUY

# Letícia Baddauy

**Contatos**
www.lbaddauy.com.br
leticia@lbaddauy.com.br
leticia@uel.br
LinkedIn: Letícia Baddauy
Instagram: @leticiabaddauy

Administradora de empresas pela Escola de Administração de Empresas da Fundação Getulio Vargas. Advogada e árbitra, graduada em Direito pela Faculdade de Direito do Largo de São Francisco (USP). MBA em Agronegócios pela Escola Superior de Agricultura Luiz de Queiroz (USP/ESALQ). Doutoranda em Sociologia pela Universidade Estadual de Londrina, onde desenvolve pesquisa em relações de gênero no Sistema de Justiça. Professora na Universidade Estadual de Londrina e em diversos cursos de pós-graduação. Palestrante e autora de livros e artigos científicos. Diretora de arbitragem da Câmara de Arbitragem e Mediação no Agronegócio (CAMAGRO). Conselheira de administração na Aurora Incorporadora S/A. Fundadora do Jurídico de Botas e da Baddauy Academy. Casada com Marcello Tito. Mãe do Arthur e do Otávio; e com eles, reaprendendo a viver. Amante de jardins, livros, corrida, samba, yoga, cinema, enfim, tanta coisa boa para se curtir por aí.

## Como eu subi

Não sei se posso dizer que fui *puxada*. Talvez tenha sido muito mais *empurrada*. Porque sou de uma geração que, ainda que inegavelmente beneficiada pelos frutos já então colhidos do feminismo, foi de meninas criadas sob o mito da meritocracia (na real, será que esse mito caiu?).

Quem me empurrou? Minha mãe. Uma mulher que, repleta de contradições – machista de criação, feminista sem o saber –, exigiu-me o máximo. Feminismo e equidade de gênero nunca estiveram em seu vocabulário. Porém, sua luta, externa e interna, para sair da submissão feminina presente em sua geração, só poderia ter me *empurrado*. E foi assim, cobrando alta performance, sabendo que o mundo exigiria isso de uma menina que quisesse *subir*, que ela me fez acreditar que nada me limitaria, ao mesmo tempo que nos curvávamos às exigências da meritocracia, sem ainda reconhecer seu engodo. Era seu jeito de ser beauvoiriana, de me dizer que nada me limitasse, que nada me definisse, que a nada me sujeitasse.

Foi com essa "fórmula", devidamente sintetizada aqui, que, aos 17 anos, saí do ninho, na era pré-internet, para viver em São Paulo, cidade em que eu só tinha estado duas vezes (numa excursão de colégio e num espetáculo do Ballet Bolshoi), e estudar em uma faculdade de elite, a Escola de Administração de Empresas da Fundação Getulio Vargas.

Minha mãe me *empurrou*. E eu *subi*!

## O que encontrei lá em cima

Alta performance e competição, obviamente. Foi isso que nos trouxera até ali. Era isso que continuaria nos levando adiante. Num mundo em que não se falava em desigualdade de gênero, em que éramos supostamente iguais, meninas e meninos, agora já bem crescidas e crescidos. Mas no qual a "genderização" dos espaços de atuação era flagrantemente perceptível. Exemplo fácil? O mercado financeiro e de capitais era "dos meninos". Meninas que quisessem ali adentrar, que usassem terninhos, fossem duronas etc. e tal. *Be boyish*. Eu sei. Atribuir essas características à masculinidade hoje soa sexista. Mas, em tempo, estávamos na primeira metade da década de 1990. Sem internet.

E assim, seguíamos, fingindo não entender as "gracinhas" no ambiente de trabalho e ignorando a dinâmica dos privilégios.

Daquele primeiro cume, avistei outros, mais altos. E, claro, quis *subir* mais.

## Ousando ser mulher em Brasília

Foram muitos anos até chegar ao cume Brasília. Não caberiam nesta narrativa. Então, ficarei com o que é indispensável saberem antes de chegarmos a Brasília: depois de formada na FGV e na Faculdade de Direito do Largo de São Francisco (USP), durante muitos anos, meu foco foi na carreira jurídica, como advogada e professora universitária.

Vamos ao episódio que poderia ser apontado como experiência pessoal muito marcante na revelação da discriminação sofrida pelas mulheres no processo de ascensão na carreira. No meu caso, na carreira de advogada.

Provocada e incentivada pelo meu pai, diante da atuação intensa e destacada que eu vinha tendo na advocacia em áreas de contato com o Ministério Público, candidatei-me a uma das duas vagas destinadas à representante da advocacia no Conselho Nacional do Ministério Público, órgão responsável pelo controle da atividade dos membros do MP. À época, eu tinha 35 anos, idade mínima exigida para aquela candidatura.

A escolha de tais representantes dá-se por meio de eleição, realizada junto ao Conselho Federal da Ordem dos Advogados do Brasil. Existem requisitos objetivos, constantes de normas e do respectivo edital para candidatura. Eu era considerada uma jovem advogada pleiteando o cargo, visto que a idade média dos Conselheiros Federais era mais elevada que a minha. Certamente, o número de homens ocupando o Conselho também era bem maior que o de mulheres. Naquele ano distante, ainda nem se cogitava paridade de gênero no referido Conselho, o que veio a ser implementado nas eleições para os quadros da OAB apenas em 2021. Na prática, além da inscrição formal, os candidatos fazem uma campanha. Vale dizer, entram em contato com os conselheiros, enviando currículo, apresentando-se e pedindo seus votos.

Pulando aqui algumas etapas, o mais importante é contar que, no dia da eleição, os candidatos são sabatinados. Ou seja, arguidos por alguns conselheiros federais, componentes de uma comissão competente para tanto, na presença de todo o Conselho. Por ocasião de minha sabatina, a Comissão Arguidora era composta exclusivamente por homens. Saí-me destacadamente bem nas respostas a todas as perguntas. Até o momento em que um dos conselheiros me indagou sobre como eu pretendia manter-me financeiramente, uma vez que o cargo não era remunerado (isso à época, hoje existe remuneração). Fiz uns segundos de silêncio, diante do constrangimento da pergunta, oportunidade em que um conselheiro, não integrante da Comissão Arguidora, levantou-se e disse-me para não respondê-la, afirmando que era um questionamento machista e que tinha sido feito exclusivamente à única candidata mulher, o que fez com que a pergunta fosse retirada pelo arguidor.

Tive um excelente desempenho na sabatina, que surpreendeu o Conselho, pois eu não era uma figura conhecida naquele espaço. Recebi inúmeros elogios, fui considerada a "revelação", mas não fui eleita. Incentivada pelos próprios colegas a persistir, voltei dois anos depois, para uma nova candidatura.

Não cansarei a leitora nem o leitor com os desafios de uma nova campanha, agora com um bebê de 4 meses no colo, meu primogênito. O fato é: meu planeta era outro. Eu era MÃE. Uma mãe que tinha um grande aliado, o pai do meu filho, meu marido (vale lembrar que aliados cumprem papel relevante ao lado dos que têm o lugar de fala). Então, pude estar lá novamente. E enfrentar o machismo estrutural de um mundo feito por e para homens, o que inclui os ambientes de *networking* necessários à ascensão, com seus locais e horários hostis à maternidade. O cargo acabou com um homem, mais velho que eu e que pode transitar melhor entre os colegas.

Certamente eu, ou qualquer pessoa que se candidate a um cargo, sendo mulher ou homem, sabe que pode ou não ser eleita. Há muitas variáveis envolvidas. É claro que não é este o problema. A questão é: o jogo não é equânime quando se trata de ascender a postos de trabalho mais altos. E a problemática que enfrentamos envolve exatamente a suposta igualdade. Quando, na verdade, os recursos de que as mulheres dispõem para entrar nas partidas, apesar dos avanços nos últimos anos, efetivamente não se igualam aos dos homens.

Se até a experiência de minha candidatura ao CNMP eu ainda não tinha suficiente clareza quanto à discriminação que as mulheres sofrem em seu processo de ascensão profissional, daquele momento em diante, coloquei minhas lentes ultravioletas e passei a enxergar o tal teto de vidro tão nitidamente como se fosse de concreto.

Não que eu não sentisse o machismo antes. Toda e qualquer mulher, desde menina, sabe que o conhecemos bem. Os "gracejos" a nós dirigidos no ambiente de trabalho, que tínhamos de fingir não entender, foram o dia a dia da minha geração, que já tinha saído da vida exclusivamente dedicada às tarefas domésticas. Sempre sentimos o assédio frequente, nossas falas interrompidas, a necessidade de provar mais que os meninos nossa capacidade, de nos "masculinizarmos" para trabalhar em determinados ambientes, postos etc. Talvez ainda não conscientes disso, embriagadas pelo mito da meritocracia. No meu caso, algumas vezes até orgulhosa de ascender e frequentar rodas profissionais predominantemente masculinas, como se isso fosse a prova, o selo de qualidade, de que era "tão boa" que conseguira chegar aonde somente homens normalmente ascendem.

Após aqueles dias de eleição, foi inadiável enxergar que estar só em um ambiente de trabalho predominantemente masculino não é "troféu". É solidão, é termos, as mulheres, passado por violências e renúncias inadmissíveis. Neste exemplo pessoal, mesmo após provar com meu admirado currículo e desempenho na arguição o meu conteúdo necessário ao cargo, recebi uma pergunta machista impertinente ao objeto da sabatina, violadora da minha privacidade financeira. Tive de ser "socorrida" por um colega homem. E, na segunda candidatura, não circulei suficientemente por espaços onde os votos eram conquistados, por ter me tornado mãe.

Fiquemos, então, com esta experiência como o marco inicial simbólico da minha história no engajamento pela equidade de gênero nas carreiras jurídicas. Com 25 anos de carreira, certamente não foi um processo linear, e foram muitas vivências discriminatórias. Tudo foi se interrelacionando e convergindo para um doutorado em Sociologia, focado no estudo de desigualdades e gênero no sistema de Justiça, que me possibilitou compreender tais dinâmicas com a profundidade necessária à luta. Era preciso agir.

### E o que eu faço com isso?

*Puxo!*

Nessa nossa breve passagem que é a vida, entendo que pouco vale muito aprender sem dividir, sem servir. Se pertenci à geração já emancipada, mas ainda presa às regras do jogo machista, valendo-se destas para ascender, não precisava ser assim com as que viessem depois. E, no que coubesse no meu diminuto raio de influência, não seria.

Com o privilégio de ser professora, para além dos meios de solução de conflitos, que são minha expertise acadêmica, passou a ser fundamental ensinar às jovens a acreditarem em si, sem terem de pedir qualquer desculpa por serem mulheres e por, eventualmente, desejarem ser mães. Minha geração *subiu*, sim. Tenho o orgulho de ter colegas, de ambas as faculdades, nos mais altos postos de carreira, com famílias construídas da forma como acreditaram. No entanto, custou-nos caro. Fomos à exaustão. Sorrimos quando tantas vezes queríamos chorar.

Talvez fosse mesmo um processo histórico inevitável. Mas não estou aqui para lamentos nem para romantizar a discriminação de gênero. *Subi, subimos*, para dizer para as que vieram depois de nós: podem dizer "não", pois estamos aqui por vocês!

Hoje, não apenas como professora, mas em todos os espaços em que me encontro (Conselhos, Diretoria, Comitês, almoço em família), promover equidade de gênero passou a ser *second nature*. Letramento em feminismo e D&I também se faz no cotidiano. No pequeno. Em casa. Junto aos filhos.

Passa-se a notar os detalhes, como a linguagem, nada inocentes, daquilo que, não à toa, é chamado de machismo estrutural. Aproveito aqui para contar um evento. Outro dia, adquiri um imóvel em conjunto com meu marido. Ambos contratualmente compradores. Cada um responsável por 50% do pagamento. Entretanto, o recibo foi redigido referindo-se ao nome dele e "sua esposa" como pagadores. Assim: recebi de Marcello Tito e sua esposa. Não era Letícia Baddauy e seu esposo. Ou simplesmente Marcello Tito e Letícia Baddauy, ou vice-versa. Era necessário que eu fosse a "esposa" no documento. De fato, sou casada, amo meu marido e tenho a alegria de poder comemorar Bodas de Prata neste ano. Porém, estamos falando de um negócio, em que éramos ambos e igualmente compradores. Educadamente, pedi que fosse refeito, para substituir a "esposa" pelo meu nome. Sutil, mas poderoso. Alguns dirão: que chata! Chatas, loucas, como quiserem, ficaremos firmes e juntas.

### De como o feminismo me levou ao antirracismo e a outros caminhos

Praticamente como um efeito dominó, o feminismo me levou ao antirracismo; e, daí, a outros "ismos" e "anti-ismos". Porque seria impossível, depois mergulhar em águas mais profundas, ignorar outras estruturas discriminatórias e dinâmicas de privilégios. E são tantas somas de discriminações que mulheres no mundo todo sofrem, com suas interseccionalidades.

Aliás, às vezes sinto que não há trégua. Entrando em uma nova fase de vida, com 50 anos recém-completados, avizinha-se um novo enfrentamento, o etarismo. Confesso que ainda não o senti, mas acredito nas *sorelle* que estão nos alertando e denunciando-o. Confesso que custo a acreditar que, numa época em que a expectativa de vida passa dos 80, alguém possa ser considerado descartável pelo mercado por ter 50, 60... Esconder a idade? Nem pensar. Não posso dizer para uma menina não negar seu "ser mulher" para, depois, eu negar a mim mesma. Lembremos, a virada de chave é não entrar no jogo discriminatório estrutural para conseguirmos *subir*. Quero acreditar que não precisamos mais disfarçar ou esconder a maternidade, a sexualidade, a idade, cor da pele etc. Temos sororidade e, com ela, juntas, podemos *subir* bem alto.

*Puxo* sim. Porém, sei que não tenho superpoderes, nem estou só. Certamente continuo sendo *puxada*, o que me permitiu estar aqui e compartilhar essa história com vocês.

# 27

# QUANDO EMPATIA É REFLEXO

Um fim de semana como outro qualquer. Um momento de tensão. E uma lição de vida que já dura mais de 20 anos.

LO BRAZ

# Lo Braz

**Contatos**
lobraz@gmail.com
+1 415 306 1480

Lo Braz é uma executiva de propaganda, design e marketing com 30 anos de experiência nos Estados Unidos, no Brasil e na América Latina. Hoje, atua no mercado norte-americano, onde se dedica a emprestar seus talentos a causas como imigração e projetos de construção do futuro da indústria, como a discussão do papel da inteligência artificial no mundo do design.

Um sinal vermelho numa noite de garoa nunca mais vai ser igual. Domingo era dia de cinema, pipoca, *relax*. O filme *Vanilla Sky* estava passando num cinema no Morumbi, em São Paulo/SP. Cinco minutos de casa. Então resolvemos, meu namorado e eu, que esse seria o programa. A Avenida Giovanni Gronchi naquela noite estava com uma nevoazinha e uma garoa típica da região. De longe vimos o farol ficar vermelho, dois carros na nossa frente e ninguém atrás. De repente, um barulho no vidro e uma confusão. Não sei nem como aconteceu, mas, em um instante, meu namorado já estava no banco de trás, um desconhecido segurava o volante e eu coloquei a mão na maçaneta pensando em fugir. Um choque no pescoço me fez parar. Uma arma. "Não se mexe", disse o sujeito atrás de mim. Foi ali que entendi que aquilo era o que chamavam de "sequestro-relâmpago".

Já com o controle do carro, eles nos levaram para uma travessa escura e deserta e uma moto se aproximou. Dois elementos pediram nossos cartões de débito, celulares, bolsa, carteira e as senhas. "E diz a senha de verdade, senão eu ligo aqui e eles te matam", disse o motoqueiro.

Nervoso, meu namorado gaguejou. Os canos das pistolas apontaram para ele. "Lembra essa senha direito, agora", eu disse, com precisão militar. Não era hora de carinho.

Dizem que em momentos de perigo, quando nossos instintos mais profundos tomam controle, a gente acaba fazendo coisas que jamais imaginaria. No meu caso, foi uma viagem. No tempo.

Estava eu sentada no escritório da casa de uma desconhecida, indicada por uma amiga. Amiga não, pela minha chefe, que praticamente me obrigou a estar ali. A mulher me explicava meu mapa astral. Intrigada, ela apontou o que disse ser a linha da vida. "Uma das mais longas que eu já vi", disse a astróloga. Na hora, tive que fazer força para não rir.

Mas, meses depois, com o cano da pistola pressionado contra minha jugular, de tudo que eu poderia pensar, foi essa a memória que veio.

"Hoje eu não vou morrer", eu pensei. E por incrível que pareça, eu, com todo o meu ceticismo, me acalmei.

Na semana anterior, eu havia lido um artigo que comentava como deveríamos nos comportar durante um sequestro-relâmpago, e na calma dessa memória estranha, consegui não só lembrar, mas também seguir todos os conselhos. Expliquei cada movimento que eu ia fazer para os sequestradores, aguardei permissão para qualquer atitude, me antecipei ao que eles queriam e dei minhas joias antes que eles pedissem.

Os motoqueiros pegaram tudo e saíram para fazer os saques enquanto, os outros dois dirigiram para um beco ainda mais escuro e vazio. "Vamos sair, porque se a polícia passa e vê vocês com a gente, eles vão querer perguntar", disse um deles.

A pior situação ainda estava por vir.

"Vai com ela para aquele lado, e eu e ele vamos pro outro", falou o que parecia ser o chefe. Estávamos com as armas apertando nossas costelas. Obedecemos. Mas sem que tivéssemos dito nada um para o outro, eu sabia exatamente o que se passava na cabeça do meu namorado. Depois de uns cinco minutos andando no escuro, no mato, sozinha com o cara que ali naquele ponto já tinha guardado a arma por dentro da calça, a garoa apertou. E o sujeito, com o seu corpo magro e bem jovem começou a tossir. Mas tossir muito. Uma dessas tosses que parece pneumonia. E eu, sem pensar, tirei o meu casaco com capuz e ofereci para ele: "Moço, veste o meu casaco que você está doente!"

Eu não planejei fazer aquilo. Não pretendia nada. Não tentava ganhar confiança... naquela hora, eu ouvi a tosse e reagi da única forma que soube reagir. Nesse momento, ele olhou nos meus olhos e falou: "Pô, desculpa aí, gata! Ali no farol, na correria, a gente nunca sabe quem é gente boa e quem não é. Fala aí se tem alguma coisa que eu possa fazer para te aliviar até os meus *brothers* da moto mandarem o sinal que podemos soltar vocês".

Eu entreguei o casaco, esperei que ele vestisse e perguntei se era possível a gente voltar e ficarmos os quatro juntos, porque eu temia que o meu namorado ficasse nervoso e resolvesse fazer uma besteira. Ele concordou. Demos a volta e seguimos na direção contrária, mas nada de enxergar ninguém. Ele apontou para uma ribanceira e subimos pelo meio da lama. Ao me lembrar disso tudo, talvez eu devesse ter desconfiado, mas na hora eu tinha certeza de que ele estava fazendo o que me prometeu.

Quando chegamos ao alto, no meio de um descampado lamacento, encontramos o PJ e o outro cara, sentados na lama, calados.

De longe, ele olhou para mim. E no olhar, ele disse tudo. Um alívio profundo, desses de cinema. Parecia mesmo um filme, um desses dramas que é difícil de acreditar, em que um gesto de se importar com o próximo salva a vida dos protagonistas. Mas foi isso que aconteceu. O PJ já estava planejando como ele iria escapar do cara ali armado para tentar me resgatar, pensando que eu estivesse correndo riscos mais terríveis ainda. Imagine o final trágico que poderia se desenrolar caso isso acontecesse! Naquela hora, ele também deve ter entendido que não ia morrer, porque ele até sorriu. O sujeito que me escoltava ofereceu tirar a camisa para que eu não sentasse no chão e se desculpou mais uma vez. Eu disse que não precisava e sentei na terra mesmo. Segurei a mão do PJ.

De repente, aquele momento quase mágico foi interrompido pelo som de uma sirene. Lá de baixo da rua, um carro de polícia vinha na direção de onde estávamos. Eles apontaram as armas de novo para nossas cabeças. "Deita! Deita!" Eles fizeram sinal de silêncio com as mãos e ficamos ali por um tempo que pareceu infinito até que o barulho seguiu para longe e a área escureceu mais uma vez. Os sequestradores se entreolharam e, sentindo a situação sob controle, mandaram a gente se levantar.

Como se nada tivesse acontecido, voltaram a conversar com a gente. Falaram sobre futebol. Falaram sobre suas vidas. Sobre pobreza. Falaram até que, quando nos soltassem, a gente poderia pegar o carro de volta – porque o nicho deles era sequestro-relâmpago. Se inventassem de roubar carro, a outra gangue matava eles. Foi a primeira lágrima que me escorreu naquela noite.

A ligação dos motoqueiros, avisando que já tinham feito todos os saques possíveis, foi um momento de alívio para todos os quatro. Eles poderiam nos libertar. Ainda de cócoras para não chamar atenção, disseram para esperarmos cinco minutos e poderíamos descer. Mas os motoqueiros haviam levado nosso relógio. "Eu dou um tiro pro alto, então", ele falou. E dessa vez fomos nós que pedimos que não. Isso ia chamar atenção, podia atrair a polícia, ninguém sabia o que poderia acontecer a partir dali. Concordamos então que contaríamos até 120 e só então poderíamos começar a descer em direção ao carro. Eles ainda nos orientaram sobre qual caminho não pegar ao voltarmos para o Morumbi, evitando as "quebradas perigosas", e sumiram na escuridão.

Seguimos o combinado como se estivéssemos enfeitiçados. Aliás, esperamos um pouco mais do que os dois minutos para não darmos de cara com eles. Chegamos ao carro, abrimos as portas, entramos. Fomos à polícia, fizemos o boletim de ocorrência e soubemos que não éramos os únicos a passar por isso naquele fim de semana, e levamos quase uma hora dirigindo de volta rumo ao apartamento onde morávamos juntos há poucos meses. Tudo isso em silêncio. Absoluto. Tanto nosso, quanto da cidade.

O Morumbi estava deserto. Nem o vento fazia barulho. A rua parecia um quadro sem vida. Uma cidade de apocalipse.

De repente, o farol fica vermelho. O PJ para o carro. A garoa e a névoa. A Giovanni Gronchi. Eu sinto um toque gelado no rosto. Eu olho para o lado, em pânico.

"Vamos casar?", Ele me pergunta, num *plot twist* maior que o de qualquer um dos seus livros.

Essa história é ainda mais longa no mundo real. Mais de vinte anos depois, continuamos juntos, felizes e cientes de que o privilégio dessa vida juntos foi um grato acidente que só aconteceu por dois motivos improváveis.

O primeiro, a confiança de que eu não iria morrer naquele dia. Quantas vezes dizemos coisas pequenas para as pessoas ao nosso redor, e imaginamos que aquilo vai ser esquecido em minutos? Para um filho, um colega, um parceiro, um chefe, um cliente... neste mundo onde psicologia virou discussão de botequim, todo mundo acha que entende como a cabeça dos outros funciona. Todo mundo quer dar *coach*, fazer mentoria. Todo mundo tem certeza de que as grandes lições serão lembradas e os pequenos atos, esquecidos. Mas ali, naquele dia de quase morte, eu entendi que nossa cabeça é muito mais complicada que isso. Que num momento de pressão, de tristeza, de medo... nessas horas em que precisamos de ajuda, a memória que vem nos salvar ou afundar pode ser qualquer coisa pela qual tenhamos passado. Como uma visita a uma astróloga que eu jamais acreditei. Depois desse dia, nunca mais tratei minhas palavras com desdém. Porque por mais desimportantes que elas possam parecer no momento, ninguém, nem eu nem quem ouve, vai saber se não é aquilo que vai mudar a vida da pessoa.

O outro motivo é o poder da tal da empatia.

Já me disseram que o que eu tive foi síndrome de Estocolmo, que é como a mídia chama essa ligação emocional entre vítimas e criminosos. Mas eu estava lá, e não foi isso. Veja, eu venho de família simples. Tantos parentes meus poderiam ter mergulhado em vidas como daqueles dois que nos apontaram as armas. E ali, naquela hora, quando o meu sequestrador revelou sua saúde precária, eu percebi como tive sorte de, pelo motivo que tenha sido, ninguém da minha família ter mergulhado numa vida de crime. Naquela hora, eu olhei para ele e vi não um sequestrador, mas um parente, um vizinho, um amigo de escola... Poderia ser qualquer um.

E não digo isso para me exibir. Não foi por mérito ou princípio que reagi daquela forma. Foi por reflexo. Mas esse reflexo me mostrou, de uma maneira mais concreta do que qualquer filosofia, o poder que a empatia tem de salvar uma vida. Ou muitas.

# 28

# É PRECISO ENTENDER AS ORIGENS E O PASSADO PARA SE AUTOCOMPREENDER E VISLUMBRAR O FUTURO

A história da filha de imigrantes italianos que cresceu num bairro de classe média com ruas de terra em São Paulo, tornou-se uma das executivas mais bem-sucedidas do mundo do marketing no Brasil, e hoje é sócia de uma empresa que ajuda a transformar a vida de jovens por meio da educação. A trajetória de Loredana Sarcinella mostra como o exemplo de uma família batalhadora e determinação foram elementos fundamentais para construir uma história de vida pessoal e profissional inspiradora. Um relato que mistura fatos a reflexões sobre os caminhos que levam uma mulher brasileira a ter sucesso.

# Loredana Sarcinella

**Contato**
LinkedIn: linkedin.com/in/loredana-sarcinella-8238486

Executiva com mais de 30 anos de experiência em empresas multinacionais dos setores de bens de consumo (FMCG) e de tecnologia como CMO, incluindo digital, trade marketing, relações públicas, *corporate branding*, vendas e pesquisa & desenvolvimento. Vasta experiência internacional, com mais de 20 anos liderando e participando de projetos estratégicos na América Latina, na América do Norte, na Europa e na Ásia. Durante seus mais de 33 anos de carreira executiva, trabalhou 16 anos no setor de bens de consumo em empresas como Dow, Santista Alimentos, Colgate, Natura e Arcor; e mais de 18 anos em Tecnologia, entre Motorola e Samsung. Desde junho de 2021, é mentora e conselheira consultiva da EdTech Mulheres no Comando. Também, desde fevereiro de 2022, é sócia, conselheira e responsável pelas áreas de comercial e marketing da *Startup* Zeka Educação Digital. É bacharel em Língua e Literatura Inglesas e Administração de Empresas pela PUC. Mestre em Administração de Empresas pela PUC e FEA-USP. Tem MBA executivo pela Universidade de Northwestern, Kellogg de Chicago e Fundação Dom Cabral, além de extensões em Finanças pela FGV, especializações em Marketing, *Branding e Digital* pela Northwestern, Kellogg. Formada pelo IBGC em Governança Corporativa para Administradores e Governança Corporativa para Empresas Familiares. Colunista do *Meio & Mensagem Women to Watch*, para educação e tecnologia. Vencedora do Prêmio Caboré Profissional de Marketing 2018.

Meu nome é Loredana Sarcinella e sou filha de imigrantes italianos. Meus pais são da região da Puglia, no Sul da Itália, localizada no "salto da bota" do mapa da Itália. São especificamente das cidades de Bari e Lecce.

Meu pai nasceu em 1927 e veio para o Brasil bastante jovem, a fim de trabalhar na Fazenda de Café do meu avô, em Rolândia, no Paraná. Meu avô, que conheci pouco, era um curioso, desbravador e veio para o Brasil se aventurar em terras do Sul do país.

Morando e trabalhando no Brasil, meu pai voltou algumas vezes para sua cidade natal, Lecce, a fim de rever sua família e os amigos. Em um desses retornos, conheceu minha mãe, apaixonaram-se e, após vinte dias, meu pai a pediu em casamento. Nada de ficar esperando para tomar decisão! Entretanto, meu pai precisava voltar ao trabalho e minha mãe só poderia vir para o Brasil se estivesse casada. Prontamente, a união foi planejada e todos os arranjos familiares da época foram providenciados. Meu pai voltou ao Brasil e minha mãe se casou na Itália, por procuração, com realização de cerimônia na Igreja, mas sem a presença do seu marido. Foi acompanhada ao altar por sua família e, assim, se casou. Após algumas semanas, partiu de navio da Itália para o Porto de Santos, onde chegou após três meses, para encontrar meu pai e meus tios.

Meus dois irmãos nasceram no Brasil e, depois, moraram com meus pais durante mais de um ano na Itália. Meus pais não se adaptaram novamente à vida na Itália e retornaram ao Brasil. Após um ano, eu nasci.

**Todos aqueles que têm sangue italiano são igualmente italianos.**

A nossa família, os nossos ancestrais, suas origens, iniciativas, aventuras, frustrações, conquistas, influenciam profundamente a nossa história, o nosso desenvolvimento e nossas óticas. Não poderia ser diferente comigo.

Nossa casa foi e é tipicamente italiana. Todos falam muito, geralmente ao mesmo tempo e com a ajuda das mãos. A comida bem-feita e a fartura são muito importantes. O calor e a proteção familiar sempre foram muito presentes.

Meu pai sempre foi um exemplo de trabalho, de determinação; e minha mãe, de trabalho e determinação em nossa casa, dedicando-se integralmente à nossa família. Nossa vida sempre foi de muitas batalhas, conquistas e, mesmo assim, nunca nos faltou nada, principalmente amor.

Eu sou a mais nova entre os meus dois irmãos, com diferença de nove anos para o mais velho e seis para o irmão do meio. Sempre brincamos e brigamos muito quando crianças. Minha memória para a infância até aproximadamente dez anos é de brincadeiras na rua de terra em que morávamos. Lembro-me de minhas amigas e amigos vizinhos, as bicicletas, os machucados nos joelhos e os primeiros anos na escola em que todos os meus primos e irmãos também estudaram. Lembro-me da enorme escadaria que tinha de subir para chegar à classe do pré-primário. Das carteiras de madeira, aquelas em que você levanta a tampa e pode guardar seus cadernos, lápis e canetas dentro. Aquelas carteiras em que todos rabiscavam seus nomes. Consigo lembrar-me das janelas pintadas de verde-escuro, da luz que entrava na sala e dos nossos trabalhos em cartolinas, esteticamente sofríveis, pendurados pela sala.

Estudei em uma escola de bairro do Planalto Paulista até a 8ª série, ou seja, até os 14 anos. Reforçava minha origem italiana, principalmente o estilo verdadeiro do meu pai, e era uma pessoa alegre, extrovertida e adorava ter vários amigos. As aulas de ginástica (polichinelos e flexões) eram abominadas pela maioria das crianças. Já os jogos de quadra, como basquete e vôlei, eram adorados, inclusive por mim.

Fui uma aluna dedicada, comprometida e tinha meus cadernos e materiais encapados com plástico xadrez vermelho com etiqueta externa com meu nome. Tenho alguns guardados de lembrança, com todas as besteiras que escrevíamos na contracapa. Tive dois grandes amigos nessa fase.

**Acredito que as pessoas passam em nossas vidas e sempre nos trazem ensinamentos.**

Uma das amigas era uma das meninas mais avançadas, madura para a idade, destemida; e, assim, se tornava muito interessante para mim. Alvo de reflexão, de impulsionamento, de libertação, dentro de uma educação tradicional italiana.

Aprendi a tocar violão e fui estimulada para os esportes e trabalhos manuais, o que reforçou meu lado criativo, principalmente o de falar alto e com as mãos.

Com 15 anos, como já estudava inglês desde os 12 anos, passei a lecionar aulas desse idioma para crianças de cinco anos. Nas férias, não tinha muita folga. Era no período de férias da secretária do meu pai que eu ia para o escritório do hospital em que ele trabalhava e o ajudava nas tarefas básicas diárias. Gostava do desafio, sentia-me útil, importante, gostava da liberdade pessoal de ir e vir e "financeira" que essas novas tarefas me traziam.

Meu espaço na escola sempre foi conquistado por meio da minha participação nas aulas, do respeito, da vontade de conhecer novas pessoas. Como eu era extrovertida, e muitos me achavam engraçada, as pessoas se aproximavam.

Meu espaço dentro de casa foi conquistado por meio de opiniões fortes, muitas vezes completamente diferentes daquelas dos meus pais. Lembro-me de que na viagem de conclusão do ginásio meus pais não queriam me deixar ir, por inúmeros medos... Não tive dúvidas, juntei moedas, notas e fui direto à diretora da escola e paguei pela viagem. Quanta ousadia para meus 14 anos e para a época.

Sempre coloquei minhas ideias e vontades com bastante transparência e clareza, pois sabia que só assim conseguiria voar mais alto.

Aos 18 anos, por influência do meu irmão mais velho, fui ser monitora de acampamento para crianças em Campos do Jordão/SP. Fui treinada para cuidar de dez meninas com idades entre 12 e 14 anos. Foi um grande desafio, devido à pequena diferença de idade entre mim e minha turma, e à maturidade, que obviamente eu não tinha. Levei várias chamadas do acampamento que me forçaram a amadurecer.

Como a maioria dos jovens nessa época, não tinha muita ideia de que carreira seguir e qual faculdade escolher. Como estudava inglês desde os 12 anos, pensava em me dedicar à Tradução e Literatura. Mas também adorava Biologia, animais... Então, por que não fazer Biologia ou Veterinária? Ou algo criativo? Arquitetura ou Publicidade?!

Prestei Publicidade e Propaganda e Língua e Literatura Inglesas. Entrei em ambas faculdades e acabei optando por cursar Faculdade de Língua e Literatura Inglesas, por gostar de inglês, por gostar de Literatura. No 3º ano da Faculdade, comecei a procurar estágios nos grandes jornais de São Paulo e me candidatei a uma vaga na subsidiária da Dow Química, chamada Merrell Lepetit. Foi lá que iniciei meu estágio nas áreas de RH, Fábrica, Produção e, por fim, na área de Marketing.

Nossa, que mundo incrível era o do Marketing. Havia descoberto o que queria fazer!

Terminei a faculdade e logo iniciei a maratona de estudos e faculdades de Administração, Mestrado, Marketing, Finanças.

Casei-me aos 27 anos e já trabalhava e estudava desenfreadamente. Nessa época, seguia a carreira de Marketing na Santista Alimentos. Viajava pelo Brasil todo, pelos Moinhos, clientes e para os eventos que fazíamos regionalmente.

Cada ano que passava mais me identificava com a carreira de Marketing, com os desafios mercadológicos, o entendimento do consumidor, a criação e o planejamento. Sabia que para construir uma boa carreira teria de me dedicar, e principalmente, consolidar cada fase do crescimento profissional.

Depois de praticamente seis anos na Santista, mudei para a empresa que fazia parte dos meus planos há anos. Fazia parte do desenvolvimento de minha carreira ir para a Colgate-Palmolive. A Colgate era uma empresa voltada ao consumidor, com intenso treinamento em Marketing, Trade Marketing e Vendas. Lá pude me desenvolver muito profissionalmente, mostrar resultados efetivos e, assim, passei a ter uma expansão internacional, tanto para países da América Latina, como Chile, Argentina e México, quanto para os Estados Unidos: Nova York e Nova Jersey.

**A partir daí, meus horizontes pessoais e profissionais (e coloco nesta ordem mesmo) se abriram exponencialmente.**

Aos 31 anos, conquistei algo incrível na minha carreira, que de tão grande pesava muito nos meus ombros. Era umas das primeiras mulheres, na área de Tecnologia, um setor dominado praticamente por homens, a ser Diretora de Marketing. Uma época em que não se falava sobre equidade de gênero. Nem em uma gigante multinacional, que mudava os padrões e hábitos de comunicação no mundo, como a Motorola.

Seguia trabalhando e produzindo muito. Tive a oportunidade de montar uma excelente equipe de trabalho, uma equipe parceira e de confiança.

**O trabalho sempre esteve ligado ao autodesenvolvimento pessoal e profissional e à grande satisfação era ver planos, objetivos e estratégias traçadas, em planos concretos.**

Aos 33 anos, estava grávida da minha linda Valentina. Curti muito minha gravidez após os três meses. Até os três meses, parecia que eu estava em uma TPM constante, com variações de humor consideráveis. E isso exigia ainda mais autocontrole no trabalho. Mas após essa fase, eu era a grávida cada vez mais nutrida, pesada e feliz do mundo.

Realmente, ser mãe é uma grande experiência, aprendizado, uma grande cadeia de emoções. Nas primeiras duas semanas, senti-me totalmente perdida e feliz ao mesmo tempo. Com a liberdade podada e com a maior responsabilidade de todos os tempos.

**Mas, como tudo na vida, se realmente queremos, temos a chance de mudar.**

A adaptação e a segurança de ser mãe logo apareceram e tudo passou a se encaixar e a ter seus tempos.

Mas as emoções e o controle delas também fizeram parte da minha rotina. Com minha filha muito pequena e morando em um apartamento com corredor para o quarto estreito, bati a cabeça dela na maçaneta da porta. Não houve nenhum dano à minha filha, mas essa foi uma experiência muito ruim; e, devido ao desgaste, meu leite diminuiu muito e tive de aceitar dar leite processado.

**Já começava a aparentemente aprender que planos mudam, que não somos feitas de ferro e que temos limitações.**

**Mas os tropeços não eram quedas.**

Pessoalmente e durante os anos de trabalho na Motorola, realizei quatro trabalhos sociais de ajuda a creches de crianças carentes no Brasil e fora dele. Limpamos, reformamos, doamos roupas e alimentos para essas creches.

Nessa época, aos 30 e poucos anos, liderava o grupo de Mulheres da Motorola com o time da América Latina. É curioso pensar que mais que discutir o percentual de mulheres em cargos de liderança ou equidade salarial para todos os níveis, trabalhávamos em como fomentar o pensamento social dentro da empresa e trazer a conscientização quanto à necessidade de suporte às comunidades do entorno.

**Sempre me foquei mais no ser, e o ter veio de carona, acompanhando os ideais e as conquistas pessoais.**

Aprendi ao longo dos anos a tentar cuidar mais da minha família, a dizer mais "nãos" com carinho (nem sempre!), a construir relacionamentos saudáveis dentro e fora do trabalho.

Ao mesmo tempo, continuei focada em crescer profissionalmente, tentando sempre ser um agente transformador dentro da equipe e dos negócios. A carreira foi tomando um escopo bastante amplo, de responsabilidades de negócios e de região. Durante mais de treze anos, passei frequentemente, em uma intensidade grande, a participar de reuniões internacionais. Isso exigiu muito de mim. Tempo longe da minha família, controle de emoções, disciplina, capacidade de estar sozinha e foco.

**O desenvolvimento do autoconhecimento passava a ser cada vez mais fundamental na minha vida.**

Cresci na minha carreira, assumindo papéis-chave dentro da América Latina, junto ao time global sediado em Chicago e/ou Europa. Desenvolvi habilidades para lidar com diferentes tipos de pessoas, culturas e, principalmente, me tornar mais flexível e aberta ao diferente e ao novo. Eu era a produtividade em pessoa. O relógio era o símbolo mais importante da minha vida, pois significa o aproveitamento máximo de cada segundo.

Olhava para a frente com otimismo, com vontade de crescer e sempre melhorar como pessoa e profissional. Tentei sempre ajudar e aconselhar, da melhor forma, as pessoas que me procuravam.

Na minha carreira, também tive de abrir mão, dizer não e recusar. Abri mão de um novo trabalho em outra grande empresa de Tecnologia do mundo. O trabalho exigiria mudança internacional e mais de 50% do meu tempo em viagens internacionais, fora do novo país. Foram semanas de grandes questionamentos, de papos em família e busca do que queria. A autopressão era grande, mas cheguei à grande conclusão de que passaria a ter uma espécie de residência aérea com retorno a um país que não era o meu.

**Quando entendemos as razões reais de por que devemos ou não seguir em frente, as decisões tendem a ficar mais fáceis.**

Depois de anos trabalhando com Tecnologia, voltei ao mercado de bens de Consumo como Diretora de Marketing, de Trade Marketing, de P&D e como Diretora de Unidade de Negócios. Durante esses anos, desenvolvi produtos desde a concepção da ideia, com base em tendências e novos comportamentos dos consumidores. Posteriormente, voltei à Tecnologia novamente, para uma das experiências mais complexas, diferentes e, posso afirmar, pessoal e profissionalmente, mais difíceis da minha vida. Trabalhei por cinco anos em uma das maiores empresas de Tecnologia e no maior fabricante de smartphones do mundo.

Mas o que tem de novidade aí, se trabalhei treze anos com a mesma indústria? Se nessa empresa ajudei a trazer, ano após ano, resultados numéricos acima de dois dígitos? Se nessa empresa ajudei a posicionar a marca como uma das mais relevantes, entre várias marcas de diferentes indústrias ao longo de vários anos?

O maior desafio não estava na indústria, mas na cultura da empresa.

Era uma brasileira, filha de italianos, falando alto e gesticulando com as mãos, em uma empresa coreana, asiática, com pessoas que falam baixo e se curvam como reverência ao outro.

Pesquisadores da linguagem corporal defendem que "os movimentos com as mãos começaram a ser usados para imitar importantes oradores da Roma antiga. Roma tinha grandes oradores que se utilizavam de gestos teatrais em suas falas. O povo, então, passou a imitar.

**Acredito que todas as experiências que temos contribuem para cada vez mais nos conhecermos. Sempre me questionei muito. Tento usar os erros, as decisões difíceis, como aprendizados. Aprendi que tem muita coisa boa no ruim.**

Também tenho aprendido, principalmente com mais maturidade, a entender os meus limites, como aceitá-los e viver bem com eles.

Expandi a habilidade de desenvolver pessoas, adorava os desafios de mercado, de comunicação, das estratégias bem planejadas, das metas e resultados. A maioria das vezes é compensador. Percebi, por vivência, que não tenho perfil para cargos que não estivessem intimamente ligados aos negócios, ao dia a dia de mercado, com objetivos claros, metas definidas.

**Limites. Todos nós temos limites.**

Se não aceitarmos os nossos próprios limites, olharmos de frente para os nossos medos, como poderemos desenvolver nossa empatia? Entender até onde podemos e queremos chegar? Como podemos entender as limitações dos outros, se pessoais ou profissionais, e – com devida abertura e ética – tentar contribuir?

Hoje estou em uma nova fase, após trinta e três anos ininterruptos de uma carreira corporativa de muita dedicação. Para esse novo tempo, um tempo com mais dimensões, estou construindo um futuro com as mesmas bases anteriores: resultados atrelados à satisfação, também atrelados a propósitos e que expressam minhas crenças.

Essa transição não tem sido fácil. A mudança de grandes corporações para se tornar empreendedora demanda muito foco, muita determinação e novas habilidades que eu não tinha.

Como uma das minhas grandes vertentes eram o desenvolvimento das minhas equipes e o gosto por tecnologia, tenho me dedicado à Educação e ao Ensino a distância.

Acredito no poder transformador da Educação como acelerador de mudanças.

Hoje sou sócia de uma *startup*, uma *EdTech* que acelera o Ensino Médio, com outras cinco sócias mulheres, que têm o mesmo objetivo: transformar vidas por meio de uma educação inclusiva, dando oportunidade de crescimento pessoal e profissional. Também sou mentora e conselheira de outra *EdTech* que ajuda a liberar o potencial de mulheres em suas carreiras corporativas.

**Entendo que, para compreender o presente e preparar o futuro, é preciso saber de onde viemos, o que sentimos e qual caminho percorremos.**

Minha reflexão nesta pequena história é que, quanto mais velhos ficamos, mais entendemos (ou, claramente, não entendemos) muitas atitudes dos nossos ancestrais, dos nossos pais e, consequentemente, as nossas. Sempre ouvi do meu tio, o irmão do meu pai, grande historiador e astrônomo, que a história, o passado, nos ensina muito sobre o desenvolvimento do ser humano e nos ajudará a entender o presente e o futuro.

*Dedico esta pequena história à minha família de origem*

Meu pai hoje tem 96 anos e fica imensamente feliz em nos ver. Além de amar comer bem, ver-nos é tudo o que ele precisa. Minha mãe tem 88 anos, está ótima, tem um humor afiado, é forte usuária de redes sociais. Sim, ela participa ativamente, faz *posts* e os decora com trilhas e letras de músicas. Ela ama estar com a família, com os netos e com todos os cachorros da família. Somos três filhos, quatro netos, seis cachorros, sendo quatro cães adotados. Temos pais e *nonnos* maravilhosos. São carinhosos, da mesma maneira que eram quando éramos todos crianças.

## 29

# QUEM DISSE QUE SERIA FÁCIL? PORÉM, NÃO É IMPOSSÍVEL!

Se é fácil? Não. Mas acredito que, por alguma razão, tinha de ser assim e, de alguma maneira, me "puxaram" para isso assim que cheguei aqui, levando adiante essa missão. Espero muito que esta história possa servir de inspiração para tantas outras mulheres, que também passaram por situações similares ou, por alguma razão qualquer – seja vergonha, ou sentimento de não dar conta, de não ser capaz – para que reflitam a respeito e enfrentem esses medos da melhor maneira possível.

## LUCIANA HERRMANN PIERRI

# Luciana Herrmann Pierri

**Contatos**
LinkedIn: linkedin.com/in/lucianaherrmann/
Instagram: @lucianaherrmann
Twitter: @luciana_herrmann

Estrategista de marketing e comunicação com mais de 25 anos de experiência. É diretora de comunicação corporativa na maior fabricante de veículos no México, a Nissan. Também é conselheira do Comitê de Diversidade da empresa e implementou projetos para impulsionar o desenvolvimento do talento feminino, incluindo o compromisso da empresa com o *Women Empowerment Principles*, da ONU. Natural de São Paulo, Brasil, Luciana desenvolveu parte de sua carreira no Brasil e em países como México, Venezuela e Japão. É formada em Administração de Empresas, com pós-graduação em Marketing. Em sua trajetória, liderou equipes multiculturais nos países em que trabalhou e na América Latina como um todo. Acredita na comunicação como um meio para criar laços mais fortes e construir conexões entre pessoas. A fortaleza de uma equipe, para ela, vem justamente da diversidade de personalidades, de culturas e gêneros – que são fortes propulsores de ideias criativas e apoio mútuo.

## A introvertida

"Para crescer, você precisa ter sorte", ouvi de uma líder que admirava. "Você foi promovida, mas não é bem assim, agora tem que provar que pode", disse-me um alto executivo.

Momentos de vida completamente distintos, mas que levam a uma só questão: "a forma de lidar com pessoas e motivá-las a seguir seus caminhos".

Desde pequena sou extremamente tímida; e, quando alguém mencionava meu nome, lembro-me de que já ficava completamente "vermelha de vergonha". No entanto, hoje, por coincidência do destino, sou diretora de comunicação corporativa e relações públicas da maior multinacional do segmento automotivo no México e, também, já estive expatriada no Japão, já que a empresa é de origem japonesa. Como parte do meu trabalho, é necessário sempre me apresentar em fóruns de diversos tamanhos, palestras, entrevistas, enfim, tendo que dar a cara mesmo.

## Os primeiros "puxa"

Sou a primeira de uma família de quatro irmãs, ou seja, já nasci "puxando" a fila. Sempre uma criança comportada, estudiosa; no colégio onde estudei em São Paulo fui escolhida para ser da classe "S", que era para os alunos que tinham melhores notas.

Depois de mim, todas as minhas irmãs também foram da "S". E também na profissão, ainda que cada uma tenha tomado um rumo; no começo, uma foi "puxando" a outra. De certa maneira, esse ambiente todo, ainda que lindo de viver, também sempre gerou muita provocação e pressão, em todas, para sempre se superar e nunca, nunca desistir.

Meu pai é descendente de alemão, rígido, muito trabalhador e inteligente e, de certa maneira, exigia isso de nós também. Ele sempre nos falava: "E agora, quando vai virar gerente?" – quase nada de pressão! E sem perceber, isso era uma provocação que ele fazia para que a gente buscasse ir além.

Minha mãe, por sua vez, sempre nos incentivou a estudar idiomas e ter experiência internacional.

Resumindo: como tudo avançou, agora as quatro são executivas, líderes em multinacionais, cada uma em um país diferente: eu, na Cidade do México; uma, em Nova Iorque; outra, em Amsterdã; outra, em Londres. De alguma maneira, a fórmula do "puxa" já começou a ser criada dentro de casa mesmo, o que contribuiu muito na minha formação profissional.

## Os seguintes "puxa"

Estudei Administração, fiz pós-graduação em Marketing e comecei minha carreira por empresas pequenas, passando depois pela Câmara Americana de Comércio, uma *startup* do grupo Submarino, também por uma das maiores multinacionais do segmento automobilístico, a General Motors, empresa onde fiquei por 13 anos. As minhas mudanças iniciais se davam por uma busca incansável por crescer e rápido, tanto que logo na minha terceira empresa, a Câmara Americana, por volta dos meus 20 anos, eu fui "puxada" para capacitar grupos de *trainees* de outras duas gerações.

Na General Motors aconteceu a mesma coisa, fui sempre buscando crescer e, de função em função, ia subindo alguns degraus. Trabalhar lá foi como passar por muitas empresas diferentes, pois tive a oportunidade de conhecer diversas áreas, desde Planejamento de Vendas, Capacitação de Rede, Comercial, até chegar à gerência de Marketing América do Sul. Na GM, tive momentos em que fui "puxada" por pessoas que tiveram um papel muito importante na minha carreira.

Um deles, meu gerente direto na área de Marketing, me abriu a mente e as portas para a internacionalização e teve grande contribuição nos passos seguintes da minha carreira. Foi depois de cuidar de inúmeras campanhas de Marketing, posicionamento e lançamento de veículos em conjunto, quando ele já ocupava uma alta posição na empresa na Venezuela, que me contratou para uma experiência na área de Marketing naquele mesmo país, com o foco em preparar as equipes para um reposicionamento da marca no mercado e para o lançamento de três importantes veículos.

A marca era a número um no segmento automotivo naquele país, era extremamente rentável e detinha mais de 40% de mercado, e eu estava então sendo chamada para treinar a equipe de um mercado tão relevante.

Será que eu conseguiria? Como isso seria visto pelos meus colegas? Eu nunca tinha pensado em sair do país, então como seria isso?

Mais ou menos na mesma época, comecei a namorar o meu atual marido. Ele era CFO de uma multinacional francesa e, à medida que ia me conhecendo mais e vendo tudo o que já tinha feito, ele mesmo começou a ser mais que um namorado, senão também meu *coach*, o que faz até hoje. Grande sorte a minha por, nesse caso, contar com mais alguém para me "puxar", e dentro de casa.

Tive medo? Tive. Insegurança? Também.

Mas era o momento de superar essas limitantes e demonstrar que sim, podia encarar aquela oportunidade. E o resultado dessa experiência foi altamente positivo, tive meu trabalho reconhecido pelo presidente da empresa na Venezuela na época e, é claro, também pelo meu chefe.

Para mim, essa assignação marcou um antes e depois na minha carreira, pois abriu completamente a minha cabeça para novas perspectivas. E, posterior a essa oportunidade, recebi outro importante "puxa", que foi a tão sonhada posição de gerente em uma das maiores empresas mundiais do segmento automobilístico.

Parece fácil alcançar o posto de gerência, porém, na indústria automobilística, os prazos são bem diferentes de outros segmentos. Alguns gerentes conseguiram essa posição com 15 anos de empresa; eu consegui isso com dez anos, e conseguir isso em um prazo menor para mim foi uma grande conquista, sobretudo em uma indústria que ainda é, também, culturalmente mais fechada para o desenvolvimento do talento feminino.

Veio, então, uma fase importante de reposicionamento global da marca, diversos lançamentos de veículos, colaboração com países da América Latina para estruturar a área de Marketing, um período de muito trabalho, em que meu único foco era gerar resultados em conjunto com os diferentes times com os quais trabalhávamos. E tudo saiu conforme o planejado, com resultados que superavam as expectativas.

Meu sentimento era de missão cumprida e, finalmente, aos 37 anos, resolvi me dedicar ao meu projeto mais importante de vida, meu filho, Lorenzo. Enfim um menino na família, que veio para mudar tudo. Literalmente.

Por fim, depois de 13 anos nessa empresa, era hora de buscar algo novo. Muito grata por tudo o que aconteceu e os amigos que fiz, mas era hora do próximo capítulo.

## A maternidade. Hora de tirar o pé do acelerador?

De jeito nenhum! No mundo dos automóveis, quanto mais potência, melhor. Sempre tive o desejo de abrir um negócio – e aproveitei esta fase de gravidez para tirar algumas ideias do papel, pensando o que seguramente passa na cabeça de muitas mulheres, de querer mais flexibilidade para cuidar dos filhos, ser dona do nosso tempo etc. E foi então que minha prima, experiente empresária, me "puxou" para isso.

Mas nem sempre o que funciona para um funciona para o outro. Doce ilusão – foi um período de muito aprendizado, basicamente abri e fechei o negócio em apenas um ano, apesar ter conseguido alguns resultados. Era algo que simplesmente não tinha a ver com o que vinha construindo.

Levei um bom prejuízo por isso, mas, para minha surpresa, ao enfrentar esse processo veio a oportunidade de outro grande "puxa".

Meu ex-chefe equatoriano, com quem havia trabalhado na empresa anterior, agora *chairman* na Nissan América Latina, comentou comigo que buscavam uma posição de diretor adjunto para a área de comunicação corporativa e relações públicas da empresa, com base no México. Essa era uma área nova e, ainda que eu conhecesse um pouco dela, pois sempre trabalhei em cooperação com comunicação, nunca tinha estado diretamente na função.

Novamente, o meu então namorado, agora já marido, me deu aquele "puxa" fundamental e me disse estar disposto a abrir mão do seu trabalho no Brasil se eu fosse aprovada no processo. Então, fui escolhida para essa superposição na Nissan, empresa líder no segmento automobilístico no México.

## Acionando o modo "Turbo"

Filho com menos de dois anos, lidando com todos os desafios que a maternidade nos traz, aprendendo sobre uma nova função e encarando uma mudança brutal para um país novo, área nova, posição nova.

Tremi na base, obviamente, mas aqui é onde entra algo fundamental no ambiente de trabalho – deixar a "síndrome de impostora"[1] de lado, confiando em seu potencial e pisar fundo no acelerador.

A diretora da área, uma pessoa extremamente exigente e experiente, foi quem me aprovou para a posição. Meu primeiro trabalho na Nissan foi ir ao Tokyo Autoshow. Não podia nem acreditar, não bastasse toda essa mudança, ainda tive que enfrentar outra viagem para o outro lado do mundo, em um

---

1 Uma percepção de si mesmo de não ser suficientemente competente, ou capaz de alcançar uma posição.

dos eventos mais complexos do segmento automobilístico e com os principais jornalistas da América Latina. Eu só poderia estar louca.

Mas não, e resolvi mergulhar de cabeça. Depois desse, vieram muitos projetos de grande importância para a região, como foi o patrocínio das Olímpiadas no Brasil pela Nissan, com o lançamento do Nissan Kicks, diversas estratégias de comunicação, lançamentos de carros e muitos outros Autoshows.

E eu lembrando que pensava em diminuir a velocidade depois da maternidade... Quem diria.

Depois de pouco mais de dois anos nessa posição, algo ainda mais louco aconteceu.

Surgiu uma oportunidade para ocupar uma posição de *head* global de Marketing em uma das marcas da empresa, no Japão. É um lugar desafiador para morar, criar filhos (Lorenzo tinha quatro anos), para o marido se adaptar e, ainda por cima, trabalhar. Coordenar atividades de Marketing em países como Indonésia, Índia, Rússia e África do Sul não foi uma missão fácil, porém conheci muitas coisas novas, uma cultura impressionante, maneiras de trabalhar completamente diferentes, também outras maneiras de "puxar" pessoas.

Desse período trago muitas lições. Algumas quero compartilhar, pois fazem parte do que sou hoje:

1. Resiliência – a capacidade de superar circunstâncias adversas, saber enfrentar as dificuldades de maneira positiva e tornar os obstáculos uma fortaleza.
2. Flexibilidade para adaptar-se a novos ambientes – desenvolver essa habilidade de contribuir muito em diferentes circunstâncias.
3. Quero destacar algo que vou carregar para toda a vida, e que vale muito compartilhar: encontrar o seu *ikigai*[2], ou seja, o seu propósito para a vida, o que importa para você. Conhecer a razão pela qual você desperta cada manhã. Isso ajudará a dar um significado e um rumo especial ao seu trabalho.

Foi conhecendo isso quando estive no Japão que tive a certeza de que eu estava no meu caminho correto, fazendo algo que eu realmente gostava e, ainda por cima, com todo o apoio da minha família e amigos, o que sempre foi fundamental nesse processo. Não, não é necessário ir até o Japão para isso, obviamente, mas o meu momento de conhecer meu *ikigai* se deu lá.

Foi essa coragem de enfrentar o novo, enfrentar meus medos, que me trouxe a experiência que estou vivendo agora – fui promovida à diretora de comunicação corporativa e de produto com escopo México e mercados importadores da América Latina.

---

2 É uma palavra japonesa que significa: encontrar seu propósito.

Atualmente, além de diretora da área, também fui convidada para ser líder do pilar de Talento Feminino no Comitê de Diversidade da empresa. Uma das ações mais recentes que conseguimos implementar como equipe foi a assinatura, por parte da Nissan, do "Women Empowerpement Principles" da ONU – de maneira muito resumida, um compromisso com o desenvolvimento de mulheres na empresa que é, sem dúvida, um marco importante na indústria automobilística e que permitirá abrir ainda mais portas para futuras líderes. E aqui estou eu, levando essa missão adiante.

Alguns conselhos finais para as líderes das próximas gerações? Mencionei alguns no capítulo, mas compartilho o que considero importante:

1. Criar o seu *networking* e preservá-lo ao longo dos anos.
2. Persistência, curiosidade de ir além do básico e estar aberta aos "puxas" que a vida apresenta.
3. Saber se posicionar, definir a sua marca pessoal e "socializá-la".
4. Investir em mais de dois idiomas, eles podem abrir muitas portas.
5. Buscar a independência financeira, pois isso permite ter tranquilidade para tomar decisões.
6. Encontrar um *coach* é um conselho já bem conhecido, mas minha recomendação é também identificar os seus "detratores" – eles podem ser um potente alimento/ provocação para você se superar.
7. Deixar a "síndrome de impostora" de lado e acreditar em si mesma, no seu potencial, no que você acredita e trilhar o caminho para alcançar os seus objetivos.
8. Para finalizar, retomo a mais importante para mim: encontrar o seu próprio *ikigai* e ajudar aos demais a encontrá-lo também.

Desejo a todas e todos muita sorte nesse processo. A jornada pode parecer difícil, mas é importante saber aproveitar as oportunidades que aparecem.

Agradeço enormemente a cada uma das pessoas de quem lembrei aqui ao compartilhar a minha história, desde colegas de trabalho e equipes, meu chefe atual, CEO da empresa, que acompanhou muitos desses momentos, até minha família e meu marido (e *coach*), que são a minha razão de viver, além dessa maravilhosa rede de apoio *Uma sobe e puxa a outra*.

30

# O BRILHO NOS OLHOS É O MAIS IMPORTANTE

Cresci enfrentando situações que eram ambíguas na questão do preconceito, mas nunca me vitimizei nem permiti que isso se tornasse um empecilho. Sempre tive o apoio incondicional da minha família e o exemplo inspirador do meu pai para me guiar. Hoje, após meio século de jornada, dentre meus objetivos está inspirar e motivar outras pessoas a superarem os efeitos do preconceito e a discriminação que vierem a cruzar seus caminhos e a seguirem seus sonhos. Por isso, compartilho esta história.

MARIA CECÍLIA ANDRADE

# Maria Cecília Andrade

**Contato**
LinkedIn: linkedin.com/in/mariaceciliaandrade/

Advogada, pós-graduada em Direito da Economia e da Empresa (FGV). Mestre em Ciências Jurídico-empresariais (Faculdade de Direito da Universidade de Coimbra, Portugal). Extensão em *Compliance* Ambiental, Social de Governança e de Proteção de Dados (ESG&D) pelo Instituto de Direito da PUC-RJ. Certificada em *Sustainable Capitalism* & ESG pela Universidade Berkeley (USA). Membro do Conselho Consultivo do Instituto FEFIG. Diretora de *Compliance* e Investigações Internas do Instituto Brasileiro de Estudos da Concorrência, Consumo e Comércio Internacional (IBRAC). Certificada pela Fundação Dom Cabral para participação em Conselhos de Administração. Atualmente, cursa ABP-W – *Advanced Boardroom Program for Women* – Saint Paul Escola de Negócios.

## Céci, Ceci, Ciça!

Eu me chamo Maria Cecília Andrade; sou advogada, baiana, especialista em antitruste, compliance, ética e integridade e nas famosas três letras: ESG/ASG (Sustentabilidade, Social e Governança – do inglês *Environmental, Social and Governance*). Áreas todas afetas e que me dão uma visão holística do mundo corporativo e das pessoas. Além disso, sou uma investidora-anjo em projetos de impacto social, mentora de *startups* e de jovens advogadas em duas redes de colaboração chamadas *Women in Antitrust* e *Women in Law Mentoring*. Sou ainda autora de livros e artigos ligados às minhas áreas de atuação.

## Infância

Durante a minha infância, vivida em Salvador, eu sempre fui uma menina estudiosa, sendo considerada uma excelente aluna e também uma boa filha. Devo muito aos meus pais pela minha educação e pela forma como fui criada, e nunca me deixei abalar por determinadas situações discriminatórias, graças aos incentivos e ao amor que recebi. Minhas etnias são muito misturadas, sendo eu filha de negro, minha avó indígena, meu avô libanês e minha mãe filha de português com negro, mas nunca enxerguei essa diversidade como um problema, pelo contrário. Eu conseguia sentir que, dentro de casa, nós aceitávamos nossas diferenças e vivíamos muito bem com isso.

Meu pai é um grande exemplo de resiliência, pois, mesmo sendo filho de analfabetos, conseguiu superar todos os desafios para terminar os seus estudos e se tornar professor universitário por muitos anos. Além disso, ele também foi um advogado bem-sucedido na Bahia e atuou como Conselheiro Federal da OAB (Ordem dos Advogados do Brasil), representando o nosso estado. Devido ao seu exemplo, ganhei força para me manter altiva, firme e não me deixar abalar por eventuais questões de preconceito ou qualquer outro tipo de discriminação.

**Início e jornada na carreira**

Cursei a minha graduação na Faculdade de Direito da Universidade Católica de Salvador, e iniciei a minha carreira ali, em um escritório local, liderado por excelentes profissionais. Realizava diversas atividades, desde fórum, carga de processos (hoje não existe mais), direito civil, família e trabalhista. Sempre tive a ambição de ser diplomata, pois sonhava conhecer o mundo (o que, felizmente, com a experiência internacional, ocorreu depois). Contudo, lembro-me de um professor da faculdade, à época, me dizendo que o Itamaraty "jamais aceitaria uma profissional negra". Acredito que esse tipo de situação jamais aconteceria nos dias atuais.

Ao longo do mestrado na Universidade de Coimbra em Portugal, tive oportunidades de me aperfeiçoar e crescer profissionalmente. Além das aulas, tive a chance de participar de cursos adicionais e, também, de realizar estágios no setor jurídico. Isso me ajudou a adquirir experiência e conhecimento sobre as leis e regulamentos aplicáveis ao setor empresarial. Ademais ao longo do mestrado, tive a oportunidade de conhecer melhor o sistema jurídico europeu.

Fui aluna de um juiz do Tribunal de Justiça da União Europeia, que gostou da minha pesquisa e me chamou para um estágio temporário. Fiquei cerca de três meses em Luxemburgo e, na sequência, apliquei para um estágio na Comissão Europeia, na Direção Geral da Concorrência, em Bruxelas, e fui aceita. Fiquei lá um ano, onde trabalhei não só com concorrência, mas também com relações internacionais.

Também tive a oportunidade de participar de reuniões do Mercosul em uma época de auge e celebrações de acordos; pude discutir regras com autoridades, ao lado do meu chefe espanhol, que foi, também, um mentor especial para mim. Ele possuía um alto cargo na União Europeia, mas sempre foi uma pessoa muito ligada à América Latina. Juntos, trabalhamos com vários países. Além disso, convivi com pessoas de todo o mundo, aprendendo cultura, hábitos; e algumas permanecem amigas até hoje.

O efeito da discriminação não passou despercebido por mim enquanto na Europa, agravado pelo fato de não ser europeia, mas nada disso me dissuadiu de meus planos; pelo contrário, me deu mais força.

## Carreira

Meus anos na Europa foram experiências divisoras de águas na minha vida, pois, quando eu quis voltar ao Brasil, fui convidada para fazer várias entrevistas e, em uma dessas entrevistas, fui selecionada para entrar em um escritório que é considerado uns dos mais tradicionais do país.

Nesse período, aprendi bastante e fiz muitos relacionamentos que perduram até hoje, mas também tive algumas experiências não tão acalentadoras relacionadas à discriminação no trabalho, que sempre tive de responder e provar que, na verdade, apesar da maior concentração de melanina na pele, eu era uma profissional tarimbada, sem nada a dever para meus pares, dona de meu nariz e respeitada pelo meu trabalho e minhas opiniões, mas confesso que não era comum ver uma profissional negra em posição de destaque na advocacia naquele tempo.

Porém, é importante ressaltar que os sócios que eram responsáveis pela gestão do escritório nunca levaram esse fator em consideração; pelo contrário, me contrataram e sempre me apoiaram. E lá eu pude exercer os meus ofícios e crescer profissionalmente por um bom tempo.

Quando saí, com alguns profissionais da mesma banca, fundamos um novo escritório, no qual trabalhei por mais de dez anos, tendo boas lembranças e muito aprendizado.

## Operação Lava Jato

Em 2015, ao me convidarem para desempenhar o cargo de CCO (*Chief Compliance Officer*) na Odebrecht Transport e implementar um programa de *compliance* na empresa, eu tive a oportunidade de trabalhar em um caso histórico: a Operação Lava Jato. A empresa em que eu atuava possuía 17 concessões públicas em setores como portos, aeroportos e rodovias, e contava com cerca de 17 mil funcionários diretos e indiretos. Assim que comecei a trabalhar nesse caso tão emblemático, me dei conta de que o meu trabalho poderia ter, também, um grande impacto social. Afinal, por meio da Lava Jato, estávamos defendendo a integridade e as boas práticas. Foi uma experiência inesquecível e de muito aprendizado.

Com a crise na empresa decorrente da Operação Lava Jato, a minha *expertise* em antitruste foi muito útil na negociação dos acordos da empresa com o Conselho Administrativo de Defesa Econômica (CADE) e os Ministérios Públicos. Foi uma experiência muito marcante, na qual pude aprender muito. Uma das questões mais difíceis durante todo o processo foi lidar com a situação de maneira geral, à medida que novas acusações, autoridades e jurisdições foram incorporadas e a operação foi crescendo. Foi extremamente complicado, e sem julgamento, devido aos aspectos humanos das pessoas, pois muitas das investigações dependiam de indivíduos, que tiveram suas vidas e famílias afetadas. Ainda assim, acredito que conseguimos mudar muitas coisas para melhor no nosso país.

Durante o processo, o meu maior desafio estratégico foi lidar com os conflitos de autoridades, devido aos processos legais envolvendo Poder Judiciário, Polícia Federal e diversas autoridades estaduais e federais. Para gerenciar esse cenário, foi necessário implementar uma política de gerenciamento de crises e comunicação adequada, interna e externamente.

Não é simples conduzir um processo de investigação e desenvolver uma estratégia de atuação eficaz em situações complexas como esta. Aprendia enquanto fazia, pois a Lava Jato foi algo inusitado no mundo jurídico. Casos como este são intrinsecamente desafiadores, pois envolvem assuntos confidenciais e diversos tipos de situações, desde fraudes internas que atingem a empresa até corrupção. Para lidar com esses casos, é necessário formar uma equipe composta por funcionários internos e externos, bem como colaboradores que possam se dedicar e contribuir para a solução do problema.

Olhando para trás, posso afirmar que a Operação Lava Jato foi um marco de mudança em diversos aspectos, pois ajudou a aumentar a noção de *compliance* no Brasil. As empresas de grande porte e multinacionais que participam de grandes empreendimentos passaram a buscar melhores práticas, porém essa política precisa ser mais largamente disseminada pelo mercado. Como recompensa pelo meu trabalho e de outros atrelados à mesma empresa, fui agraciada com uma premiação pela publicação *Global Competition Review* do Reino Unido, o que foi algo fantástico. Em fevereiro de 2020, decidi sair da empresa e, desde então, atuo como consultora em antitruste, compliance e ESG.

### Reflexão sobre minhas experiências

Trabalhar em grandes bancas de advocacia me ajudou a adquirir uma vasta gama de conhecimentos sobre clientes, problemas e setores, permitindo que encontrasse soluções para os mais diversos e complexos casos. A entrega de soluções é o maior valor que os profissionais podem produzir para seus empregadores, clientes e para si mesmos. Além disso, minha experiência no mercado corporativo me deu a chance de participar de um Conselho de

Administração, conviver com altos executivos e experimentar oportunidades únicas, especialmente temas complexos durante momentos de crise. Esta experiência foi extremamente enriquecedora.

Uma lição que levo: a relevância da educação na superação de dificuldades e barreiras. Ela é tudo? Não, é preciso ter amor, perseverança, resiliência, mas ela é um diferencial e um instrumento alavancador de mudanças, e vejo desde o exemplo do meu pai, que saiu do mundo do analfabetismo para a academia do Direito. Ele ultrapassou barreiras consideradas intransponíveis; eu tive um caminho mais flexível, não menos fácil, mas com mais ferramentas que me ajudaram. É preciso investir em educação nesse país.

As situações de discriminação que cruzaram meu caminho ao longo da vida me ajudaram a ficar mais forte e enfrentar os desafios. Criei uma estrutura emocional resiliente em que nenhum olhar, palavras ou atitudes constrangedoras "colavam" ou causavam efeito duradouro em mim. A luta foi árdua, mas valeu a pena, pois considero que trilhei um bom caminho no mundo jurídico, tendo percorrido grandes distâncias que aquela menina de Salvador sequer sonharia. Além disso, ao longo dos anos fui desenvolvendo certas habilidades, que hoje fazem que me sinta segura nos ambientes que frequento, tais como sociabilidade, empatia, preocupação com o bem-estar do outro, saber ouvir, dar *feedback* construtivo e pensar na coletividade. Sinto que tudo isso me torna mais apta para os meus próximos passos.

**Projetos do momento**

Atualmente, meu foco está em ajudar as pessoas a crescer. Estou muito feliz de ter a oportunidade de contribuir com meu conhecimento e experiência para que elas possam encontrar soluções para fazerem suas vidas (pessoal e corporativa) mais inclusivas, diversas e sustentáveis, com ética e integridade.

**Superpoderes**

Meu superpoder é o *networking*, unir pessoas no esforço de alcançar objetivos comuns. Além disso, desenvolvi o poder de aplicar, na prática, ética, integridade, sustentabilidade, inclusão de minorias e respeito aos direitos humanos à sociedade de maneira técnica, clara, simples e acolhedora. Estas são agendas complexas e, sem acolhimento, podem não ser realizadas. Além disso, tenho a larga bagagem adquirida a duras penas, aprendendo pelo caminho, a fim de ajudar no combate à corrupção e às práticas anticoncorrenciais do mercado.

Estou feliz porque todos esses temas estão diretamente relacionados ao conceito de sustentabilidade ou, mais especificamente, capitalismo sustentável.

**Puxadas e agradecimentos**

Obrigada em primeiro lugar aos meus pais, que me deram todo o suporte e educação para que eu me transformasse na mulher que sou hoje. Agradeço também a todos os profissionais brilhantes que passaram, e ainda passam, ao longo da minha carreira, me ensinando e me dando oportunidades únicas.

Tenho que agradecer a ser puxada para esse grupo maravilhoso em um momento decisivo da minha carreira, ver mulheres brilhantes com entregas memoráveis me deu o ânimo que eu precisava para essa transformação que estou passando.

Meu último, mas tão importante, é um obrigada para Carolina Videira, que me apresentou essa rede de apoio e por me ajudar a entender a importância de compartilhar minhas experiências e conhecimentos para que outras pessoas possam crescer e adquirir habilidades e conhecimentos. Estou me sentindo muito realizada por isso, e orgulhosa de ver que o meu trabalho tem tido um impacto positivo na vida de outras pessoas.

Espero continuar nessa jornada de busca de agendas de impacto social e me envolver cada vez mais com governança corporativa por meio da participação em Conselhos de Administração de empresas (com ou sem fins lucrativos), que envolvam essas pautas, sempre buscando mercados competitivos com ética e integridade, além de ajudar a sociedade civil a pensar de maneira integrativa.

Agradeço por ter sido "puxada" e reconhecida por mulheres tão sensacionais!

# 31

# SOU MARIA, SOU PRETA, NORDESTINA E MULHER

Desde a minha infância, sonhava em ser atriz. Quando criança, reproduzia as falas das personagens de novelas, fazia *ballet* e gostava de ir ao teatro com minha mãe. Foi durante a aula de balé que comecei a aprender teatro e me encantar com as aulas de improvisação. Para agradar meus pais, fiz faculdade, mas meu objetivo era me dedicar à carreira artística. Em 2001, comecei a me mover em direção ao meu sonho e, desde então, nunca mais parei.

MARIA GAL

# Maria Gal

**Contatos**
www.movemaria.black
contato@movemaria.black
LinkedIn: linkedin.com/in/mariagal/
Instagram: @mariagalreal

Apresentadora, atriz e proprietária da produtora de audiovisual "Move Maria". Com mais de 800 mil seguidores em suas redes sociais, é formada em Design Gráfico e Teatro, participou da produção de diversas novelas, programas de entrevistas e séries na TV e *streaming*, como: Joia Rara, Carrossel, Sob Pressão, Gabriela, As aventuras de Poliana, Poliana Moça, Amor Perfeito, Perfil & Negócios, o *talk show* Preto no Branco (foi *showrunner*, apresentadora e produtora) e muitos outros. A Move Maria tem o propósito de criar e produzir filmes, séries e conteúdos para mídias digitais e programas de letramento que tenham sinergia com a temática racial e feminina.

## A jornada do teatro em São Paulo

A peça *Sonho de uma noite de verão*, de Shakespeare, conta a história de Egeu, que queria casar sua filha Hérmia com Demétrio, mas ela amava Lisandro e não aceitava o casamento; por isso, planeja fugir com o amado. Lisandro e Hérmia compartilham a fuga com a amiga Helena, já que ela amava Demétrio. Mas Helena conta tudo para Demétrio, visando obter a gratidão e a amizade dele. Essa é uma parte do espetáculo que me levou para São Paulo, num festival da Cooperativa Paulista de Teatro.

Logo após me formar, iniciei o curso profissionalizante de teatro no Teatro Vila Velha, uma referência em Salvador. Nessa ocasião, fizemos a viagem para apresentar a peça mencionada acima. Lembro-me de ter sido uma experiência incrível, pois tive a oportunidade de conhecer diversos teatros e artistas. Além disso, vivenciei o ambiente efervescente cultural paulista, que me deixou extremamente motivada a seguir meu destino.

Quando terminou a temporada de espetáculos, ao retornar a Salvador, senti meu coração batendo mais forte por São Paulo; foi então que decidi voltar para estudar. Inicialmente, foram dois cursos de referência: Grupo Tapa, com Celso Frateschi, e na Escola de Arte Dramática da USP. Depois, vieram muitos outros. Era para ficar três meses que se tornaram dez anos.

Nesse processo, já com a experiência que tive no Bando de teatro Olodum, um grupo importante formado só por atores negros em Salvador, ao perceber a ausência de atores negros no cenário teatral paulista, senti o desejo de começar a empreender nesse segmento. Então, dentro da USP, com outros colegas, criei um grupo composto por atores negros.

Tudo era desenvolvido de maneira artesanal, de maneira cooperativa, mas foi um "pontapé inicial" para dar vazão ao meu lado empreendedor.

Lembro-me de que, quando parti para São Paulo, tinha comigo mil reais. Obviamente, pouca grana para me manter, ainda mais saindo do Nordeste para o Sudeste sem conhecer absolutamente ninguém. Éramos: "eu, a cara e a coragem", perseguindo meus objetivos. Foram diversas superações. Houve, inclusive, um quarto que aluguei na época, em que a senhora não me deixava cozinhar, porque não queria que a casa ficasse com cheiro de comida e eu não tinha dinheiro para comer em restaurantes. Para conseguir sair dessa locação, trabalhei como garçonete, mesmo sem saber segurar nem uma bandeja direito. Alguns anos depois, trabalhei como professora de teatro e dança em ONGs e nos CEUs.

O melhor de tudo é que os próximos anos me levariam a lugares inesperados, ao lado de pessoas incríveis. Passei por grandes diretores e fiz espetáculos fora do Brasil, em países como Alemanha – sendo dirigida por Frank Castorf, um diretor de grande importância de Berlim – e Espanha. Muitos anos depois, migrei para o Rio de Janeiro, pois a essa altura da jornada, eu pretendia focar na área de audiovisual.

## Audiovisual na Cidade Maravilhosa

O interesse pelo audiovisual começou numa viagem que fiz com minha tia, quando paramos na porta da Globo, no Jardim Botânico. Tenho até hoje uma foto com a dona Ruth de Souza no local. Na infância, nasceu em mim o desejo de morar no Rio e fazer TV. Eis o motivo de mudar para o Rio de Janeiro.

Quando cheguei à Cidade Maravilhosa, conhecia poucas pessoas. Hoje, analisando bem, nem posso imaginar de onde surgiu tanta obstinação, para recomeçar do zero, carregando nos braços apenas um projeto. Que falta me fez um bom *networking*! Sei o valor que ele tem.

Fui seguindo apenas minha intuição. Assim como em São Paulo, cheguei sem nenhum emprego em vista, sempre tendo o "não" como certeza, mas buscando o SIM. O projeto era a montagem de um espetáculo infantil que falava sobre respeito às diferenças, baseado no primeiro texto de Lázaro Ramos. Pouco a pouco, comecei a aprender a captar recursos e leis de incentivo.

## Início como atriz na TV

Em 2012, comecei com algumas participações, em cenas pequenas, depois fui chamada para fazer uma novela na Rede Globo: *Joia Rara*. Em 2017, fui convidada para um teste para uma novela no SBT: *As aventuras de Poliana*; e depois, segui em *Poliana Moça*.

O contrato inicial era de 7 meses, que virou 5 anos, compondo um capítulo muito importante da minha trajetória como atriz, não só pela responsabilidade como pelo tamanho do papel e pela estabilidade econômica.

Em contrapartida, os ditados populares dizem: "Sorte nos negócios, azar no amor". Nesse período no Rio, foi também a fase em que vivenciei uma relação extremamente abusiva; e, nessas horas, se não houver estabilidade financeira, a situação fica ainda mais complicada.

## "Seu tom de pele não é comercial"

Em 2017, me chamaram para fazer um teste num filme. Fui passando de fase nas seleções, gastando o pouco do dinheiro que tinha para ir para São Paulo, e me lembro de estar precisando muito desse papel, até por questões financeiras. A decisão ficou entre mim e uma atriz branca. O diretor optou pela atriz branca, segundo ele, "o tom da pele dela era mais comercial" do que o meu, pelo fato de ser branca.

Em que ano estávamos? Pleno 2017!

Como um diretor pode simplesmente pensar que uma atriz não pode fazer tal personagem por causa da cor ou do tom da pele? Pois é, esse não era um pensamento apenas dele, e sim de boa parte do setor do audiovisual.

Por mais que estivesse vacinada contra essa postura racista, pude constatar, na pele, o quanto esse câncer está fortemente enraizado no setor da comunicação e do audiovisual, na frente e por trás das câmeras.

As pessoas, geralmente, pensam que atuar é só *glamour*, mas o ator é um operário, é o escolhido do ponto de vista de um diretor, de um roteirista, de um produtor que, muitas vezes, carrega um VIÉS RACISTA. É claro que estamos avançando. Atualmente, vemos mais atrizes e protagonismos negros, mas que ainda não reflete a população brasileira, formada por 56% de pessoas negras. Quantas apresentadoras pretas de programas de entrevistas você já assistiu no Brasil? De quantos cartazes de filmes nacionais com mulheres pretas retintas você se lembra? Você já se questionou?

Percebi que não podia ficar esperando o telefone tocar para me chamarem, porque nunca tocava, e tinha contas a pagar. E quando tocava, eram situações como: "ou você não é aprovada pelo seu tom de pele, ou são personagens pequenos, estereotipados", e como qualquer outro profissional, eu, como atriz, preta, retinta, nordestina, busco protagonismo, desafios, crescimento profissional e econômico.

## O lado empreendedor no audiovisual: Move Maria

Esse fim de semana foi um ponto de virada na minha vida. Após muito choro e dor, quando me lembrava que não fui selecionada pelo fato de ser preta retinta, por isso o diretor entendia que minha pele não era comercial, ascendia em mim uma raiva que se transformou em força motriz para "desabrochar" meu lado empreendedora de maneira grandiosa.

Eu havia aberto uma MEI, e essa ousadia me levou a ampliar a empresa para que estivesse apta a produzir audiovisual. Um setor com um dos maiores PIBs no Brasil, que emprega milhares de pessoas, direta e indiretamente, e que para o investidor pode ser um ótimo negócio. Audiovisual tem uma cauda longa, uma obra; e, consequentemente, as marcas investidoras podem ser vistas inúmeras vezes por décadas, em diversas plataformas, como cinema, TV aberta, fechada, *streaming*, internet e novas mídias que surgem a cada ano devido ao avanço tecnológico.

Nesse momento, meu respirar era: criar projetos, fazer cursos de roteiro e de produção.

O nome da empresa? **"Move Maria" – Narrativas que constroem o mundo**. Uma produtora de audiovisual focada em criar e produzir filmes, séries, conteúdos para mídias digitais e programas de letramento sobre a temática racial, feminina, que sejam amplamente comerciais, agregando valor à sociedade e aos parceiros comerciais. Em 2022, produzimos o *talk show* "Preto no Branco", que foi ao ar pelo Grupo Band. Para minha surpresa, tivemos mais de 10 milhões de impactos, mais de 1 ponto de audiência na TV fechada.

Esse *talk show* foi criado, apresentado, produzido, dirigido e roteirizado, e teve como *showrunners* mulheres pretas diversas. Vocês já assistiram a algum *talk show* em exibição nacional com essas características? Deixo aqui meu agradecimento à Gerdau, que acreditou no projeto, em mim e investiu no programa. Sem eles, não seria possível.

### Ações no presente

Atualmente, estou contratada pela Rede Globo, gravando a novela *Amor Perfeito*. Em paralelo, estamos desenvolvendo novos projetos e captando recursos na produtora, destinados a projetos para a TV fechada internacional, além de filme. Nossas produções têm como parceiros, hoje: Globo Filmes, Itaú, Aegea, Novelis, Cateno, Hapvida, Mattos Filho, Suzano, NBC, entre outras. Grandes empresas nacionais e internacionais.

## Os maiores valores e dicas

Preciso mencionar a importância do *networking* porque, para ser uma mulher preta, nordestina, artista, sem recursos, migrando para o eixo Rio-São Paulo, é primordial ter muita resiliência, foco e fé, inclusive para conhecer as pessoas certas que estão abertas a oferecer a oportunidade merecida.

Sim, o empreendedorismo me salvou! Essa veia empreendedora que desenvolvi começou como forma de sobrevivência. "O telefone não tocava para mim". Mas fiz do problema uma solução, uma forma de empoderamento, de realização, que traz luz para muitas outras Marias, negras, nordestinas e mulheres. Por meio do audiovisual, fomentamos novas narrativas com representatividade, na frente e por trás das câmeras, e que sejam comerciais.

A Move Maria tem uma sinergia com um termo chamado *entretenimento de impacto*, criado por Jeffree School, construindo a mudança que queremos ver no mundo, movendo a sociedade, os nossos parceiros e investidores para *Call To Action*. Para se sensibilizarem, terem maior consciência e letramento racial, por meio dessas novas narrativas que estamos construindo para o audiovisual.

Para conhecerem nosso Brasil REAL. Quem ganha com isso? Todos! Nossos filhos e netos. Nosso Brasil.

## Importância da família

A primeira pessoa que me puxou foi minha mãe. Lembro-me dela fazendo os cálculos para conseguir pagar as contas. Essa mulher que, sem muito estudo nem grandes oportunidades de trabalho, tem uma sabedoria e uma inteligência enormes.

Precisou ser não apenas a mulher, mas também o homem da casa, já que meu pai não foi tão presente. Ela sempre me motivou! Me colocou nas melhores escolas, me educou e me inspirou a ser dona do meu destino, independente, a gostar de números e a ser protagonista da minha história.

## As maiores dificuldades

No Brasil e no mundo, infelizmente após o assassinato cruel de George Floyd na pandemia, fala-se mais sobre diversidade, representatividade e crime racial. Parece que tivemos um *boom* de realidade, pelo menos para uma bolha, não é mesmo? Porque até então, para muitas pessoas, não existia racismo no Brasil, se bem que para muitos ainda não existe. Minhas dificuldades foram todas neste contexto, relacionadas a alguns preconceitos, aos quais se somam as dificuldades culturais, de adaptação e autoestima (sim, a invisibilidade negra adoece, te faz achar que não é merecedora e que grandes metas são impossíveis).

Uma questão foi o sotaque: fiz prosódia para limpá-lo, a fim de que não me chamassem só para personagens nordestinas. Houve também muitas dificuldades ao começar a empreender: lidar com burocracias; organizar contas; encontrar referências que compartilhassem dos meus objetivos e parceiros com empatia com o meu propósito, que investissem no meu negócio, apesar de que essa dificuldade ainda existe.

Em relação à autoestima, já dizia o grande Abdias do Nascimento: "A invisibilidade preta nos tira também a possibilidade de sonhar", de acreditar que podemos chegar a determinado patamar e ser o que quisermos. Para sair dessa invisibilidade cotidiana, haja terapia!

Outra questão é sobre "dificuldade afetiva", pois quando você migra sozinho de um estado para outro, além de sair totalmente da sua zona de conforto, você fica órfão. Órfão de afeto, amigos, família.

Tenho na memória, até hoje, eu andando na Avenida Paulista aos prantos, sem nenhuma perspectiva de futuro. Na ocasião, não podia compartilhar a dor da desesperança nem mesmo com minha mãe; senão, ela me obrigaria a voltar para Salvador. Eu não tinha a quem recorrer, nem um contato ou apoio. Por isso, hoje, no que depender de mim, facilitarei o acesso a outras mulheres.

Quero ser essa puxadora de *networking*, puxadora de Marias e mulheres pretas.

É possível alcançar o sucesso, mesmo diante das dificuldades, desde que vocês mantenham a coragem, o foco e a fé. E para os aliados privilegiados, tenho uma provocação: vamos construir novas narrativas juntos?

> *Suba o primeiro degrau com fé, mesmo que você não veja toda a escada, apenas dê o primeiro passo.*
> MARTIN LUTHER KING

## 32

# VULNERÁVEL E FORTE
## UMA JORNADA PESSOAL E PROFISSIONAL PARA EQUILIBRAR O FEMININO

As psicoterapias foram necessárias para eu aceitar que precisava integrar o feminino, e que isso fazia parte de mim e da minha jornada profissional. A partir disso, descobri que parte de minha carreira seria pautada por fortalecer a diversidade de ideias, visões, gênero e raça.

**PAOLA CAMPANARI**

# Paola Campanari

**Contatos**
paolacampanari@gmail.com
LinkedIn: linkedin.com/in/paola-campanari-42980a13/

Atua há mais de 30 anos em marketing, comunicação, *branding* e inovação para grandes marcas. Atualmente, trabalha na Vivo, em B2B como *head* de marketing estratégico e comunicação. Especializou-se em Gestão de Marcas, Marketing Estratégico e Digital, Inovação em Harvard, Stanford, Singularity USA e Instituto Disney e Miami Ad School.

## O que aprendi para a vida e carreira, com um câncer, dois *burnouts* e depressão

Em 2019, Susan Cain, em sua obra *O poder dos quietos*, mostrou como os tímidos e introvertidos podem mudar o mundo que não para de falar. Mas, 30 anos atrás, ser tímida como eu era gerava alguns impasses de relacionamento. Minha salvação eram as aulas de *ballet*; lá canalizava meus anseios e alimentava meus sonhos. Além da timidez, enfrentei problemas hormonais femininos e seus efeitos físicos. Quando adulta, cheia de vida, após obviamente muita terapia por traumas voltados a uma relação abusiva de violência, construí uma linda carreira, porém permeada por altos e baixos.

Já puxei, fui puxada! Resolvi mergulhar no universo do empreendedorismo e, aos 50 anos, aceitei o desafio de voltar ao mundo corporativo e imprimir parte de minha missão pessoal: ajudar a transformar empresas, negócios e cultura, a fim de criar uma Era diversa, colaborativa e mais humana.

Minha jornada me deu o lugar de fala (tirou-me do mundo dos quietos) sobre autoconhecimento, superação e formas de se equilibrar na liderança.

Por meio de situações dolorosas, dentre elas o câncer e dois *burnouts*, assédio moral e relação abusiva, aprendi por meio de muita terapia e mentoria como ser autêntica, vulnerável e forte. As feridas me deram ferramentas de cura; em paralelo à rotina de Marketing e inovações, faço palestras, mentoria e aconselhamento *pro bono* sobre autoconhecimento e carreira, planos pessoais, equilíbrio entre vida, trabalho e espiritualidade.

Neste ano, completo 54 anos, e já estou comemorando o crescimento pessoal, profissional, e os anos de um futuro incrível, alinhado ao meu propósito de vida e conectado com minha essência.

Sempre sonhei em ser uma executiva liderando projetos transformadores e tendo meu próprio dinheiro para viajar o mundo todo, conhecer culturas diferentes e aprender com a diversidade. Especializei-me em marketing, negócios e inovação, mas creio que o projeto mais disruptivo foi a busca profunda pelo meu real potencial e missão de vida.

Comecei como estagiária de publicidade na DPZ, após o anúncio publicado, perdi o estágio sem explicação. Me tornei demonstradora de eletrodomésticos com diploma de marketing na mão e aprendi a entender o cliente do ponto de vista mais real no momento de escolha da compra.

Aos 30 anos, tive uma escalada de posições, de demonstradora e limpeza de eletrodomésticos até liderar um núcleo de inovação com consultoria do Vale Silício (1999-2000), mesmo com meu estilo aparentemente alternativo para a época yuppie.

No início da carreira, acreditava que a rigidez e a "masculinização" de comportamento eram necessários para ser aceita e respeitada e isso, por outro lado, gerou estresse e muitas vezes uma forma de liderança impaciente e com *feedbacks* mais duros, sem que eu percebesse.

As psicoterapias foram necessárias para eu aceitar que precisava integrar o feminino e que isso fazia parte de mim e da minha jornada profissional. A partir disso, descobri que parte de minha carreira seria pautada por fortalecer a diversidade de ideias, visões, gênero e raça.

Perdoar e equilibrar a sombra das memórias de agressão e preconceito, e de um relacionamento abusivo, foram chaves para me mostrar claramente uma de minhas motivações para ser uma mulher bem-sucedida, autossuficiente e livre.

Havia mulheres que não sabiam por que eu subia rápido em minha carreira e me viam como "esquisita" (roupas descoladas fora do padrão de terninhos), meio esotérica (yoga, florais e aromas). Ouvi que não tinha estilo definido e precisava encontrar um tipo de vestimenta. E a tatuagem é alvo de críticas e olhares, principalmente de mulheres. Não se casar? "Mas será que ela é homossexual?"

Tal pressão extrema me levou a descobrir maravilhas sobre meu potencial, desbloqueou forças que não enxergava e encontrei maneiras e caminhos para crescer, sempre buscando equilíbrio em meio ao caos, sem desabar no meio do caminho.

Descobri que é possível se tornar vulnerável e forte ao mesmo tempo. A partir daí, inúmeras mulheres passaram a me procurar para mentorias, conversas, aconselhamento e dicas. Montei meu kit de sobrevivência com diversas alternativas – como se fosse um cardápio que facilitava apresentar diversas opções a quem me procurasse.

Para conquistar todas as posições que tive em minha vida, às quais cheguei e também aonde estou vendo que posso chegar, creio que teria sido mais fácil se, desde o início, houvesse mulheres para me orientar/puxar.

Sofri críticas pessoais por pensar diferente, exaltar o bem-estar no trabalho, fazer yoga e terapias de equilíbrio, numa época em que o ideal era expressar uma persona similar aos líderes. O fato de não me incluir em vários grupos e não encontrar apoio por longos períodos da minha carreira acabava me impulsionando a "quebrar a cabeça", forçando-me a estudar mais e descobrir formas de equilibrar minha autenticidade e personalidade num ambiente duro. Essa pressão acabou gerando em mim a síndrome da impostora e *burnout*.

Certa vez, numa empresa de cultura extremamente masculina e machista, adentrei já numa posição de gerência e, logo de início, fui questionada por ter tatuagens, roupas modernas ou muito femininas, postura firme além de ideias criativas. Nunca esqueci a frase de um executivo, meu chefe na época: "Você sabe que nesta empresa nem 10% das mulheres chegam a uma gerência?".

Soube que aquilo era um misto de intimidação e ordem disfarçada para me encolher e me dobrar ao comando masculino.

Para resolver a questão, escolhi usar a empatia, uma das principais chaves que usei. Estudei e busquei quem traduzisse os porquês de tal pensamento, o que gerou neles a cultura e a estranheza com mulheres no poder.

Quando estava perto do topo e me preparava para um cargo maior, descobri um câncer agressivo e precisei operar em apenas dez dias. Cuidei para que tudo parecesse normal e sob controle, apesar de seguir com a terapia e apoios diversos. Não queria perder a trilha da carreira. Então, também busquei os motivos de manifestar a doença para haver cura física e emocional.

Embora um momento delicado, obtive a ajuda de mulheres fortes, assertivas e extremamente humanas, que estavam sempre prontas a me orientar sobre o que eu deveria fazer para não errar e continuar trilhando a carreira. Foram a experiência e o aprendizado mais intensos e complexos da minha vida. E como a vida nos testa, após pouco tempo, enfrentei meses de assédio e humilhação, controle do *burnout* e depressão nervosa, tendo de continuar trabalhando, disfarçando as emoções e batalhando para entregar o melhor.

Venci a batalha e não sucumbi. Recebi um prêmio internacional (única brasileira em premiação restrita a nativos) e saí em várias capas de jornais do país como reconhecimento. Meses depois, publiquei um capítulo de abertura de um livro sobre *branding*, fui estudar em Harvard e Stanford para me preparar para os próximos passos da carreira, ligados ao meu propósito e, principalmente, sentir e entender que era capaz e podia "ir além". Foi uma forma de criar uma base e referência.

Saí para remodelar a carreira e focar intensamente em meu propósito de vida aliado ao trabalho: "inspirar e apoiar pessoas e organizações a prosperar com equilíbrio".

Com isso, entendi a jornada cíclica de altos e baixos, as vitórias, os aprendizados e com entendimento do amor, perdão e autoperdão, tudo ficou mais claro, leve e aberto para desenhar um futuro que tem minha marca. Ali, iniciou-se um novo ponto de jornada para um crescimento por inteiro, baseado em equilíbrio pessoal e profissional, conexão com propósito e missão. De repente, tudo começou a se encaixar, surgindo convites, projetos e conexões que fizeram sentido.

Fui procurada por recrutadores para posição executiva em uma grande empresa que admiro.

Por mais que eu não quisesse voltar ao mundo corporativo, a busca da empresa era por uma pessoa exatamente com o meu perfil: uma mulher de mais de 50 anos, com base sólida e histórico amplo de provocar inovação e transformação, questionando o *status quo*.

Desde então, na Vivo, passei por posição de Gestão de negócios (mobilidade), e há dois anos montamos uma área de marketing estratégico e proposta de valor para B2B, ou seja, levamos uma visão do ponto de vista dos clientes, desenhamos valor, corremos atrás de inovações e mobilizamos trabalhos colaborativos.

O que me encanta, também, é a constante investida da empresa em ampliar diversidade em todos os sentidos. Sou mentora de executivos da empresa, faço ciclos de palestras para jovens iniciantes e para mentes jovens.

Diversas vezes, nessas palestras e mentorias, ouvi que devia escrever um livro contando minha história de superações e aprendizados. Cá estou eu, no Sobe e Puxa!

Hoje, trabalhar numa grande corporação e poder ser eu mesma, por inteiro, com todo potencial e suporte para os aspectos que preciso desenvolver, é como um presente.

No projeto *Uma sobe e puxa a outra,* encontrei um lugar seguro para trocas e apoio, sem competição. Sei que, juntas, podemos criar núcleos, não só de mulheres, mas outros mistos, que também tragam a força e a união entre energia feminina e masculina, ampliando apoio, colaboração, empatia e equilíbrio. Por isso, digo que minha grande descoberta do "graal" foi aprender e honrar "ser forte e vulnerável", ser eu por inteiro e contar com redes de apoio.

**Doze dicas que, se eu fosse mentora, daria a uma mulher**

1. Seja competente e se questione. Aprenda a fazer boas perguntas, pois assim você ficará tranquila ao usar seus decotes, saias, adereços e tudo o que te deixar mais bonita e feminina.
2. Você tem o poder de ser uma agente de mudança, trabalhar na transformação de ambientes de trabalho.
3. Seja firme sem ser agressiva; não se intimide com comentários, piadas, pois em alguns ambientes ainda predomina a cultura machista e você será o elemento diferente. Sua competência e firmeza, unidas à sensibilidade, são uma composição de alto valor e ainda pouco conhecida em diversas empresas ou grupos.
4. Ao liderar homens, lembre-se de que, em geral, eles são culturalmente treinados para esconder as emoções e não sabem lidar com isso. Procure ir direto ao ponto nas suas colocações.
5. Quantas vezes senti raiva de críticas e julgamentos por ser diferente e deixei transparecer. Hoje vejo que não devia levar a situação de maneira pessoal nem desperdiçar energia com temas irrelevantes. Deveria ter apenas ouvido e deixado passar, sendo mais política e menos reativa.
6. Mulheres fortes ainda assustam, pois as referências estão sendo exaltadas há poucos anos. Você pode ser uma referência para outras mulheres. Jamais se intimide em grupos com muitos homens ou reuniões.
7. Use sua capacidade de percepção, sua competência para fazer observações, análises e colocar seus pontos de vista de maneira construtiva.
8. Crie grupos de afinidade e troca com outras mulheres. Monte grupos de afinidade e discuta situações que devem ser mudadas. Leve isso estruturado ao departamento de Pessoas/RH.
9. Cuide da sua saúde emocional e hormonal; afinal, estão extremamente interligadas, especialmente para as mulheres. No emocional, dê atenção aos seus sentimentos, anote o que sente e aborde esse assunto na terapia. Sim, crie um KIT DE SOBREVIVÊNCIA, com alternativas para buscar o equilíbrio rápido. Vale meditação, trilhas de música, terapias, massagem, esportes, grupo de amigas para dar risada. Aliás, rir é um dos melhores remédios para diversas situações, nem que seja de você mesmo.
10. Após os 40 anos, o equilíbrio hormonal poderá impactar suas emoções, então faça um *check-up* regular, pratique esportes, veja como sua saúde está, procure saber sobre o controle dos hormônios e cuide da alimentação. Após a menopausa, surge um turbilhão de hormônios que afetam as emoções, deixando a mulher vulnerável; é importante se cuidar.

11. Realmente marque na agenda compromissos com você mesma! Tenha o tempo de pausas e autocuidados e promova isso em suas equipes. Performance sustentável depende de equilíbrio de diversos aspectos da vida profissional e pessoal.

12. É importante aprender a ouvir e "treinar a escuta", mas aprendi a ter cuidado para não desenvolver uma empatia tóxica: nós mulheres adoramos falar e ouvir, e o instinto cuidador e maternal nos puxa para dentro de problemas alheios. Isso nos leva a correr o risco de entrar num turbilhão de emoções e sentimentos negativos que não são nossos. Em alguns casos, saber dizer "não" para o outro significa dizer "sim" para si própria. Isso também é puxar!

## 33

# ENGOLE O CHORO COISA NENHUMA!

Muito do que sou é reflexo da inspiração de mulheres fortes que fazem parte da minha história. A minha avó, por exemplo. Ela dizia: "Olhe para todos os lados, seja curiosa, aprenda pela observação, concentre-se nos estudos e na vida real. Coragem! Não aceite tudo o que acontece calada, sem se posicionar". Viver impõe desafios complexos, mas devemos aprender a enfrentá-los com ousadia. O que passa, a meu ver, por descobrir o que deixa você feliz. Por transmitir alegria e tratar todo mundo com respeito. Ser generosa com você, em primeiro lugar, mas sem jamais deixar de lado a empatia para enxergar o outro, calçar o seu sapato, entender que a sua dor é muitas vezes maior do que a nossa.

**PATRÍCIA MARINS**

# Patrícia Marins

**Contatos**
LinkedIn: linkedin.com/in/patriciamarins
Instagram: @patmarins

Patrícia Marins é apaixonada pela comunicação verdadeira e transformadora. Gestora de crises de alto risco reputacional, sonhadora e inquieta, construiu a carreira profissional como jornalista, empreendedora e executiva do mercado de comunicação corporativa. Cursou Comunicação no Serviço Público na Universidade George Washington e concluiu MBA em Gestão Empresarial na Fundação Getulio Vargas (FGV). Sócia-fundadora da Oficina Consultoria e sócia do Grupo In Press, lidera uma equipe de 200 pessoas. Cofundadora do Women on Board, também é diretora da Associação Brasileira das Agências de Comunicação (Abracom), embaixadora do SheInc e conselheira do MeToo Brasil, do Congresso em Foco e do Movimento Expansão. Palestrante e ministradora de treinamentos de comunicação, já treinou mais de 6 mil porta-vozes. Atua também como professora do curso de Relações Públicas e Diplomacia do Instituto Rio Branco/Ministério de Relações Exteriores. Com sua equipe, conquistou, entre outros, o Sabre Awards na categoria Imagem Corporativa, e mais de 20 Prêmios Aberje.

## Uma jornada de persistência

Minha vida, ao contrário do que muitos pensam, não é uma história de superação, vencer obstáculos impossíveis ou combater moinhos de vento. A minha história envolve, acima de tudo, curiosidade, persistência, esforço para dominar técnicas e alguma facilidade para identificar o meu propósito de vida. Ter consciência clara do meu dom, do meu potencial, e como fazer a diferença com ele.

## Mulheres que me puxaram

Lembro-me do cheiro da carne de panela naquele dia nublado e quente. Eu devia ter uns oito, dez anos. Estava feliz por passar as férias na casa da minha avó, no interior de São Paulo. A campainha tocava sem parar e eu não queria sair ali do ladinho dela, no fogão, esperando a hora de comer aquela carne caldosa com a melhor polenta do universo.

Tereza Dinatto Gerolin, mais conhecida por Tetê, era a minha minha avó materna. Nascida na Itália, morou no Brasil desde muito nova, mas nunca perdeu o sotaque italiano. Amava cozinhar para muita gente. Uma mulher linda, loira, de olhos verdes, que encantava a todos com a sua alegria e energia. Falava alto, distribuía sorrisos, abraços, vivia cantando. Era feliz e deixava clara a felicidade que tinha de viver. Onde ela estava, não existia tristeza.

Ela pediu que eu atendesse à campainha e corri sem pestanejar. Na porta, estava uma senhora muito suja que pedia por comida. "Vó, tem uma mulher aqui. Ela quer comer", gritei sem saber como resolver aquela situação. "Traz ela até aqui, Tita". Eu, menina de cidade grande e com medo da mulher, abaixei a cabeça e fiz um sinal para que ela entrasse, apontando o caminho da cozinha.

"Qual é seu nome?", minha avó perguntou, para o meu total desespero. Ela não sabia quem era a mulher e deixou entrar em casa? Me desesperei.

A mulher, dona Ana, contou que não comia havia dois dias, estava perdida desde que saiu de uma consulta médica no centro da cidade e não se lembrava onde era a sua casa e como chegaria até ela.

Aos meus olhos de menina, tive ali uma das experiências mais marcantes da minha história. Minha avó lavou as mãos da mulher, levou-a ao banheiro, ofereceu toalha, sabonete e xampu. Abriu o chuveiro quente e orientou dona Ana a tomar um bom banho antes de almoçar. Ela apareceu na cozinha depois de uma eternidade de tempo vestida com roupas limpas da minha avó.

Na frente dela, uma mesa já posta com vasinho de flores. E ali bem na minha frente, Dona Ana comeu toda a carne de panela com polenta que eu tanto desejava. Assisti a minha vó passar a tarde toda conversando com ela, até o momento em que Dona Ana se lembrou onde morava, o nome do marido e dos filhos. Minha avó chorou, agradeceu a Deus, orou pela mulher e rapidamente começou a arrumar a bolsa e me apressar para colocar logo o tênis, pois íamos sair. "Vamos levar a Dona Ana até a casa dela".

Minha infância e adolescência foram repletas de cenas assim. Mulheres que entravam em cena com problemas, e eram curadas com atenção, amor e cuidado. As cenas foram se somando e revelando o dom da minha avó, o seu propósito, a sua alegria em servir e ajudar.

Quem via a coragem e a determinação da minha avó não imaginava o que ela havia passado para construir a vida em São Paulo, começando do zero. Me vejo nela na busca por encontrar o meu espaço na sociedade, aprendendo a me posicionar, a ter foco nos meus objetivos e a persistir neles durante toda a vida.

Ainda bastante jovem, comecei a entender o que ela fazia e o quanto isso era importante. Ela me ensinou que, em uma sociedade tão machista, racista e preconceituosa, é necessário desafiar e enfrentar os tabus.

Minha mãe, Claudete Marins, da mesma forma, teve e tem uma grande influência sobre mim. É um exemplo de força e foco, e sua história inspirou milhares de mulheres a seguirem seus sonhos. Ela é daquelas mulheres unanimidade. Todo mundo adora e tem uma história sobre conselhos que ela transmitiu. É uma verdadeira heroína. Foi uma das primeiras mulheres a se formarem como advogadas na Faculdade de Direito da Universidade de São Paulo (USP), também uma das primeiras a receber o diploma de Direito neste país.

Uma vez uma senhora muito humilde me disse: "A sua mãe, minha filha, é a pessoa mais sábia que já conheci. Ela muda qualquer situação pela forma como sabe observar e pela maneira branda como expõe os seus argumentos.

Comece a perceber como ela conquista a todos". Eu passei a olhar com atenção e a admirar aquele furacão de mulher, que conseguia administrar uma família inteira, três filhas, marido, cachorros, vida profissional agitadíssima e ainda esbanjar conselhos. O telefone dela está sempre tocando com alguém buscando uma palavra de sabedoria.

Inspirada pelas duas mulheres especiais da minha vida, aprendi como é importante ter uma formação sólida, valores e propósito para conquistar espaço na sociedade. Compreendi que é preciso ter minhas próprias crenças e confiar nos meus ideais para de fato influenciar de maneira positiva outras pessoas.

Falam que sou precoce em tudo. Não gosto de pensar assim. Mulheres maravilhosas, como as que citei, assim como minhas irmãs e minha tia Claudinez, despertaram em mim a confiança em quem eu sou e até onde posso chegar. Viver ao lado delas foi o estímulo que eu precisava para, aos 14 anos, concluir que desejava influenciar outras pessoas, com o poder da comunicação e da construção de histórias verdadeiras, com impacto. Foi quando comecei a entender a comunicação como uma ferramenta de poder na sociedade, com potencial para estruturar estratégias amplas de diálogo, para moderar conflitos e remediar situações de tensão mediante observação e análise.

A maternidade me trouxe a possibilidade de ampliar a base de valores que recebi, para os meus filhos. Que bênção é ser mãe e como sou grata pela família que constituí!

Meus filhos, Lorena e Fred, e os meus enteados, Júlia e Felipe, me estimulam a voar o tempo todo. São as escadas que levam aos meus sonhos, ao lado do meu príncipe encantado, do meu grande amor, meu marido Sylvio. Sem romantismos e sem clichês, acredito de verdade no amor, na família e no casamento. Acredito em amor à primeira vista e, também, que não há nada que aconteça por acaso. Que os homens nos puxam e nos fazem subir.

Ah, e as amigas! Como elas são importantes! Vitais para sermos quem queremos ser. Elas me rodeiam, não me desamparam, são amuleto e escudo. Decidi não citar nominalmente nenhuma delas aqui, pois aprendi que amigas são ciumentas.

**Paixão por comunicar**

Tenho um ímã dentro de mim para resolver problemas complicados. E quem me estimulou a perceber onde esse ímã estava foi uma mulher de meia-idade que conheci na cobertura de um acidente aéreo. Eu era repórter de uma rádio em São Paulo e fiquei responsável pela cobertura daquela tragédia por alguns meses. Judite perdeu o marido no acidente e estive com ela várias vezes no desenrolar daquela cobertura. Em todas as vezes em que ela me via, dizia: "Você me traz paz. Você me pergunta coisas em que nunca tinha pensado e isso me leva a encontrar respostas para situações difíceis". Ela me elogiava como repórter, mas observava que eu oferecia algo além de notícia.

Hoje, administrando uma empresa e gerindo algumas das crises corporativas mais complexas deste país, sempre me lembro do incentivo que aquela mulher, sem imaginar, me deu para eu ir além.

Fui puxada para a comunicação corporativa pela Kiki Moretti, uma fonte incrível de ensinamentos sobre a vida, os relacionamentos e empreendedorismo, sempre com grande visão de futuro. Vivemos juntas os momentos mais difíceis de nossas histórias, o que nos uniu numa amizade de irmãs. (Pronto. Não consegui ficar sem citar amiga nenhuma). Muitas vezes a Kiki me conhece mais que eu mesma. Uma mulher de uma intuição, perspicácia e generosidade únicas.

Na Oficina, lidero um time majoritariamente composto por mulheres que me puxam e me ensinam diariamente. Liliane, Miriam, Marcia, Natália e Suzi... colegas de diretoria e – claro – amigas queridas!

Poderia citar aqui muitas outras mulheres.

Aprendo com elas a importância de ser forte, de confiar nas conexões, de construir relacionamentos, de se abrir ao novo e de mudar comportamentos.

Há muito espaço para afeto, amizade, empatia e cumplicidade no nosso universo profissional. Mas, muitas vezes, diante do desafio de criar posicionamentos para marcas e empresas, deparamo-nos com resistência a assumir erros ou apostar em mudanças de atitudes.

Tem hora que, ao enfrentarmos crises, fechamo-nos e acabamos perdendo oportunidades por não sabermos apresentar nossas habilidades e experiências de maneira convincente.

Minha dica é: não tenha medo de se expor, de arriscar, de investir em si mesma e de dar o próximo passo, mesmo que isso signifique sair da zona de conforto. Os resultados serão recompensadores, tenho certeza.

Acredito que a capacidade de saber contar uma história é cada vez mais essencial para alcançar os seus objetivos, quaisquer que sejam eles. Transmitir ideias, inspirar pessoas e criar laços afetivos são competências fundamentais que aprendi a desenvolver ao longo da minha trajetória. São também os pilares para construir reputações sólidas.

Buscar o autoconhecimento, identificar pontos fortes e fracos, cobrar *feedbacks*, escolher as palavras certas e se adaptar aos objetivos que você pretende alcançar formam a trilha que recomendo a mulheres à procura de orientação para crescerem pessoal e profissionalmente.

Como na música, melhor é ver a vida pela ótica da coragem:

> Corre, corre, corre.
> Doce é o vento que te leva,
> eu não tenho mais a pressa
> ou horas pra contar.
> Pela vida solta,
> todo o meu amor com ela,
> que esse azul do céu espera
> coragem pra mudar.
> (LOS HERMANOS, *Corre corre*)

## 34

# MUDANÇAS, CONEXÕES E EXPERIÊNCIAS QUE FORTALECEM

Gosto muito de estudar, estou sempre buscando me aperfeiçoar e aprender novos repertórios. Para isso, mergulhei em todas as oportunidades que me foram dadas, e fui abelhuda em várias ocasiões. Tantas mudanças, conexões e experiências me trouxeram onde estou hoje. Eu amo viajar, conhecer novos lugares, novas culturas, novos costumes, sabores e cores! Gosto de ler, jantar fora, tomar um vinho, conversar e ouvir opiniões diferentes, participar de grupos diversos de discussão, assistir à novela das nove e às boas séries. Por sorte, meu filho, meu maior tesouro, minha maior fonte de alegria e aprendizado, sabe cozinhar e faz coisas deliciosas. Eu o incentivo muito para que tenha vivências multidisciplinares e a participar de programas que o ajudem a abrir a cabeça e o incentivem a lidar com o próximo e suas diferenças. Tenho uma longa carreira para compartilhar aqui, e fiz questão de ser o mais detalhada possível porque tantos anos trabalhando em uma única empresa só foram possíveis porque eu sempre me desafiei e aceitei tudo o que me foi proposto, com medo e com coragem. Nunca é cedo ou tarde demais para aprender, essa filosofia também percorrerá todas as minhas páginas neste livro, que sirva de inspiração para você.

**PATRICIA REGO**

# Patricia Rego

**Contato**
LinkedIn: linkedin.com/in/regopatricia

Sou formada em Engenharia pela PUC-Rio, meu maior orgulho. Tive uma certa experiência na área, mas não era o que eu queria. Entrei na Globo Rio com 26 anos, como analista júnior, passando por diversas áreas. Depois fui para São Paulo e, em 2006, me mudei para Nova Jersey, trabalhando na Globo em Nova York. De volta a São Paulo em 2008, retorno para a Globo, onde estou, atualmente, como Diretora de Afiliadas. Ao longo dos meus 25 anos de carreira, conduzo estratégias de negócios, planejamento, finanças e dados, aperfeiçoando modelos e soluções. Dedico-me a aprimorar aptidões em gestão, liderança, transformação digital e governança corporativa. Como *lifelong learner*, além de três MBAs, tenho especializações em escolas de negócios norte-americanas, como Harvard, Wharton, Kellogg, NYU e Colúmbia. Fiz a formação de Conselheira pelo IBGC e pela GONew, com foco em Inovação e especialização em Mediação no Instituto Mediare, abrindo novos horizontes. Sou, adicionalmente, mentora da TOP2YOU.

**A minha história de vida que eu amo**

Nasci na capital do Rio de Janeiro, cidade maravilhosa e, ao longo da minha vida, morei em várias cidades diferentes. Com 4 anos meus pais se mudaram para Brasília e, depois, com 12 anos, para o Piauí, retornando aos 16 para Brasília.

Meus pais, Tania e Hugo, apesar de trabalharem muito, sempre foram bastante presentes e me estimularam a experimentar novos desafios. Eu devo muito do que sou à educação bacana que recebi. Eram premissas básicas: respeitar e tratar bem as pessoas, independentemente de suas origens, agradecer e pedir licença sempre. Nós tínhamos o exemplo em casa e eles eram extremamente carinhosos conosco. Sempre viajávamos muito para estados brasileiros e conheci bem o Brasil nas férias, mas o que mais me marcou foram as minhas idas à Fazenda de Santana, da família de minha mãe, no interior de Minas Gerais, em Rio Novo. A família da minha mãe é enorme e era um momento em que todos nós nos encontrávamos. Minha maior lembrança era de acordarmos bem cedo para andar a cavalo, eu, meu irmão, minha prima e meu primo. Ah, e a comida de lá, que era divina!

Aos 17, voltei a morar no Rio com minha avó materna para cursar engenharia na PUC do Rio de Janeiro, pois sempre desejei estudar lá. Os dois primeiros anos foram muito difíceis. Eu sempre fui ótima aluna na escola, meio bagunceira, mas ao mesmo tempo eu diria que autodidata, pois eu ia muito bem. Porém, na faculdade, fazendo um curso tão complexo, descobri a sensação de tirar notas baixas e ter que ralar muito para passar nas matérias. Senti certa dificuldade, mas eu não desisti, por isso digo que essa formação é meu grande orgulho.

Saí do Rio de Janeiro rumo a São Paulo em 2004, quando meu filho Rodrigo tinha apenas 6 meses. Adorei São Paulo à primeira vista e fiz boas amizades, as quais conservo até hoje. Em 2006, nos mudamos para Nova Jersey e ficamos até 2008; tive uma experiência incrível em todos os sentidos.

Em 2010, encarei a segunda maior dor da minha vida, que foi meu divórcio. Ninguém se casa para se separar, essa frase todo mundo já ouviu um dia; lidar com a frustração da sensação de fracasso foi difícil e me senti muito julgada nesse momento. Eu já tinha lidado com a primeira grande dor da minha vida, que foi a separação dos meus pais, algo desolador para mim e meu irmão. Mas toda dor traz um grande aprendizado.

Tantas mudanças fizeram parte do meu crescimento pessoal, pois sempre tive de me adaptar a novos ambientes e suas peculiaridades. Por sorte, sempre tive facilidade para fazer amigos e para me adaptar às novas situações, mesmo sentindo uma pequena nostalgia no início de cada mudança. Em cada lugar precisei me reconduzir, fazer amigos, encontrar novos lugares preferidos e conviver com novas culturas, a vida me fez quem sou hoje.

### De engenheira à diretora de Afiliadas

Minha carreira profissional teve uma rápida passagem pela construção civil, até os meus 26 anos. Eu trabalhava com planejamento e acompanhamento físico e financeiro de obras, além de orçamentação, controle de custos e negociação de contratos com fornecedores. Percebi que não estava feliz e comecei a fazer alguns processos seletivos e comentar com a minha rede de amizades na ocasião – ou, por outro ponto de vista, eu estava perdida sem saber o que fazer e fui pedir ajuda.

Aqui lhes apresento a primeira mulher que me puxou, a Valeska Gadelha, minha grande amiga e superexecutiva. Ela sabia que eu estava em processo de mudança profissional e me indicou para uma vaga que ela mesma havia declinado na Globo. Lá, construí minha carreira e estou há cerca de 25 anos. Tive alguns convites para outras empresas nesse ínterim e declinei. Muita gente me pergunta o porquê de eu estar até hoje na mesma empresa e eu respondo que aqui tive a oportunidade de passar por diversas áreas, trabalhando com diversas pessoas, em diversas empresas dentro de uma só e realizando projetos incríveis, inspiracionais e de transformação. É uma empresa de princípios, missão, essência e valores que estão plenamente alinhados com os meus.

O meu primeiro principal desafio na empresa foi ajudar a estruturar os mecanismos e processos de orçamento e controle central em várias áreas da empresa, como analista júnior corporativo. Após um ano, fui promovida a analista pleno.

Na ocasião, em 1999, houve o projeto do Parque da Mônica; realizei *benchmarkings* com os parques existentes no Brasil e no exterior e tivemos consultoria para elaboração de *business plan* estruturado. Criei ferramentas avançadas para modelos financeiros. Fui convidada para participar da empreitada do Parque da Mônica, como um piloto de possíveis empreendimentos temáticos futuros da Globo. Fui contratada como gerente de Planejamento e Finanças e, também, diretora estatutária; na época, eu também não tinha a menor ideia do que se tratava, mas me fizeram o convite e eu topei com frio na barriga.

Gosto de dizer que isso foi um MBA prático na minha carreira. O maior desafio foi estar na liderança de uma empresa relativamente pequena, com pouca experiência e estrutura reduzida.

Depois de um tempo, a Globo me convidou para voltar como *controller* da própria área de Projetos Temáticos e Licenciamento e da área de Negócios internacionais. Mas, pouco tempo depois, eu já queria novos desafios e fui conversar com o meu diretor na época, a fim de me candidatar a uma vaga de *controller* da engenharia (atual tecnologia). Eu sabia que nessa área havia projetos estratégicos e fundamentais. Ele me pediu um tempo para pensar, mas aceitou a minha "proposta".

Quando fui transferida para São Paulo em 2004, a Claudia Quaresma, na ocasião, responsável pela área de Afiliadas (a área de Afiliadas é a responsável por realizar a gestão estratégica e operacional da parceria entre a TV Globo e suas Afiliadas, que, juntas, formam a Rede Globo), me convidou para ser a *controller* da área, outra mulher que me puxou. Claudia tinha vasta experiência em varejo e em gestão, acreditou genuinamente em mim e me desafiou com projetos de alto impacto.

No início de 2006, por motivos pessoais, fui morar em Nova Jersey, nos Estados Unidos. Na época, a Claudia me indicou para trabalhar na Globo de Nova York e fazer um *benchmarking* com as redes norte-americanas sobre modelos de afiliação "em rede".

Em 2008, retornei à Globo São Paulo e a Claudia me chamou para assumir a gerência de Planejamento e Contratos na área de Afiliadas; participei da conceituação, da modelagem, da criação e da implementação do modelo digital e do modelo de SeAC entre a Globo e as Afiliadas e fiz parte do apoio à negociação da Globo com as principais operadoras de Pay TV. Fui promovida à diretora em 2011 e, em 2016, chegou a Thais Chede, que me ajudou no meu desenvolvimento ao longo dos últimos anos.

A indústria de mídia é uma das que mais se transforma atualmente. A busca por inovação na forma como nos conectamos com as pessoas é necessária, à medida que as pautas da sociedade estão sempre se atualizando e em grande velocidade. Acompanhar essas transformações é um grande desafio, mas também um universo de oportunidades.

Meu time e eu participamos de projetos como o *switch off* da TV analógica e implantação da TV Digital, entrega digital de comerciais, plataforma de autosserviço publicitário, formação da CDN da Globo no Brasil, implementação do Globoplay nas Afiliadas, entre outros.

Na pandemia, todos tivemos de nos reinventar. Fizemos uma transformação no nosso modelo de governança com as Afiliadas por meio da coordenação de projetos e iniciativas em todo o Brasil, além de eventos de alinhamento, tudo de maneira virtual, o que nos trouxe mais agilidade e aprendizado com essa nova forma de atuação.

No final de 2022, fui convidada por Amauri Soares, *head* da TV Globo, para liderar a área de Afiliadas, a partir de 2023. Quando assumi, fui muito bem acolhida pelas Afiliadas, pelos profissionais da Globo e pelo meu time, que me deu uma faixa com a seguinte frase: "Afiliadas 2023 – Que sorte a nossa"! Um presente desses do time não tem preço, mas um valor inenarrável em que os dizeres falam por si só.

A área de Afiliadas me dá a oportunidade de me conectar com pessoas incríveis de todo o Brasil, de aprender com elas todos os dias, de conhecer a diversidade, a pluralidade, as peculiaridades, a beleza e as potencialidades do nosso país e, ao mesmo tempo, de atuar em parceria com todas as áreas da Globo em iniciativas e projetos de grande impacto para o futuro do negócio.

Concordo plenamente com a frase de Thomas Edison que diz que o sucesso é constituído por 10% de inspiração e 90% de transpiração. Sempre trabalhei com muito esforço, resiliência e dedicação, de maneira transparente, diligente, colaborativa, objetiva, gregária, buscando conhecimento, autoconhecimento e inovação, construindo parcerias sólidas, valorizando a inteligência coletiva, desenvolvendo e reconhecendo meu time e com foco no bem maior da empresa cujo propósito de prestar serviços tão relevantes e positivos para a sociedade brasileira, como os relacionados à educação, está totalmente alinhado ao meu propósito.

### *Lifelong learning,* um caminho

Sempre fui ligada aos conhecimentos técnicos, às habilidades ligadas à transformação digital, à inovação, à governança, à estratégia e às especificidades técnicas e às peculiares de cada negócio ao qual eu estava me dedicando.

Participei de diversos tipos de formação nas mais renomadas escolas de negócios, no Brasil e no exterior, desde as mais longas e profundas até aquelas que foram necessárias para me capacitar em competências necessárias ao momento que estava vivendo.

Acredito que o aprendizado vem muito do dia a dia, das vivências, dos inúmeros projetos que lideramos e, principalmente, da escuta ativa de cada um dos colaboradores, das pessoas. Sim, as pessoas são o motor de toda e qualquer transformação em uma empresa. E a escuta ativa a todas elas é uma forma de aprender. Cada vez mais, tenho a convicção de que a habilidade mais importante de todas para os líderes é o autoconhecimento.

Preciso aqui destacar a Cátia Tokoro, minha amiga há mais de trinta anos, comadre e parceira de todas as horas. Atuante em conselhos de empresa, com vasta experiência anterior como executiva e C-level de unidades de negócios em grandes corporações. Ela foi quem sempre me guiou e me orientou nessa jornada de *lifelong learner* que exige de mim muito foco e superação, além do trabalho do dia a dia.

Busque aprendizado e conhecimento. Seja curiosa, seja corajosa e aposte em outros departamentos, conheça tudo o que for possível, peça por oportunidades. Existe MBA melhor do que o aprendizado na prática?

**E como a gente se puxa?**

Eu já desenvolvi e treinei muitas mulheres para a liderança, e dois terços do meu time são mulheres. Sempre aprendo muito com elas, que são completamente diferentes em vivências, atitudes, características e expectativas. A mulher pode ter um desafio gigante e diferenciado, que é a maternidade. Conciliar família, filhos e jornada profissional não é uma tarefa simples. Não foi para mim.

Tenho muito orgulho de inspirar e ser inspirada por mulheres que se superam a cada dia num ecossistema que ainda tem traços de machismo estrutural. Já sofri esse machismo em algumas situações, mas a minha jornada me fortaleceu para ir em frente, de cabeça erguida e tendo a certeza de que o sucesso pessoal e profissional só depende de nós mesmas e da nossa atitude e posicionamento nessas situações.

Fui puxada pela encantadora Camila Serrano para o grupo *Uma sobe e puxa a outra*. Sou grata por pertencer a um grupo tão poderoso, liderado por Natasha Castro. Puxei comigo Ana Paula Duarte, Andiara Petterle, Leonora

Bardini e Manuella Mattos, todas incríveis e que fazem parte da minha vida. Quero puxar muitas outras!

Faço parte de algumas comunidades, mas o clube Sobe&Puxa é aquele do qual mais me orgulho de pertencer. Que esse grupo possa inspirar muitas outras mulheres a conquistarem seus espaços nas empresas, em conselhos e na sociedade como um todo.

# 35

# OS CAMINHOS DO ACASO
## OS SONHOS E AS DESCOBERTAS

Estar entre mulheres maravilhosas, jovens que SOBEM e PUXAM outras, que sonham e realizam, é uma distinção. Ao ser convidada para escrever este capítulo em um tempo recorde, oscilei entre fatos comprováveis, como quando se apresenta os resultados de um artigo científico, ou memórias que povoam o meu pensar, sendo relevantes para a minha vida. Este texto aborda minhas origens, família, marido, múltiplos interesses paralelos à vida profissional e minha atuação como cientista e docente. Uma nação rica é construída na base da educação. Além da educação básica e profissionalizante, o país precisa deixar de perder talentos que possam romper fronteiras do conhecimento; futuras lideranças. Ao escrever sobre minha formação profissional, atuação docente, investigação científica e trabalho comunitário, percebo que o fio condutor é apontar caminhos que se identifiquem com as fronteiras do conhecimento. "Rise and Raise"... "SOBE e PUXA".

# REGINA PEKELMANN MARKUS

# Regina Pekelmann Markus

**Contatos**
abc.org.br/membro/regina-pekelmann-markus/
rpmarkus@gmail.com

Graduada em Ciências Biomédicas (EPM, 1970), pela qual foi docente por 15 anos. Nos últimos 32 anos, atua na USP. Ministra aulas e coordena disciplinas na Biologia, na Área da Saúde e no Curso de Ciências Moleculares (USP) para formar cientistas. Foi membro de diretoria da SBPC, Presidente da SBFTE e de Congressos Internacionais focados nos avanços da melatonina. Atuou em gestão em Conselhos e Comitês do CNPq, Capes e Finep e foi Titular da Seped – secretaria do MCTI, que visa à política científica nacional. Formou alunos que já são expoentes no Brasil e no exterior. Prêmios e distinções – neste contexto, destaca o UN Women Rise & Raise Others. Atua também na comunidade judaica: Chevra Kadisha (CIP) feminina, que acolhe falecidas. Escreve semanalmente na *newsletter EshTánaMídia* e é vice-presidente dos Amigos do Weizmann, Brasil. Nessa posição, coordena um exame nacional para enviar jovens para o Curso de Verão do Instituto Weizmann, em Israel. Uma experiência transformadora! Assim como a VIDA.

**Sonhar é preciso...**

A vida é um andar sobre "mares nunca dantes navegados". Aqui lembro um dito de meu pai, que mais tarde soube ter origem talmúdica: "ao encontrares uma pedra no caminho, pode parar apenas um pouquinho para avaliar se pode removê-la. Caso isto parecer impossível, siga por um caminho lateral e descobrirá mundos maravilhosos". O convite para escrever sobre a minha pessoa criou um importante espaço para reflexão.

A jornada com amor e carinho tem tudo para ser uma jornada positiva. E assim, fui andando por este planeta, sem nunca ter saído por muito tempo da cidade onde nasci, mas ter viajado por todo este mundo e, também, por tempos diversos. Afinal, profissionalmente o meu objeto de trabalho é o TEMPO Biológico. Tempo, esta maravilhosa dimensão capaz de unir gerações e nos possibilitar atingir futuros longínquos. Uma dimensão que Einstein mostrou não estar separada do espaço. Ressalva: "se viajarmos na velocidade da luz"! Então, quando vamos devagar e apreciamos cada minuto, o espaço e o tempo agregam vivências que são somadas dia a dia, transformando sonhos em hipóteses e, estas, em atos. Quando queremos ir muito rápido, queimando etapas, voamos a velocidades incríveis e, nesse momento, o tempo e o espaço se imbricam e até dismutam. Pode ser o caos literário, mas também pode ser o caos biológico, que é capaz de gerar novos processos que sustentam a vida.

Tudo junto e misturado. Assim tem sido a minha vida. Um casamento maravilhoso e uma carreira científica vibrante. Filhos e netos queridos. Alunos, sociedades científicas, ativismo ligado à política científica. E não posso deixar de lado minha vida como judia, sionista, membro de movimentos juvenis e que gosta muito de fazer prédicas em sinagogas.

Contar um pouco dessas ideias e dos sonhos atuais é uma grande oportunidade de falar comigo mesma e com cada leitor.

Adoro livros em que o autor conversa com os leitores, guiando o presente e transmutando o futuro. Há alguns textos de especialistas em estatística da década de 1940, em que os autores conversam com os leitores. Há anos, por se tratar de testes que usava muito, considerei que captava a mensagem. Atualmente, sei que necessitava de uma base de conhecimento mais profundo para entender a discussão e não apenas para seguir a receita, assim como os comentaristas do Talmud, para os quais os textos são escritos com letras brancas e letras pretas. Enfim, o espaço entre as palavras guarda importantes segredos. Os textos científicos também são escritos em camadas. Desvendar fatos, analisar processos, entender o que é transmitido por milênios, quer por meio dos genes e processos de controle, quer por meio da lei oral e das diferenças e semelhanças de grupos separados são exercícios superinteressantes que completam o tempo.

Nasci em maio de 1949 na cidade de São Paulo, primeira filha de Bella e Isaac Pekelman. Ela, com 23 anos e ele, 41. Ela, a adulta experimentada que teve uma infância, adolescência e juventude bastante difíceis, e ele, apesar de ter cruzado o Atlântico em 1922, um otimista. Mãe se preocupava e pai liberava. Minha mãe nasceu no Rio de Janeiro. Órfã aos sete anos, foi acolhida por uma senhora preta que morava na mesma casa de cômodos. Ela havia aprendido um pouco de leitura com sua mãe, e queria ir para a escola. Contava que morava próximo ao Palácio do Catete e um dia se dirigiu ao General Getúlio Vargas pedindo uma escola. E lá foi a Bellinha para um internato no Meier, zona norte do Rio de Janeiro. Teve professores maravilhosos como Capistrano de Abreu e Villa-Lobos, e a educação era o maior bem que poderia nos deixar. Enfermeira formada na Ana Neri, dignificada como "Caballera de Los Andes" pelo governo da Bolívia por integrar missão brasileira de resgate em uma grande enchente que ocorreu em 1947.

Nasceram mais duas meninas, somos todas diferentes, pois em casa a individualidade era premiada. E eu, era uma "hortelina troca letras". Talvez hoje exista um nome técnico para este problema, mas na época tive a sorte de ter um professor de hebraico que percebeu o problema e criou um jogo usando os dois tipos de alfabeto. Era divertido transformar as palavras em imagens, ler as palavras de trás para frente e dar números às letras. E eu, acabei amando os livros e as letras. E achando uma forma fácil de ler sem prestar muita atenção na famosa ortografia. Ler tornou-se um vício! Era impossível parar.

Daí para a ciência foi um salto. Meu pai tinha uma loja na Av. Vieira de Carvalho, e naqueles anos uma criança podia andar livremente pelo centro de São Paulo. Ia às livrarias da Praça da República e ruas do entorno. Um dia soube que, em uma Galeria da Rua 7 de Abril, havia uma lojinha chamada Cientistas do Amanhã. Fiquei fã. Participei de várias atividades. E decidi seguir um Curso Técnico de Química Industrial. Chegando a época de vestibular, conheci o Curso de Ciências Biomédicas da Escola Paulista de Medicina. E... como acontece muitas vezes na vida, quando passamos a andar na velocidade da luz, em vez de optar por Química no vestibular da FUVEST, optei por Ciências Biomédicas na Escola Paulista de Medicina. Fui aluna da segunda turma de um curso que visava formar cientistas. Se fosse pela nota de vestibular, entraria em qualquer opção da FUVEST. Hoje, após 53 anos, todos atestam o êxito de nossos mestres. Muitos de nós tiveram carreiras de destaque na ciência brasileira e internacional. Inclusive, a primeira mulher Presidente da Academia Brasileira de Ciências formou-se também na turma de 1970. Amiga que frequentava a casa das três meninas e se lembra de meus pais com carinho.

**A vida a dois – sorte, Mazal!**

Nesta aventura de viver, fui uma grande sortuda. Nunca ganhei sorteios ou loterias. A minha BOA SORTE (Mazal Tov) foi cruzar na adolescência com minha alma gêmea. Como dizemos em biologia, uma chave que encaixa perfeitamente em uma fechadura desencadeia processos que se retroalimentam e vão evoluindo sem perder a identidade e sem fundir. E como aprendi lá na infância, para termos boa sorte, é preciso estar no M (makom) lugar correto, Z (zman) no tempo certo e L (limud) com os conhecimentos corretos. As letras ganhavam vida e não tinha como trocá-las de lugar. Saša e eu fomos uma dupla imbatível. O casamento judaico tem muitas peculiaridades. Uma delas é um contrato formal entre as partes. Lembro que na época brinquei que, se cada um continuasse sendo quem é, e o casal fosse uma massa que não perdesse a identidade de seus componentes, esse seria eterno. Conseguimos! Foram mais de 50 anos de realizações e companheirismo.

Essa parceria teve vários desdobramentos em gestões de ciência. Um fato merece registro. Estava como Titular da Secretaria de Políticas e Programas de Pesquisa e Desenvolvimento do Ministério de Ciência e Tecnologia (2003) quando surgiu o conceito do crédito de carbono. Aproveitando a participação de Sasa na Bolsa de Mercadorias & Futuro (BM&F), desencadeei o processo de lançamento de títulos negociáveis na BM&F . São Paulo e Chicago foram as primeiras a negociar títulos de sustentabilidade. Águas rolaram, mas esse processo ainda ocupa lugar no complexo tabuleiro da sustentabilidade.

## A cientista

Fiz o doutorado em Farmacologia, na Escola Paulista de Medicina. A Farmacologia é uma ciência básica que busca entender o efeito de substâncias administradas a um organismo. As etapas mais próximas das aplicações em humanos e animais têm o objetivo de distinguir efeitos terapêuticos de efeitos adversos. Integra mecanismos celulares, teciduais e organísmicos avaliando as bases de efeitos terapêuticos e colaterais.

Contar algo da minha linha de pesquisa mostra o quanto o acaso e a observação mudam, contribuem. Estudava a comunicação nervo/músculo. Meu trabalho era aceito e citado. Podíamos extrapolar os dados para mostrar a relevância do controle dessa comunicação em regiões do cérebro ligadas à memória. Um dado muito importante foi quando mostramos que em idosos a força dessa comunicação estava reduzida em seis vezes.

Seis vezes menos! Isso nem precisa de estatística. Estávamos chegando a algo importante porque os melhores remédios para Alzheimer e miastenia gravis (uma doença muscular) reforçam a atuação dos receptores nicotínicos.

E aí o ACASO interferiu. Em 1987, fui para o Departamento de Farmacologia do Instituto de Ciências Biomédicas da USP. Um período de mudança – mas tendo o privilégio de levar os equipamentos que necessitava e, principalmente, continuar usando as mesmas linhagens experimentais, rapidamente dei continuidade ao trabalho. Trabalhamos com mais afinco e numa velocidade maior, dia e noite.

Entramos em uma fase em que o tempo e o espaço se encontram porque a velocidade tinha aumentado. A relatividade *vs.* a serendipidade.

Após um grupo experimental tentar confirmar nossos achados, a diferença SUMIU! Uma diferença de 6 vezes não pode apenas desaparecer. Peguei todos os registros. Não havia computador. Alinhei no chão de um longo corredor. Imediatamente, ficou claro que o músculo dos velhos contraía menos e que os jovens apresentavam uma variação ao longo do dia. Entrei para o campo da Cronofarmacologia! O ritmo diário de receptores nicotínicos é fascinante!

O hormônio da noite, a melatonina, é responsável por essas variações; no caminho, descobrimos a existência de um eixo imunopineal que permite que a marcação da noite seja anulada após uma agressão (micro-organismos, tapa forte, emoções negativas). Isso permite uma defesa imediata! Logo nas primeiras horas. Bateu, ficou roxo, doeu... Defesa em ação. Primeiras horas! Deixa rolar... e, em 2 a 3 dias, chegam células operárias para restaurar o local. Nessa hora, a alternância claro/escuro volta a ser marcada.

O passo seguinte foi avaliar o Eixo Imuno-Pineal em várias condições adversas e doenças. Tudo encaixava. A suspensão temporária do hormônio do escuro era uma condição que permitia reagir rapidamente e a falta prolongada acompanhava doenças. Para um divulgador de ciência, teríamos alcançado um ponto para poder gerar novos medicamentos. Mas os detalhes mostraram o porquê de precisar desafiar ainda mais o sistema.

Como podem observar, minha ciência busca fatos ainda não conhecidos. Nessa nova etapa da vida, inicio um processo que permita a transferência da bancada ao leito. Nova aventura!

**A docente**

Educação é a base para o empoderamento das nações. Como diziam nossos pais e avós e todos os ancestrais ao longo de milênios: "o maior legado que você pode deixar a um filho é a educação", ou ainda, "estudar e pensar são atos libertadores". Atualmente, há grande empenho em facilitar o letramento, ampliar a capacidade técnica e o ingresso à universidade. Por outro lado, há poucas ações que buscam distinguir as mentes brilhantes, independentemente de qualquer outra qualificação, também poucas iniciativas que visem minimizar a exportação de cientistas. Tenho dedicado um tempo importante em cursos de formação de cientistas, como o Curso de Ciências Moleculares da USP, e em atividades para jovens em sociedades científicas. Perguntar e formar conceitos, mais do que aprender de maneira linear conteúdos de física, química e biologia, é a nova forma de ensino. Mas apenas isso não basta. Nossos alunos têm de ser estimulados a adentrar no campo das humanidades, por meio de leituras e papos com colegas da área. Também coordeno a seleção de alunos brasileiros para o Curso de Verão do Instituto de Pesquisa Weizmann em Israel. Muitos desses jovens se tornaram pesquisadores brilhantes e muitos outros tiveram sucesso em carreiras diferentes. Ser ensinado a ter liberdade de buscar e poder alterar o rumo sempre que necessário é essencial para qualquer empreendimento.

Sonhar é preciso! As grandes realizações da humanidade foram idealizadas antes de serem realizadas. Assim, sempre haverá espaço e tempo para a esperança, e a certeza de um futuro.

Prêmios e distinções vão acontecendo.

Fazer a diferença... Estar presente... Amar e ser amada é o sonho de uma vida.

# 36

# PIVOTANDO A CARREIRA PARA RESSIGNIFICAR A VIDA

Neste capítulo, você encontrará o relato, em primeira pessoa, de Renata Paes Mendonça, compartilhando sua trajetória e o momento de guinada total em sua carreira de sucesso, optando por, corajosamente, renunciar ao cargo de alta liderança em prol do sonho de ser mãe e dar novo significado à sua vida. Renata se reinventou e continuou a trilhar seu caminho de conectar, suportar e transformar vidas, empresas e pessoas, auxiliando-as a encontrar seus próprios caminhos. Atualmente, em sua consultoria boutique, lidera projetos de desenvolvimento pessoal e organizacional e atua como *coach*, mentora e conselheira.

**RENATA PAES MENDONÇA**

# Renata Paes Mendonça

**Contatos**
www.rpmconsultoria.com.br
renata@rpmconsultoria.com.br
LinkedIn: linkedin.com/in/renata-paesmendonça-

*Coach*, mentora e consultora, com larga experiência em gestão de pessoas, tendo atuado por mais de duas décadas como executiva na área de recursos humanos em organizações de grande porte, nas quais, por mais de 10 anos, ocupou posições de liderança. Implementa soluções customizáveis para programas de liderança, processos de *feedback*, clima organizacional e processos que vão de desenvolvimento organizacional, comunicação interna a eventos. Revelar potenciais para indivíduos e maximizar desempenhos nas organizações é a vertente do seu trabalho. Atua como palestrante de temas correlatos ao desenvolvimento humano e apoia projetos de educação. Administradora, com especialização em Gestão de Pessoas pela FGV e Liderança pela Fundação Dom Cabral/INSEAD, pós-graduada em Marketing pela ESPM. Renata formou-se em *Coaching* Integrado pela ICI – *Integrated Coaching Institute;* e Mediação pelo CentroMediar.

Baiana, geminiana, com ascendente em virgem, administradora, curiosa, planejada, perfeccionista, controladora. E ansiosa. Esta sou eu: Renata Paes Mendonça.

Vida corporativa é uma jornada puxada. Diariamente, durante 18 anos, tive uma energia cavalar para me superar. Não havia outras opções, no meu caso. Ou eu fazia aquilo ou eu fazia aquilo. Sempre amei cada atividade, relação, desafio, equipe, par, líder, negócio, empresa, resultado!

O comportamento humano me fascinava e cuidar de gente era meu dom e prazer. RH e Comunicação Interna eram meu lugar!

Foram 7 empresas, dezenas de líderes, centenas de liderados, diversos parceiros.

Uma vida profissional praticamente 100% vivida em São Paulo, cidade que respira trabalho, eficiência e profissionalismo. E competição.

Sobrevivência, crescimento e perpetuidade. Este era o lema.

Atuei em empresas com culturas organizacionais fortes, modelos de gestão vanguardistas e ambientes apaixonantes. Minha trajetória profissional foi, majoritariamente, em indústrias de segmento de base, com força de trabalho predominantemente masculina e com poucas mulheres em posições de comando.

Convivi com mulheres altamente competentes, gestoras, coordenadoras e lideradas. Observava de longe, ou de muito perto, o desafio de equilibrar tantos papéis e entregar resultados mesmo em fases difíceis da vida de uma mulher.

Fui avaliada como uma líder empática, humana, detalhista e exigente.

A cada recrutamento, treinamento, seminário, evento, reunião de conselho ou aquisição, me entregava de corpo e alma. Como diz o ditado: vestia a camisa! Respirava 24x7 meus desafios profissionais.

A cada ano, uma vontade imensa de me autodesenvolver. E lá ia eu atrás de novas ferramentas, novos cursos, novas provocações. E a cada ano, eu cada vez mais, negligenciava minha saúde física e emocional.

Após uma fase de muito desgaste e exaustão mental, física e emocional, receber o diagnóstico de *burnout* não foi fácil. Relutei em aceitar e neguei a recomendação de um afastamento ou licença.

Aos 39 anos, tinha chegado a hora. Queria muito engravidar e meu corpo me pedia uma pausa. Dificílima decisão. A vida é feita de escolhas. Escolhas conscientes.

Após muita reflexão e terapia, me permiti. Ter o apoio do meu marido foi crucial. Sem as noites em claro de muita conversa, o suporte emocional e financeiro dele, teria sido impossível, certamente.

Conversei com minha mãe. Conversei com outras profissionais que tinham tido este destino também. Conversei com empreendedoras. Conversei com *coachs*. Conversei com pessoas que eu admirava do outro lado da mesa. Tive uma mentora.

Contei a novidade para as amigas. Muitas descrentes da minha decisão; algumas decepcionadas; várias me aplaudiram; outras invejaram. Eu já esperava. Às vezes, nem eu me reconhecia. Era necessário meu desligamento deste mundo (excitante e viciante) das organizações.

Meu líder, um estrategista agressivo e sedutor, tentou minimizar meu diagnóstico, meu momento e minha decisão. Contraproposta. Embora eu estivesse segura e decidida da mais difícil escolha da minha vida.

Em 2013, há exata uma década, rompi um laço sólido para cuidar mais criteriosamente de mim. De corpo e alma. Foram meses prévios de muito planejamento: financeiro, emocional, conjugal. Sem planejamento e uma poupança, teria sido mais doído.

Não é fácil perder o sobrenome corporativo, toda a estrutura administrativa que ao longo dos anos me apoiava, devolver o kit organizacional (notebook e celular) e encerrar a conta de e-mail da empresa. São ações práticas, mas que lhe tiram o senso de pertencimento de uma "família" que convivi intensamente ao longo dos últimos anos.

Pivotar a carreira é um termo emprestado do mundo das *startups* e significa girar em outra direção e testar novas hipóteses, mas mantendo sua base para não perder a posição já conquistada. E foi isto que eu fiz. Com coragem, com escolhas conscientes.

Chegara o dia que acordei sem despertador, com a agenda vazia... de compromissos. Como adorava as palavras reunião, compromisso, *call*, embarque... como seria o vazio? O "vazio" veio acompanhado de uma sensação de euforia, alforria, liberdade... e de medo, ansiedade e culpa.

Aos poucos, fui superando essas emoções negativas e aprendendo a apreciar a sensação de "férias prolongadas". Uma pausa produtiva, após quase duas décadas ininterruptas, com curtos períodos de férias (claro, não me permitia ausências prolongadas). Seria um sabático repleto de leituras, cursos e viagens.

Mesmo com a síndrome de impostora me rondando, reafirmava para mim mesma que seria capaz de seguir em carreira solo. Me reinventar. Não consegui conviver com a calmaria por muito tempo... e enquanto a gestação não vinha, resolvi empreender.

Assim surgiu a RPM, minha consultoria boutique de desenvolvimento pessoal e organizacional.

Foi um ano muito feliz e recompensador em agregar valor para pessoas e empresas, como *coach* e consultora. Vibrava a cada proposta aprovada e conquista de contrato assinado. Independente. Dona da minha agenda.

Depois de algumas tentativas, engravidei. Planejadamente.

Fui apresentada de uma maneira não muito agradável ao fantástico mundo da imprevisibilidade: a gravidez me isolou, fiquei seis meses em repouso, além da frequência diária dos enjoos, que me obrigaram a parar completamente de trabalhar desde o início da gestação.

Final de 2015, éramos três! Eu, meu marido Wilson e minha filha Isabel. Minha filha: meu maior instrumento divino de evolução! Meu projeto maior! E a RPM foi hibernada sem previsão de retomada, a princípio.

Mergulhei fundo na maternidade, sempre com Wilson me apoiando.

Quando a Isabel nasceu, comecei a usufruir do benefício e privilégio pelos quais havia batalhado tanto: poder me dedicar integralmente a ela. Havia chegado a hora de, finalmente, viver o momento tão esperado da vida de uma mulher, aos 41 anos. E eu não renunciei a isso!

Quando parei de amamentar e inocentemente julguei que eu teria "a minha vida de volta", cheguei a fazer uma lista de tudo que queria fazer. Só deu certo a primeira parte. Rasguei a lista e tive que aprender a não ser tão controladora e reaprendi a aprender. Fui me redescobrindo, por meio de reflexões, tombos e tropeços. Fiquei mais humilde e mais plena. Empoderada. Sim, o verdadeiro empoderamento.

Durante os dois primeiros anos da primeira infância da Isabel, fiquei dedicada exclusivamente às delícias (e loucuras) da maternidade. Com o superapoio de uma babá, comecei a ler e estudar (em cursos e por conta própria) sobre temas variados. O primeiro foi o Catolicismo. Eu precisava me encontrar com Deus.

Depois, li bastante sobre educação, papéis da mulher contemporânea, além de estudos sobre espiritualidade (Cabala e Meditação). Entrei em grupos de voluntariado. Simpatizei com o Terceiro Setor.

Mesmo com meu excesso de interesses pelas coisas e apetite pela vida, muito pouco mudei de planos ao longo da minha vida. Embora tivesse além do excesso de interesses, certa falta de foco e uma vontade imensa de conhecer tudo.

Jamais pensei em ser arquiteta ou engenheira; não tenho muita noção de espaço, mas amo decoração e eventos! Jamais pensei em ser advogada; não sou das leis, mas me percebo como boa mediadora de conflitos. Olha aí duas novas possibilidades de colocar meus dons com propósito!

A esta altura, tinha aprendido a cuidar de mim, sem detrimento à minha família, ao lar e aos amigos. Saúde, saúde, saúde. Física, mental e espiritual.

Precisava ganhar energia novamente. Acreditava que precisava redescobrir o prazer na carreira, em um trabalho com ainda maior significância. E eu me perguntava quem era eu e qual era o valor da minha experiência profissional.

Diretora de RH? Não mais. *Coach*? Counselor? Consultora? Talvez.

Mãe e dona de casa? Queria e podia mais. Afinal, tudo isto deveria adiantar para alguma coisa.

Fui confidente de tanta gente e ainda sou. Guardo segredos e histórias. Dizem que transmito muita confiança. Sei também que tinha um potencial infinito, mas delimitada pelo físico, oportunidades, *timing* etc.

De tédio não morro! A vida seguia correndo como uma trilha no mato e não como um passeio no parque. Este é meu ritmo. Em tudo e para tudo.

Estava na fase mais interessante da minha vida, mas a mais difícil.

Coloquei um objetivo (exigência para mim mesma) e bem evidente: deveria fazer um trabalho profundamente alinhado com meus "eus" verdadeiros, que não se trata de meramente ganhar a vida, que – embora às vezes possa ser muito difícil e frustrante – atenda aos diferentes movimentos e características da minha alma; que seja autêntico! O que tornaria meu próximo trabalho autêntico seria o alinhamento entre minha natureza, meus dons, aptidões e minhas fontes de prazer.

Mas agora tinha menos pressa. Entreguei para Deus as coisas que não posso controlar. Continuei colocando muita intensidade em tudo que fazia, mas direcionando minhas forças em menos coisas, tarefas e atividades... e, sim, nas mais importantes. Foco.

Dizem os gurus que já terminei minha "cura kármica": débito passado com a família e a maternidade. E que meu *"tikun"*/destino é aliviar o sofrimento dos outros.

2018 foi o meu ano mais introspectivo. Precisei aprender a ser egoísta e agradar a mim mesma.

2019: Isabel crescia, se desenvolvia e desbravava o mundão, sempre sob meus atentos olhares.

A vida seguia com menos luxo, mas com a agenda sempre cheia e com propósito: eventos, viagens, palestras, cursos, atividades da Isabel e da escola... propostas de trabalho, de parceria e de sociedade...

Aos 45 anos me sentia disposta, com energia mental e com vontade de fazer coisas novas e impactar vidas. De maneira flexível, claro!

Escolhi o caminho do meio: conciliar maternidade e carreira.

Assim, reativei a RPM, troquei de escritório físico, firmei parceria com outras consultoras e, como minha alma ainda pedia um pouco mais de calma, consegui equilibrar melhor meus papéis e tempo.

2020: a pandemia chegou num momento superprodutivo. Um banho de água fria. O mundo parou. Contratos cancelados, clientes individuais surtados.

Não seria a primeira vez que eu estaria com minha liberdade de ir e vir tolhida; tinha tido uma gestação com repouso quase absoluto por 6 meses. No entanto, dessa vez, não tinha um *deadline* para acabar e eu tinha uma criança saudável de 4 anos e um marido tenso, em casa, o dia inteiro.

Um território desconhecido e muitas adversidades. Ou nos sentíamos enjaulados. Ou o confinamento era um convite para a reflexão, aquietamento e ressignificação. Esta fase abriu-me um leque de oportunidades, um convite para o diferente.

Desacelerei para entender o que estava acontecendo. Fui suporte para clientes, familiares e professora de alfabetização da minha filha. Cooperei em campanhas de arrecadação de fundos. Até cozinhei.

As mídias sociais nunca foram tão importantes. A conexão social era via mundo virtual. Os atendimentos passaram a ser via videocall. Para mim, que sempre fui uma profissional que preferia o olho no olho, o contato físico e presencial, o calor humano, tive que me adaptar. Videocall com amigos, colegas, famílias, vizinhos também! Manter essa conexão aliviava o estresse e o mar de incertezas. Todos fisicamente distantes, mas emocional e psicologicamente juntos. União.

Vulnerável. Assim me senti. A perfeccionista teve de dar lugar à vulnerável, novamente. Entregar para o Universo o que não controlamos. Indefinições. A falta de controle da perspectiva de retorno à vida "normal" me assustava... foi preciso, então, ressignificar a rotina!

Questionava-me o que trazia energia na quarentena para mim. O que e onde eu fazia a diferença e em que me destacava. Me perguntava o que eu estava oferecendo ao mundo. E qual era minha zona de desconforto. Coloquei foco e energia aqui.

Não queria ficar obcecada por produtividade exacerbada que a quarentena impunha para alguns e que sempre foi meu padrão de comportamento. Não era plausível trazer o ritmo de antes da pandemia para a quarentena.

Suave. Queria ter uma nova rotina mais suave e focada no aqui e agora. Ao mesmo tempo, surgiram convites para *lives* e uma proposta de projeto/licitação na consultoria. Peguei-me virando a noite. O *flow* proporcionado pelas demandas citadas era incrível! Fiquei absorvida e em êxtase por ter meus conhecimentos compartilhados durante aqueles meses obscuros.

Equilibrando a equação e cada dia mais, com escolhas conscientes e inteligentes.

A pandemia aparentemente se foi e os aprendizados ficaram.

Segundo semestre de 2020: retomo a RPM com força total. E em casa nova. *Fresh*, a minha cara! Meu novo escritório. Minha sala. Meu novo lugar no mundo.

O renascimento de uma nova história. A reconstrução do meu espaço profissional. Espaço para me abastecer de mim mesma. Espaço para compartilhar e despertar o melhor do outro. O que aprendi e o que eu acredito hoje, a serviço de mim e do outro.

Internalizei os meus propósitos e concluí que ainda preciso fazer mais. Abrir espaço e alçar outros voos. Começo um trabalho social voluntário e me integro em grupos de *networking* feminino e sororidade.

Ah! A Isabel completou o primeiro setênio, com uma infância pulsante. Se perguntada o que sua mãe mais gosta de fazer, certamente, responderá: ler e escrever. E estar cercada de pessoas.

Ah! Minha vida está mais saudável, com muito mais consciência do que me faz bem ou mal, com mais respeito ao meu corpo, priorizando atividades físicas e alimentando a alma.

Planejamento de Carreira e Desenvolvimento de Competências Socioemocionais: assim contribuo com indivíduos, grupos e empresas.

Minha essência é GENTE! Paixão por gente! Por conectar, por suportar e transformar vidas e pessoas. Paixão por diversidade e inclusão, cultura organizacional, futuro do trabalho, comportamento humano e governança corporativa.

Meu eixo de vida é PRODUZIR. Definitivamente, não vim nesta vida a passeio.

Sim, meu DNA é de APOIAR as Pessoas a encontrar seus próprios caminhos.

É APOIAR as pessoas e empresas a se desenvolverem.

Viver uma carreira de "portfólio": prestar consultoria, ser mentora, fazer *coaching* e integrar *boards*. Atuações correlatas. E organizar eventos sociais e corporativos. Com muito prazer.

Prazer! Esta sou eu, Renata Paes Mendonça.

**Março de 2023**

# 37

# TRILHAS E DESCOBERTAS
## MULHERES COMO BASE PARA A CONSTRUÇÃO DE UM MUNDO MELHOR

As histórias entrelaçadas neste capítulo trazem um fio condutor: a luta por um mundo com mais equidade, diversidade, humanidade e amor. Seja como mãe, repórter de carreiras, blogueira de maternidade, executiva, voluntária, mentora ou em outros chapéus que já ocupou e ainda ocupa, Roberta fala sobre como foi descobrindo, ao longo do tempo, o quanto as referências femininas e o apoio a outras mulheres foram importantes em sua vida e carreira. De maneira muito transparente, ela fala também sobre sua base familiar, conquistas profissionais, a "síndrome da impostora", o impacto da perda da sua mãe e o câncer que enfrentou em 2020.

## ROBERTA LIPPI

# Roberta Lippi

**Contatos**
lippi.roberta@gmail.com
LinkedIn: linkedin.com/in/robertalippi

Roberta Lippi é sócia e *head,* no Brasil, da Brunswick Group, consultoria internacional de comunicação estratégica. Jornalista formada pela PUC-Campinas, com pós-graduação em Gestão Empresarial pelo Insper; e especialização em Comunicação Internacional pela Universidade de Syracuse/Aberje. Tem 25 anos de experiência na área de comunicação, com foco em posicionamento corporativo, imprensa, crises, comunicação interna e treinamento de executivos. Passou por alguns dos principais veículos de imprensa do país, como *Valor Econômico, Gazeta Mercantil* e *Folha de S. Paulo*. É mentora do programa Aceleradora de Carreiras (Comitê de Igualdade Racial) do Grupo Mulheres do Brasil e do projeto Gerando Falcões. Colunista dos portais Aberje e Imprensa.

**Escolhas**

"Roberta. Você foi aprovada em tatu rato abelha igreja navio elefante elefante. Treinil".

Era dezembro de 1997 e eu havia recém-completado 22 anos de idade quando cheguei em casa e vi o bilhete ao lado do telefone fixo, sobre uma mesinha de madeira. Fiquei um tempo tentando decifrar aquele recado, até que me dei conta: havia sido selecionada para participar da primeira turma do programa de *trainees* da *Gazeta Mercantil*, o mais importante jornal de economia e negócios do país.

Eu era uma garota típica do interior paulista. Criada na infância em Mairinque e na adolescência em Sorocaba, saí da casa dos meus pais aos 17 para cursar faculdade de jornalismo em Campinas. Apesar de jovem, já tinha uma boa experiência profissional – trabalhava desde os 15 anos e, como repórter, já havia passado, entre outros, pela regional de Campinas da *Folha de S. Paulo* e pela Fapesp, Fundação de Amparo à Pesquisa do Estado de São Paulo, nessa última fazendo jornalismo científico.

São muitas as escolhas que fazemos ao longo da vida e que vão direcionando o nosso caminho, mas eu tenho clareza hoje de que me mudar para São Paulo e encarar a cidade grande que eu tanto temia foi certamente uma das decisões mais importantes que tomei profissionalmente. Foi em São Paulo que construí toda a minha vida a partir daquele momento, e a *Gazeta Mercantil* foi, definitivamente, a melhor escola que eu poderia ter feito.

Talvez seja ironia do destino ter ido parar justamente em um jornal de economia, área com a qual eu tinha zero afinidade – e interesse, para ser honesta. Mas nunca fui de perder oportunidades. Fiz o curso de *trainee*, fui contratada e ali tive o privilégio de aprender com profissionais e pessoas incríveis. Naveguei por temas áridos, como a macroeconomia, mas também por outros deliciosos, como a área de carreiras e educação executiva, em que, de fato, me encontrei no jornalismo. Contar histórias de pessoas e escrever sobre temas que faziam diferença na vida dos leitores e leitoras me dava uma satisfação imensa.

Foi cobrindo carreiras, no final dos anos 90, que comecei a entender as particularidades e os desafios do universo feminino. Na *Gazeta*, e posteriormente no *Valor Econômico*, escrevi muitas vezes sobre as dificuldades que as mulheres em ascensão na carreira enfrentavam, em especial por carregarem o peso de administrar sozinhas a casa e o cuidado com os filhos. Naquele período, passei a abraçar uma causa da qual não larguei nunca mais.

**Mudanças de rota**

Em 2004, depois de ter sido demitida em um corte massivo no Valor, recebi uma proposta para atuar no mundo corporativo, coordenando a área de comunicação da Brasilprev, outra decisão muito importante na minha trajetória e que me fez uma profissional mais completa. Nem todo jornalista se adapta ao ambiente empresarial, mas eu gostei logo de cara. Estava conhecendo por dentro e, na prática, aquele universo sobre o qual tanto escrevera. Meu espírito de repórter ia à loucura quando participava de reuniões superestratégicas e confidenciais. Trabalhei diretamente com um presidente que tinha uma personalidade difícil, mas que fazia acontecer e me incentivou a exercer minha criatividade e atitude empreendedora. Enquanto como jornalista trabalhava muito sozinha, lá tive de aprender na marra a liderar pessoas e projetos, o que me trouxe muita experiência e autoconhecimento.

Até que me casei, engravidei e, de repente, me vi no mesmo lugar das muitas mulheres que eu havia entrevistado lá atrás. Meu marido também era executivo e viajava muito. Vi que seria muito penoso para a minha filha ainda tão bebê ter pai e mãe trabalhando em tempo integral naquele ritmo. Como tínhamos uma reserva financeira, optei por pedir demissão após a licença-maternidade para poder cuidar dela e administrar todas as mudanças e demandas que a maternidade implicava.

Ainda assim, nunca parei de trabalhar. De casa, quando esse modelo ainda não se chamava *home office*, voltei a atuar como repórter *freelancer*, escrevi um livro como *ghostwriter*, fiz consultorias, treinamentos de executivos, editei revistas e, o mais legal de todos os projetos, escrevi um blog de maternidade. Era a fase dos primórdios dos blogs, quando ainda ficavam escondidos em um mundo à parte na internet pré-redes sociais e só eram acessados por quem realmente tinha interesse no assunto. E eu descobri, por meio do blog e da interação com outras mães, o que significava, na essência, o acolhimento feminino.

As trocas com mulheres até então desconhecidas que tive na blogosfera me fizeram muita companhia, além de abrirem meus olhos em uma época que as informações sobre maternidade ainda eram restritas aos livros – muitos deles carregados de conceitos machistas sobre a criação de filhos. Entendi ali o que era a solidão materna, e comecei a entender a mãe que eu queria (e a que eu não queria) ser.

De maneira natural e espontânea, o blog começou também a me dar alguma projeção como voz atuante no universo da maternidade (me tornei uma influenciadora antes de existir esse nome!). Comecei a ser procurada para dar entrevistas e a receber propostas de marcas para produzir conteúdos patrocinados. Logo depois, me juntei a outras blogueiras para criar o Mamatraca, site pioneiro na produção de vídeos onde falávamos sobre maternidade dando protagonismo às mulheres, e não aos bebês. Era uma abordagem que pouco se via até então. Aquele projeto promoveu uma transformação profunda na minha vida em todos os aspectos: como mãe, como mulher, como filha, como profissional. Engravidei da minha segunda filha nesse período e todo aquele aprendizado foi valiosíssimo na minha segunda gestação.

O Mamatraca era formado por quatro mulheres com vivências e pensamentos distintos que, de uma forma respeitosa e acolhedora, debatiam questões fundamentais para o empoderamento feminino. Abordávamos os temas com muita responsabilidade (também com bom humor) e trazíamos sempre especialistas para a conversa. Recebemos relatos emocionantes de muitas leitoras sobre o quanto as conversas e debates promovidos no site foram importantes para elas. Na semana em que falamos sobre parto, por exemplo, trouxemos experiências próprias bastante doloridas que, além de terem provocado uma catarse entre as quatro, geraram um engajamento absurdo de centenas de outras mães que escreveram contando suas histórias. Esse retorno imediato das leitoras sobre o quanto nosso trabalho as ajudava me trazia uma realização indescritível.

Com dor no coração, optei por deixar o site em 2013, quando recebi o convite para ser diretora da Brunswick, uma consultoria internacional de comunicação estratégica da qual hoje sou *head* no Brasil. A dedicação ao novo trabalho seria intensa e demandaria muito do meu tempo, mas, ainda assim, já embrenhada em um caminho sem volta, continuei me envolvendo de outras formas com a pauta/causa feminina. Na última década, atuei em diversos projetos voltados para inclusão e apoio a mulheres, como o Programa Diversidade em Conselho (PDeC), voltado para aumento da presença feminina em conselhos de administração, e a mentoria para mulheres negras em cargos de liderança do Comitê de Igualdade Racial do Grupo Mulheres do Brasil.

Ao longo do tempo, descobri, nomeei e renomeei muitas coisas em mim mesma. Foi há quase dez anos, por exemplo, quando li o livro *Faça acontecer*, da ex-diretora de operações do Facebook Sheryl Sandberg, que me dei conta de que eu sofria da tal "síndrome da impostora". Até então, eu não tinha ouvido falar nesse termo e muito menos imaginava que meu sentimento era compartilhado com tantas outras mulheres. "Ainda há dias em que acordo com a sensação de ser uma fraude; não estou certa de que deva estar onde estou", escreveu a executiva, uma das mais bem-sucedidas dos Estados Unidos, em seu best-seller publicado em 2013. Impressionante como parece que ela está me descrevendo, eu pensava. Ao mesmo tempo em que sempre me entreguei a novos desafios, poderia relatar aqui um incontável número de vezes em que a insegurança e a percepção negativa (às vezes, até deturpada) sobre mim mesma me marcaram – e continuam acontecendo até hoje.

Mesmo fazendo terapia, não consegui identificar se houve algum episódio que me induziu a confiar tão pouco em mim mesma. Porém, quando converso com outras mulheres e leio sobre o tema, vejo que muito da falta de autoconfiança está relacionado simplesmente ao fato de termos sido criadas em um mundo machista, cheio de estereótipos de gênero e bem mais difícil para nós. Quantas vezes sentimos que precisamos trabalhar mais do que os homens para provar nossas habilidades ou que podemos ser julgadas com mais severidade do que eles pelos mesmos erros? Nós somos muito mais propensas a nos compararmos com os outros e a nos concentrarmos em nossas deficiências, em vez de nossas forças.

Agora, mãe de duas filhas adolescentes, tenho a missão de prepará-las para quebrarem esses paradigmas e enfrentarem o mundo com força e coragem. E faço esse exercício diariamente, em especial depois dos momentos difíceis e de dor profunda que vivemos nos últimos anos.

### Dois cânceres

Em 2019, aos 67 anos, minha mãe descobriu repentinamente um câncer de pulmão que a levou em seis meses, depois de um tratamento muito duro e sofrido. Perder minha maior referência de vida, minha melhor amiga, melhor avó do mundo, foi um impacto imensurável, que apagou todo meu brilho e me fez perder a vontade de continuar, deixando um buraco gigantesco na minha alma. Eu consegui aceitar em paz a morte do meu pai em 2003, mas a dela, não conseguia – mesmo tendo sido preparada espiritualmente por ela para entender que existe um sentido em tudo.

Não tive, no entanto, tempo suficiente para viver o meu luto. Dizem que Deus faz as coisas certas – às vezes por linhas aparentemente tortas – e me apeguei nisso para aceitar e encarar o que vinha a seguir. Em fevereiro de 2020, cerca de quinze dias antes do início da pandemia e prestes a completar três meses da morte da minha mãe, descobri em um exame de rotina que eu também estava com câncer. Um raro linfoma não Hodgkin localizado na região do útero apareceu para me dizer que eu não poderia me entregar. Que minhas filhas, no início da adolescência, precisavam tanto de mim quanto eu precisei da minha mãe e que teria que ficar bem por elas. Precisaria enfrentar com sabedoria um intenso tratamento de quimioterapia e radioterapia que me faria, inclusive, perder os cabelos.

Hoje, três anos depois, curada e fortalecida em todos os sentidos, posso dizer que sobrevivi de maneira digna à hecatombe que me atropelou. Sou vista pelas minhas filhas como uma referência de mulher forte e corajosa, assim como minha mãe foi para mim. Não gostaria que elas tivessem passado por tantos desafios ainda tão novas, mas conforta ver que enfrentamos de mãos dadas as nossas dores e conseguimos, dentro do possível, amenizá-las.

## Legado

Há tempos venho tentando compreender meu propósito neste mundo. Questiono o tipo de legado que efetivamente serei capaz de deixar. Tenho me dedicado fortemente a ouvir, a aprender e a me tornar aliada de causas que considero essenciais para a evolução da humanidade, como a equidade, a diversidade e a inclusão. E nessa busca tenho descoberto lindas correntes de amor, generosidade e empatia. Tenho conhecido pessoas inspiradoras que promovem o bem de maneira genuína. É o verdadeiro sentido de "uma sobe e puxa a outra". E noto que, quando ajudo outras pessoas e me cerco de gente de bom coração, me sinto mais feliz e mais satisfeita comigo mesma. Me fortaleço como mulher, como indivíduo, como profissional, como mãe, como cidadã.

A família, os relacionamentos e as referências femininas sempre me guiarão. Tirei a sorte grande de ter pais amorosos que me deram absolutamente tudo o que eu precisava para me tornar uma pessoa do bem e com valores sólidos.

Tenho a felicidade de ter um marido, filhas, irmãos e amigos que me amam e que me apoiam. Minha mãe, agora em outro plano, será eternamente a minha grande inspiração, a melhor referência de amor incondicional que eu poderia ter tido. Ela ajudava o próximo com aquilo que pudesse dar no momento: tempo, dinheiro, afeto, cuidado, paciência para ouvir, palavras de conforto. E é esse o exemplo de mulher que quero continuar seguindo.

# 38

# QUANDO O PLANO B SE TORNA A MELHOR HISTÓRIA DA SUA VIDA

Este é um capítulo de pequenas histórias. Já escrevi um monte delas por profissão, mas nunca achei que a minha própria história pudesse ter lances interessantes, que merecessem ser compartilhados. Escolhi ser jornalista pela paixão em conhecer de tudo um pouco: ouvir relatos, testemunhar fatos, pesquisar, reunir tudo e contar de um jeito que provocasse algum impacto nas pessoas – um novo conhecimento, algo com efeito prático no dia a dia, ou mesmo emocionar. Além do que, o jornalismo é um registro da nossa cultura, do nosso tempo, da História. Eu só não imaginava, quando comecei minha carreira, que eu realizaria esse propósito de um jeito tão diferente do que planejei nos meus sonhos, no meu plano A. Não é nada fácil escrever sobre mim. Fui treinada para ser a que observa, questiona, analisa, confere e relata... em terceira pessoa. Não tenho nenhuma pretensão de ser um exemplo e, longe de mim, dar conselhos. Só deu vontade mesmo de contar essas histórias. Tomara que tenham um bom impacto em você. Afinal, uma boa história puxa a outra.

## ROBERTA MACHADO

# Roberta Machado

**Contato**
LinkedIn: linkedin.com/in/roberta-machado

CEO da InPress Porter Novelli, maior agência de comunicação do país voltada para o mercado privado, com cerca de 200 clientes e mais de 450 colaboradores. Com 30 anos de experiência em Jornalismo e Comunicação Corporativa, Roberta é apontada, pelo PR Scope, como a mulher mais admirada em agências de Relações Públicas no Brasil. Além de uma líder apaixonada em desenvolver pessoas, é especialista em gestão de reputação e consultoria em comunicação - especialmente em crises. Mãe de Letícia (21) e Daniel (14), é ativista pelo consumo consciente (apoiando o Instituto Akatu), empoderamento feminino (pela Women in Leadership Latin America) e saúde mental nas empresas, com o Movimento Mente em Foco, criado pela InPress com a Sociedade Brasileira de Psicologia e incorporado pelo Pacto Global da ONU. Carioca radicada há 16 anos em São Paulo, adora pedalar para manter a cabeça fresca e as artérias desobstruídas.

**Universidade do Brasil**

A inscrição, em letras grandes de ferro, na fachada do palácio neoclássico mais belo do país, escancarou o tamanho do que havia pela frente. Eu já tinha passado por ali algumas vezes, admirando o imponente e desgastado edifício. Avenida Pasteur, à beira da Baía de Guanabara, no pé do Pão de Açúcar. Mas, naquele dia, eu não estava de passagem. Eu entrava naquele mundo novo e desconhecido.

Subi os sete ou oito degraus de pedra que davam acesso ao imenso corredor entremeado de arcos, tão comprido que eu não via o fim. Botava o pé, enfim, na Escola de Comunicação da UFRJ.

Aos 13 anos, eu já tinha decidido ser jornalista. Brincava de entrevistar todos da família e quem mais frequentasse a minha casa. A tiracolo, o gravador do meu pai, que tinha o tamanho de uma caixa de sapatos, acomodado num estojo de couro preto com alça, como uma bolsa. O microfone plugado nele por um fio enorme. Era o máximo da portabilidade na época da fita cassete – pré-CD, pré-MP3, pré-celular.

Ninguém na família era jornalista. Meu pai era exímio datilógrafo e eu ficava hipnotizada com o batuque frenético das teclas da máquina de escrever. E seu *hobby* era filmar as férias da família em Super8. Filmava, editava, cortando e colando a tira de película, sonorizava. Nem sei bem se isso chegou a influenciar a escolha da minha profissão.

Sei é que tive a sorte de ter um avô corajoso, que deixou o interior do Ceará com mulher e cinco filhos para tentar uma vida melhor no Rio de Janeiro, se instalando no bairro periférico de Anchieta, onde viveu numa casa humilde até morrer aos 94 anos. Meu pai foi o único dos cinco a ir para faculdade, já casado, com duas filhas. Aos 3 anos, fui à formatura do meu pai, bacharel em Direito, pela mesma Universidade Federal do Rio de Janeiro, durante a ditadura militar.

Como também foi sorte minha que meus pais se mudaram para Vila Isabel quando eu tinha dois anos, deixando a periferia e ingressando na região mais central do Rio – ainda a muitos quilômetros da praia. Sorte de ter estudado a vida toda em escola particular, fazendo jus ao suado dinheiro do meu pai ao tirar boas notas para, um dia, entrar numa universidade pública – "porque não temos dinheiro para pagar quatro anos de PUC, Roberta!". Fiz parte dessa lógica injusta brasileira em que os filhos da classe média têm mais chances de entrar na universidade pública.

Foi muita sorte. Ou alguém que acredita em meritocracia acha que eu teria subido aqueles degraus do palácio edificado em 1852 por Dom Pedro II, para abrigar a primeira escola de psiquiatria do país, se meu avô tivesse ficado em Limoeiro do Norte, onde não havia, e até hoje não há, Universidade do Brasil?

### Jornalismo popular

Os anos 1990 foram marcados pelo nascimento de uma nova categoria de jornalismo. No mundo e no Brasil. Por aqui, saíam de cena os jornais no estilo "espreme e sai sangue", com vasto noticiário policial, títulos apelativos e credibilidade duvidosa, e estreavam os veículos de serviço, que se propunham a traduzir para a classe C tudo o que impactava seu dia a dia, tratando de forma acessível temas complexos de política e economia, com edição e redação de alta qualidade.

Foi em 1992 que o antes policialesco e sensacionalista jornal carioca *O Dia* se reformulou e revolucionou o jornalismo popular no Brasil. Foram buscar os melhores profissionais no *Jornal do Brasil* e *O Globo* e abriram um processo de seleção nas melhores faculdades de Jornalismo do Rio para criar "a nova geração *O Dia*". Eu estava nesta primeira turma. Foi realmente um programa de estágio bem estruturado. Cada um de nós passou por todas as áreas do jornal ao longo de um ano e meio e acabou tendo a visão mais completa possível do produto que aquele diário estava se tornando. Ao final, todos fomos contratados. O editor de Esportes queria me levar para lá, mas eu queria mesmo ser repórter de Geral – onde estaria cobrindo os principais acontecimentos do dia na cidade.

No fim do meu estágio, o editor-chefe me chamou na sala dele e disse: "Eu tenho duas notícias pra você. A primeira é que você será contratada na área que você quer, a reportagem Geral. Parabéns! A segunda é que você será a repórter setorista de Justiça. É na Justiça que todos os principais conflitos da sociedade acontecem – empresas pedem falência, famosos se divorciam, figurões são acusados de corrupção. Você vai pro Fórum todos os dias e vai trazer pelo menos uma boa história para a edição do dia seguinte".

Saí da sala dele nas nuvens! E fui direto para a mesa do chefe de reportagem, que me passaria as instruções para o meu primeiro dia como setorista. "Você conhece a Elba Boechat?", ele me perguntou. "De nome. É do Globo e tem uma coluna aos domingos chamada Nos Corredores da Justiça", respondi. "Pois ela faz isso há 20 anos, conhece todo mundo na Justiça do Rio. Caminha pelo Fórum como se fosse a casa dela. É com ela que você vai concorrer. Sobreviva sem levar furos dela".

Caí das nuvens em segundos. Só conseguia pensar em como eu daria conta daquilo. Eu nunca tinha pisado num fórum na vida e a minha concorrente devia ter só de experiência o que eu tinha de idade.

Cheguei humilde no Fórum do Rio. Me apresentei para a Elba na primeira oportunidade. Ela me olhou de cima a baixo com cara de desprezo e um sorrisinho no canto da boca. Era o ano de sorte dela. "Como é que *O Dia* quer desbancar *O Globo* colocando uma foca[1] dessas pra cobrir Justiça?", foi o que eu li na cara dela. E minha estratégia foi justamente não representar a menor ameaça. Até porque eu nem chegava perto disso mesmo. Discretamente, fui virando a sombra dela. Assumi abertamente minha inexperiência e acho que ela foi simpatizando comigo. De vez em quando me dava patadas homéricas. Eu respirava fundo e corria atrás das minhas histórias.

Cumpri a meta de não levar furos vergonhosos; a notícia que ela tinha, eu também tinha. E fui conhecendo as pessoas, conquistando minhas próprias fontes e, ao longo dos quase três anos que se seguiram, ela passou a me respeitar. Tínhamos nosso código de ética e consegui fazer reportagens exclusivas, participar de coberturas históricas, como os casos Daniela Perez e chacina da Candelária, e assinar minha própria coluna, Lei dos Homens – que saía três vezes por semana –, de tanto material que eu apurava.

Em dezembro de 1996, meu editor decidiu me promover a editora-assistente. Aos 24 anos, eu deixaria de ser repórter e passaria para a edição, escolhendo as notícias mais importantes, categorizando, fazendo a curadoria diária do noticiário de Cidades produzido por repórteres mais velhos e mais experientes do que eu.

Tive medo. Eu gostava de ser repórter, de ir para a rua, apurar, entrevistar, escrever. Achei que estaria queimando etapas, não acreditava que estivesse pronta para aquela responsabilidade. Mas como recusar uma promoção?

---

[1] Repórter iniciante

Eu me casaria seis meses depois, o aumento de salário viria no momento perfeito. Aceitei.

E a Elba Boechat ofereceu uma bela feijoada em sua casa em minha homenagem. Convidou promotores, juízes, defensores, nossas melhores fontes, para celebrarem a minha promoção. Aquela que imaginei que seria minha algoz foi uma das primeiras mulheres a me puxar para cima na minha carreira. Daquele seu jeitão bruto, mas foi uma puxada a que sempre serei grata.

## Demissão

Foi o que aconteceu um ano depois. Cometi um erro bobo e deixei de inserir um anúncio promocional do próprio jornal numa página. Pediram a cabeça de quem errou e meus chefes entregaram a minha. Foi uma queda tão dolorida que tive que ir para terapia. Foram três meses tentando me recuperar daquela pancada. Não mandei currículo para lugar nenhum. Algumas oportunidades surgiram – um *trainee* na GloboNews, um processo de seleção no Extra. Mas nada me empolgou. Até que o telefone tocou.

Era Renata Schmitt, antiga colega no jornal *O Dia*. Estava muito feliz trabalhando numa assessoria de imprensa. E me puxou, me convenceu a ir à agência e ser entrevistada para uma vaga que tinha acabado de surgir. Eu nunca tinha cogitado trabalhar em assessoria, tão entregue à minha vida no jornal. Não sei explicar, mas o telefonema da Renata me empolgou.

## Carreira

Foi isso que aquela oportunidade não planejada, não almejada, inaugurou na minha vida. Até ali, aos 25 anos, eu tinha realizado o meu sonho de profissão. Sem saber que tinha sido a base muito bem fundada para o que eu construiria nos 25 anos seguintes.

Tudo era diferente. Se no jornal o ambiente era machista, com episódios constrangedores de assédio, na In Press quase todas as colegas eram mulheres, a maioria egressa de outras agências ou de empresas. Me senti uma "casca-grossa", como uma sobrevivente de um ambiente hostil, que tomou um tombo feio e aprendeu na marra a ser cuidadosa, previdente, focada e ter jogo de cintura. Ivandel Godinho, o dono da agência, dizia que eu não tinha "dodói". Jornalista com décadas de experiência, ele sabia bem que a vivência em redação de jornal era como a rua para o moleque que aprende cedo a prestar atenção nos perigos e a ficar esperto para não se machucar.

E ele foi me mostrando que o mundo corporativo era a minha nova rua e, como o moleque mais velho e experiente, ia me dando os códigos para que eu desviasse das armadilhas e fosse conquistando o meu espaço.

Sua sócia na agência – e esposa – era Kiki Moretti (não deixe de ler o capítulo dela neste livro!). Se o Ivandel me talhou para a sagacidade e para me impor, foi a Kiki que puxou tudo o mais que havia em mim para a nova carreira em Comunicação Corporativa. Cada interação com ela era um aprendizado. Ao longo desses 25 anos que temos trabalhado juntas, ela é meu espelho e meu farol. Em 2018, quando a In Press completou 30 anos, ela confiou a mim a missão de sucedê-la na liderança da agência que criou.

Kiki tem um brilho e um carisma que nunca vi em outra pessoa. Fiquei hipnotizada quando a vi pela primeira vez. E quando ela me entrevistou naquele início de março de 1998, eu quis começar na hora a trabalhar ali.

Logo percebi que o que eu tinha a fazer era o que eu mais sabia: apurar os fatos, identificar o que havia de relevante neles e embalar de forma que ficassem irresistíveis. Só que agora os fatos eram as realizações das empresas e marcas para quem eu trabalhava. E meu público de relacionamento não eram diretamente os leitores do jornal, mas os formadores da opinião pública, na maioria das vezes, meus colegas jornalistas.

Eu realmente pude conhecer de tudo um pouco, o que sempre foi minha paixão. Atuei na comunicação de grandes clubes de futebol, de emissoras de TV, de multinacional de consultoria e auditoria, de universidade, de equipes de automobilismo, distribuidora de energia elétrica, das grandes de telecom, bancos, empresa de bebidas. Todos os assuntos me envolviam. Traduzi-los e encontrar as formas mais sedutoras e eficientes de divulgá-los ao público, com o maior impacto possível, me realizou – e realiza – demais.

## Do jornal de papel ao metaverso

Esse é o tamanho da transformação que eu vivi, dia após dia, nesses 30 anos como profissional de comunicação. E considero isso um grande privilégio.

A tecnologia revolucionou a forma como nos comunicamos, nos relacionamos e nos informamos. E vem desafiando todas as corporações a não apenas inovarem na sua comunicação para se manterem relevantes para o seu público, mas, principalmente, a lidarem com a hipertransparência que a era digital as impôs, em que o poder da comunicação está nas mãos de todo mundo.

Para mim, hoje, estar imersa e atuando diretamente nesses desafios é tão excitante quanto subir aqueles degraus de pedra no primeiro dia da faculda-

Roberta Machado

de. Só que agora não estou subindo esses degraus sozinha. Há centenas de pessoas olhando para mim, os colaboradores e os clientes – como os músicos da orquestra olham a batuta do maestro; como eu olhava para o Ivandel buscando as dicas para sobreviver na rua.

E é isso mesmo que eu lhes ofereço todos os dias: as dicas de sobrevivência e a batuta girando.

## 39

# ABRA-SE PARA A VIDA
## EXEMPLOS INSPIRADORES DE COMO NOVAS EXPERIÊNCIAS E CONEXÕES PODEM TRANSFORMAR SUA JORNADA

A importância de estar aberta para novas experiências, de aprender a ouvir e observar. E de como cuidar e manter as nossas relações nos ajudam na trajetória de nossas vidas. E de como a influência familiar tem relação na formação da nossa personalidade. E de como todas as experiências que vamos tendo pela vida vão nos conscientizando do que é importante e do que nos dá prazer em trabalhar.

**ROBERTA SUPLICY**

# Roberta Suplicy

**Contatos**
LinkedIn: robertasuplicy
Instagram: @robertasuplicy

Passou por agência de publicidade, site de leilão e, aos 19 anos, começou a empreender. Foi proprietária do Filomena (restaurante que lançou dois profissionais: o chef Alex Atala e a arquiteta Patricia Anastassiadis, ambos desconhecidos na época). Apaixonada pela alimentação saudável e o seu poder na saúde. Trouxe para o Brasil, junto com as sócias, a Urban Remedy, revolucionando o mercado de alimentos saudáveis e *plant based* no país. Também é presidente da Câmara Setorial de Sucos de São Paulo. Acredita na potência do agro e dos alimentos *in natura* na transformação da saúde das pessoas, na diminuição das doenças que mais matam (obesidade, diabetes e cardíacas) e na diminuição da desigualdade social. Tem o sonho de incluir uma aula de nutrição por semestre no currículo escolar desde o primário.

Meu nome é Roberta, nasci em São Paulo e venho de família enorme e tradicional.

De um lado, a minha avó teve 11 filhos, 40 netos e 67 bisnetos. Ela viveu 104 anos, foi casada duas vezes, ficou viúva do primeiro marido com quem teve dois filhos e se casou de novo, teve mais nove filhos, um deles, meu pai. Minha avó Filomena foi uma mulher muito forte, foi uma das primeiras mulheres a tirar carta de motorista no Brasil. Disse que nunca usou uma calça, mas sabia jogar futebol. Apesar de ter tido 11 filhos, nunca levantou a voz para nenhum deles, quem é mãe sabe o quanto isso é difícil, mas do jeito dela sempre conseguiu que todos fizessem as suas vontades. Lembro que todas as quartas-feiras tinha jantar na casa da vovó para a família, com pelo menos 20/30 pessoas. Muito religiosa, todo Natal fazia uma missa para mais de 200 pessoas. Convidava (era quase uma convocação) todos os parentes e mais os vizinhos. No final de cada ano, ela enviava a toda família (impressa mesmo) uma lista com os telefones endereços e profissão de cada membro da família, assim se alguém precisasse de um advogado, de um astrólogo, de uma veterinária, poderíamos encontrar dentro da família.

E acredite, na minha família tem de tudo mesmo: senador, astrólogo, advogados, músicos, veterinário, empreendedores, donas de casa, influenciadores, fotógrafo, corretor, pesquisador...

Talvez por isso que eu adore estar sempre rodeada de pessoas e tenha essa facilidade em conversar, conectar e conhecer pessoas. E curiosidade por tantos assuntos diferentes.

Do outro lado da Família, aquela avó de cinema, gordinha, fofa, amorosa, cozinhava as melhores gostosuras, me ensinava a fazer crochê, costurar e a cozinhar. E também a ter paciência, consideração pelos outros e a cuidar de todos à sua volta com muito carinho.

A minha casa estava sempre cheia, meus pais tinham muitos amigos, sempre foram boêmios e a movimentação começava tarde e terminava tarde. Com muita música boa e muita agitação; e como pode imaginar, eu adorava toda essa bagunça. Eu me lembro, com mais ou menos quatro anos de idade, que meu pai me acordou porque o Pepino de Capri estava em casa e queria que ele cantasse para mim a música Roberta. Minha casa era assim; até no final de semana, nem o funcionário da casa acordava antes das 10h da manhã.

Meu pai, sempre muito antenado e à frente do seu tempo, criou algumas histórias em São Paulo. Fundou um bar, tipo carioca descontraído em São Paulo, o Supremo, mudando o perfil da cidade. Cada esquina se transformou em bar. Lá ele juntava todas as tribos, jornalistas, intelectuais, boêmios, alta sociedade... Anos depois, veio, no subsolo, o Supremo musical, onde muitos artistas famosos tocaram no piano que hoje, sorte a minha, "mora" na minha casa. Por lá passaram Maria Rita, Simoninha, Max de Castro, Nana Caymmi, Banda Mantiqueira, entre outros. Também fundou a famosa banda Gueri-Gueri, o primeiro carnaval de rua de São Paulo. Se hoje está essa agitação, pode culpar meu pai.

Tenho e sempre tive muita energia. Lembro que na escola e na faculdade tinham os grupos dos esportistas, que acordavam cedo, e o grupo dos baladeiros, que saíam à noite. Eu fazia parte dos dois.

Já fiz todo tipo de esporte: futebol (com os meninos), motocross, surfe, tênis, *squash*, natação, polo aquático, até campeã brasileira de *snowboard* eu já fui. Recentemente, aprendi a fazer *kitesurfe* e me apaixonei.

Interessada por tudo e muito curiosa, obviamente, foi difícil decidir qual faculdade fazer. Resolvi, então, entrar em duas faculdades: publicidade, de manhã, e arquitetura, à noite. Estava tão decidida (rsrs), que depois de seis meses de faculdade larguei a de publicidade, continuei na arquitetura, mas fui trabalhar na DPZ; na época, a maior agência de publicidade do país. Onde aprendi muito sobre Propaganda e Marketing, que me ajuda muito até hoje na minha empresa, a Urban Remedy.

Aos 19 anos, 1994, sai da DPZ para empreender pela primeira vez. Abri o restaurante Filomena, nome em homenagem a minha avó, de comida Mediterrânea e que lançou dois profissionais: o chef Alex Atala (que foi indicado pelo meu vizinho de frente e rei da noite na época, o Angelo Leuzzi) e a arquiteta Patrícia Anastassiadis (foi o primeiro trabalho dela, indicada pela minha amiga, Daniela de Luca). Na época desconhecidos, e hoje, muito famosos. O restaurante, durante os seis anos que existiu, foi um sucesso, muito bem frequentado, tinha uma das melhores cartas de vinho de São Paulo, e colecionou vários prêmios de melhor chef e restaurante.

Tivemos uma proposta e vendemos o Filomena em 2000.

Estava procurando o que fazer quando a Fernanda Camargo me indicou para trabalhar no Arremate, primeiro site de leilão no Brasil, começou com o *boom* da internet em São Paulo. A Fernanda foi a pioneira nos fundos de impacto no Brasil e tenho muito orgulho de sua trajetória. Amiga e grande conselheira, falo com ela para quase tudo.

Nessa época, o meu namorado (que hoje é meu marido) me convidou para fazer uma viagem pelo sudeste asiático. Sem data certa para voltar. Lembro-me de conversar com a minha mãe: "Mãe, vou pedir demissão do trabalho e vou viajar com o Phil", e ela: "Você tem certeza? Acabou de entrar num novo trabalho, e quando você pensa em voltar?", e eu: "Mãe, moro na sua casa, não tenho filhos, se eu não for agora, quando irei?", minha mãe: "Vai, filha, e aproveite!".

Pedi demissão e passei seis meses viajando, uma viagem incrível de muito aprendizado e prazer. Fui para Laos, Camboja, Tailândia, Vietnã e China. Daria uns capítulos só sobre essa experiência.

Quando voltei, pensando o que fazer, outra amiga, a Ana Cristina Nogueira, que era dona de uma loja de roupas de festa, a Maria Cereja, pediu para que eu fizesse assessoria de imprensa e marketing para ela. E eu questionei: "Eu?".

Ela logo me respondeu: "Sim você sempre fez esse trabalho para o Supremo, o Gueri-Gueri e o Filomena e foi sempre um sucesso". Como eu não estava trabalhando, mas não parada, meu dia sempre é cheio da hora que eu acordo a hora de dormir, nem sempre num "horário dito normal", pois o lado boêmio que eu aprendi na minha casa me fazia sair de um show, muitas vezes com o artista, e acabar numa *jam* maravilhosa onde você pode estar morrendo de sono e não consegue sair de jeito nenhum de tão maravilhoso.

Então, aceitei. Ela que decidiu quanto iria me pagar por mês e comecei a fazer o trabalho para a Maria Cereja, foi dando certo e outros clientes foram aparecendo. Nasceu a RSUPLICY Assessoria e Marketing, tive clientes maravilhosos. A RSuplicy, no meio do caminho, virou RFSuplicy, com a minha irmã Fernanda Suplicy. Tivemos clientes como o restaurante Sabuji (onde a chef Bel Coelho ganhou seus primeiros prêmios), Emporio Santa Maria, Don Perignon, Vodka Belvedere, Rossignol, Quinua Real, General Prime Burger, Suunto, Dr. Orgânico, Rocco arquitetura, Q!Bazar... entre outros.

Em 2003, me casei com o Phil. Quando engravidei, minha preocupação com alimentação cresceu, se tornando uma paixão. Em 2007, tive uma filha, Chloe. Em 2003, um filho, o Gabriel. Amamentei por um ano, diminui o número de clientes e nunca parei de trabalhar. Carregava eles comigo no canguru por todos os lugares. A paixão pela maternidade foi instantânea, curto até hoje cada minuto. Acho impressionante o quanto queremos fazer tudo cada vez melhor para eles e, nesse papel, aprendemos tanto quanto ensinamos.

Comecei a fazer aula de ioga com a Juliana Loureiro (melhor professora de yoga que já tive), mulher de um amigo meu de infância, o Jairo, ficamos muito amigas. Juliana, Alexandra, outra amiga, e eu conversávamos muito sobre alimentação saudável e como era importante para um bom viver. Resolvemos, então, pesquisar a fim de abrir uma empresa para trazer produtos maravilhosos que conhecemos em nossas idas ao Whole Foods. Abrimos a empresa. Enquanto estávamos no processo de decidir os produtos a serem importados, um primo do Jairo, que morava na Califórnia, nos apresentou a Urban Remedy, empresa de sucos prensados a frio e de alimentos saudáveis. Ficamos apaixonadas e igualmente encantadas com a fundadora da Urban Remedy, a Neka Pasquale. Queríamos trazer para o Brasil. Como a empresa era pequena, ficava em São Rafael, perto de São Francisco, eles não tinham interesse em fazer algo no Brasil. Porém, estavam à procura de investidores para ampliar a fábrica e poder vender para os Estados Unidos inteiro. Fizemos um grupo de investidores e fomos os *Angel Investors* da Urban Remedy, na Califórnia, com o direito da marca no Brasil.

Fomos para Califórnia, estagiamos na Urban Remedy, aprendemos a executar todos os produtos e importamos as máquinas necessárias e, assim, nasceu a Urban Remedy no Brasil.

Foi um novo universo que me fez, cada dia, ter mais vontade de ajudar as pessoas a entender a importância da alimentação. Sempre falamos a nossos funcionários que, se conseguirmos plantar uma sementinha em um cliente por dia, já estamos fazendo a diferença.

Em nossa empresa não só vendemos alimentos deliciosos, ultranutritivos, saudáveis, sem conservantes ou corantes e frescos, como também enviamos mala direta e, nas mídias, com ensinamentos sobre a importância da alimentação. Além de saber a diferença que a alimentação faz na vida das pessoas, durante os mais de oito anos de empresa, podemos vivenciar e ver ao vivo a mudança na saúde de pessoas que viraram nossos clientes, que resolveram mudar o estilo de vida ou foram forçados após ter um "piripaque" a ter que optar entre mudar ou "empacotar". Os resultados foram visivelmente inacreditáveis.

Vocês sabiam que as doenças que mais matam no mundo são obesidade, diabetes e doenças do coração? E você sabia que a maioria delas é evitável e/ou pode ser revertida por meio da sua alimentação e o seu estilo de vida?

**Puxa**

Em 2017, por indicação da Bel Carvalho Pinto, nos inscrevemos no Winning Women e fomos selecionadas. Um programa da EY que tem como objetivo ajudar com mentorias, gestão, *branding*, liderança a mulheres empreendedoras. Aprendi muito, fiz amizades e um bom aumento na minha rede de *networking*. Se você é mulher e dona de uma empresa, veja se sua empresa se encaixa nos critérios de inscrição; se sim, não deixe de participar.

Sempre com sede de novidades, informação, conteúdo e aprendizagem fui a convite de outra amiga, a Maria Raduan, ao SXSW, o maior evento de tendências e tecnologia do mundo, em Austin, no Texas. Recomendo que todas as pessoas tentem ir ao menos uma vez na vida. Um turbilhão de novidades, ideias, pessoas interessantes. Para criativas e curiosas como eu, um parque de diversões.

A convite de um amigo de longa data, o Gustavo Junqueira, que na época era secretário de Agricultura do governo de São Paulo, comecei a fazer parte da Câmera Setorial de sucos na Secretaria de Agricultura. Fui eleita há três anos presidente da Câmara.

Sou muito privilegiada de ter uma rede de amigas muito competentes e "porretas" no que fazem e que estão sempre ao meu lado. A Carolina Maluhy, além de ser a melhor arquiteta do país (desculpe, não só mais do país, hoje ela já tem projetos em Londres, Grécia, Portugal...) dá os melhores conselhos e sempre me faz "aquelas" perguntas que me fazem pensar. A Heloisa Guarita, nutricionista dona da RGNutri, minha maior companheira de viagens e shows, foi atrás do sonho dela e hoje, junto com meu também amigo, Zé Mauricio, esta por trás do Prêmio da Música Brasileira, o melhor e mais importante do país. A Cris Barros, irmã que ganhei na vida, está sempre aprendendo como conseguir tudo o que quer, com garra, porem delicadamente. Estilista que tem estampado o seu *life style* em suas roupas incríveis. Com ela, também aprendi a me vestir. Se não fosse ela, penso que eu só andaria de jeans e roupa de ginástica.

**Por quê?**

Por que estou contando sobre todos esses convites? Pois tenho certeza de que, juntos, somos mais fortes.

Aqui são alguns poucos exemplos de como algumas pessoas interferiram positivamente na minha vida.

Pelas minhas habilidades, por minhas boas relações, por uma indicação aqui outra ali, para mim ou por mim, por ajudar outras pessoas... e estar aberta a coisas novas, elas vão acontecendo. E por uma amizade feita no SXSW em 2017 e fazendo parte da sororidade de um grupo, virei *founder* desse grupo tão fantástico! Uma sobe e puxa a outra. Comandado pela especial Natasha Caiado, ser único, a ser estudado rsrs. Hoje estou aqui escrevendo um pouco da minha história fazendo parte deste livro *Uma sobe e puxa a outra* e semana que vem embarcando para ser *speaker* no SXSW puxada pela Natasha e a Carmela Borst, da incrível Soulcode (empresa que tira muitos jovens em vulnerabilidades social ensinando, inserindo e empregando-os no mundo *tech*) que indiquei para resolver um *gap* que identifiquei nas reuniões na Secretaria de Agricultura de São Paulo.

Que este pequeno relato de uma parte da minha vida sirva de exemplo para como é importante estar aberto para novas experiências e que como é importante ter pessoas ao nosso lado que ajudem no nosso caminho.

## 40

# NINGUÉM TIRA A NOSSA FORÇA

Sou do tipo mão na massa, que aprendo enquanto faço. Nem sempre dá certo, mas eu continuo fazendo. Abri meu primeiro negócio, uma agência de mídia digital, aos 17 anos. Sempre contratei mães com filhos pequenos e, quando a minha vez chegou, há 15 anos, essa preferência só aumentou. Porque a nossa potência, flexibilidade e leveza atingem seu máximo quando nós, mulheres, estamos juntas. Só que a vida não nos prepara para tudo. Em 2017, a morte do meu pai me levou a assumir a Vitrus Glassware. Do digital, passei a vender taças e copos para hotéis, bares e restaurantes. Eu me senti o elefante na loja de cristais. Mas tinha duas poderosas cartas na manga: Vanessa e Leslie, irmãs de sangue e parceiras para todas as horas. É quando a história recomeça: juntas, fizemos o impossível. E continuamos fazendo.

## TATIANA FORESTA

# Tatiana Foresta

**Contatos**
tatiana@vitrus.com.br
LinkedIn: @tatianaforesta
Instagram: @vitrusimport
vitrus.com.br
11 98282 4913

Empreendedora desde sempre, é graduada em Tecnologia pela Faculdade Mackenzie. Montou seu primeiro negócio aos 17, a agência Media Designers (posteriormente, Media Interactive), uma das pioneiras da internet brasileira. Trilhou longa carreira no meio digital, associou-se a um grupo internacional e desenvolveu projetos de envergadura para algumas das maiores empresas do país. Há cinco anos, sua carreira deu uma reviravolta, quando teve de assumir a Vitrus Glassware, fornecedora de copos e taças para o mercado de hospitalidade, após a morte do pai. Mãe do adolescente Lucio, completa 50 anos em abril, mais preparada do que nunca para iniciar um novo ciclo no negócio que virou uma paixão.

Eu não saberia dizer se foi por vocação, missão, ou predestinação, mas toda a história da minha vida até aqui foi marcada pelo empreendedorismo. Tudo começou como uma brincadeira: aos oito anos, montei uma pequena linha de produção de pulseirinhas feitas de plástico com o nome do cliente costurado à mão. Com o dinheiro arrecadado, ajudava na casa comprando material escolar para mim e minhas irmãs. Aos 13 ou 14, comecei a juntar algum dinheiro ajudando meu tio na venda de artigos diversos para nossas redes de parentes e amigos.

Com os recursos que havia conseguido, aos 17 anos, abri minha primeira agência digital, a Media Designers, que depois tornou-se Media Interactive, uma jornada que perdurou por mais de 20 anos e que, com muito orgulho, fincou sua bandeira na construção da mídia digital no Brasil.

Comecei sozinha, trabalhando em projetos com o que havia na época, como a produção de conteúdo para CD-ROM (quem se lembra?). Das mídias físicas e a internet ainda muito rudimentar, evoluímos para uma operação robusta, atendendo a grandes clientes. Dessa época, eu guardo como trabalhos mais marcantes os cases de conteúdo e marketing digital da Mattel, Yahoo! e Unibanco Seguros.

Trabalhei muito duro, até demais. Mergulhei naquele universo, me graduei em Tecnologia pela Faculdade Mackenzie e segui adiante no ritmo que havia ditado a minha vida até aqui. Sem muito planejamento, olhando as dificuldades como desafios e oportunidades.

Por volta do ano 2000, no intervalo entre um empreendimento e outro, atuei como executiva em empresas de tecnologia de grande porte. Naquele momento de decolagem da internet, pude focar energias em duas qualidades que caracterizam muito o meu jeito de trabalhar: atendimento ao cliente e gestão de projetos.

Devo muito nessa fase à Andrea Gesser, que foi não só minha superiora, mas uma mentora importante. Ela veio da escola do McDonald's, na qual as pessoas são estimuladas a impulsionar a capacitação. Entendi com ela que precisamos formar as pessoas da equipe, para que elas possam tomar o seu lugar, se quisermos galgar desafios maiores.

**Papo calcinha**

Informalmente, criamos ali um grupo de mulheres que se reunia para conversar fora do trabalho. O "papo calcinha", como chamávamos, era um momento de diálogo sobre todos os assuntos que nos afligiam no dia a dia, como questões do casamento, maternidade, envelhecimento dos pais e carreira. Foi meu primeiro contato com o real espírito de sororidade, tão potente e singular. Desse aprendizado vem a minha convicção de que só o empoderamento verdadeiramente constrói. Muito pioneira, talvez, em um mercado que ainda estava nascendo, vejo que um pouco mais de vivência e maturidade teriam me ajudado a não bater tanta cabeça. Mas existe arrependimento maior do que o "não" fazer?

A vontade de realizar e enfrentar os desafios teve como grande inspiração a figura da minha mãe. Formada pela Faculdade de Direito do Largo São Francisco (USP) – somente com mais uma mulher em sua turma, diga-se –, Ana Maria foi uma força da natureza. Nos tempos em que a presença feminina era acessória, quando não incômoda, ela foi um exemplo magnífico de como a potência da mulher não cabe nas versões estereotipadas de família que aprendemos com nossos pais e avós.

Como a maioria da sua geração, ela casou cedo, teve três filhas e suportou o quanto pôde o figurino de senhora do lar. Mas não durou para sempre. Quando estávamos maiores, Ana Maria abriu seu próprio escritório de advocacia e alçou voo em sua carreira profissional, ainda que tardia. Divorciou-se depois e viveu plenamente até que a perdemos para um câncer, 15 anos atrás. Além da saudade enorme, guardo dela a provocação de que nós, mulheres, não precisamos nos conformar com a realidade que nos é dada.

Essa força é que sempre me motivou a seguir fazendo. Depois dessa passagem como executiva, retomei minha própria agência e o negócio seguiu de vento em popa. Passamos a tocar projetos cada vez maiores, nos associamos a um grupo internacional e chegamos a formar uma equipe com mais de 100 pessoas. Eram tempos heroicos da internet e, mais ainda, da presença feminina na tecnologia. Arrisco dizer que, sem nenhuma vaidade ou pretensão, eu deva ter sido a primeira mulher, ao lado de um time de mulheres fortes, a abrir e comandar uma agência de mídia digital *full service* no Brasil. Foi uma mudança cultural e tanto.

O problema é que não existe almoço grátis. As lições pessoais e profissionais nunca serão suficientes para encarar o que eu vejo como a maior aventura de uma mulher, a maternidade. Em julho de 2007, Lucio veio ao mundo num momento de insana sobrecarga de trabalho. Como conciliar isso tudo nas 24 horas do dia? Repeti a história da maioria das empreendedoras que conheço Brasil afora e não parei de trabalhar, nem perto da hora do parto. Voltei poucos dias depois com muita coisa para fazer – também um filho para amamentar. Aliás, o Lucio deve ter dado seus primeiros passinhos ali, entre as mesas e cadeiras da agência.

Foram anos extenuantes, que mostraram para mim como a maternidade nos torna gigantes. Eu sempre contratei para minhas equipes mulheres com filhos muito pequenos. Quando a minha vez chegou, essa convicção só se fortaleceu, porque na montanha-russa que é a dupla jornada, toda a versatilidade e capacidade de adaptação trazida pela maternidade se revela. São habilidades que provavelmente nenhum homem terá a oportunidade de adquirir com tanta força.

Mas não encaro essa experiência com orgulho. É nossa luta garantir a toda mulher o direito, não só à licença-maternidade adequada para ela, seu parceiro ou parceira, mas também ao pleno exercício profissional como mãe. As empresas, que são reflexo da sociedade em boa medida, precisam parar de enxergar a maternidade como uma fragilidade, quando na verdade é uma fortaleza.

**Uma nova etapa**

Quando tudo parece que vai se aquietar, o mundo capota. Como alguém que desde cedo se acostumou a aprender fazendo e ter certa vocação para resolver problemas, tive que enfrentar outra vez um desafio que viria a ser um dos maiores e mais transformadores da minha vida. No feriado de 7 de setembro de 2017, um aneurisma de aorta tirou a vida do meu pai, Francisco.

Àquela altura, com 69 anos, ele tocava por mais de duas décadas o próprio negócio, a Vitrus Glassware, que comercializa copos e taças nos mercados de hotelaria, bares e restaurantes. Ainda em choque com a perda, coube a mim e minhas irmãs, Leslie e Vanessa, assumir todas as responsabilidades que surgem nesses momentos, incluindo a empresa, sobre a qual nós sabíamos muito pouco.

Minha primeira providência foi visitar a Vitrus para saber como estava tudo e acabei mergulhando em um universo que me absorveria completamente. A primeira impressão definitivamente não foi das melhores. Como um empresário que já caminhava para a aposentadoria, meu pai tocava o negócio sem pretensões de reinventar muita coisa.

A empresa tinha bom volume de vendas, mas tinha muito para melhorar em processos. Por onde eu deveria começar? Coloquei em ação o que eu acredito ser o meu verdadeiro superpoder: navegar sem bússola e colocar a casa em ordem. Eu jamais teria feito essa travessia, contudo, sem o apoio das minhas irmãs. Mesmo nos momentos mais difíceis, nós estivemos unidas, uma puxando a outra.

Vanessa, experiente executiva de vendas no mercado de tecnologia, abraçou a causa e hoje divide comigo o comando do negócio, uma lutadora incansável pela melhor solução para os nossos clientes. Leslie, que também faz uma brilhante carreira como diretora de projetos e à época ocupava posição de diretora de inovação na Globo, é a nossa grande fortaleza na retaguarda do negócio. Ela nos apoia de todas as formas que pode, como investidora, parceira e conselheira. Sem elas, eu não teria ido tão longe. E nós fomos.

O primeiro movimento foi acalmar fornecedores, clientes e, claro, funcionários, que estavam apavorados com a possibilidade de perder seus empregos. A maioria trabalhava há muitos anos para o meu pai e, sem eles, eu teria pouca chance de seguir adiante.

Depois de uma longa carreira como empresária no mercado digital, eu me vi dentro de um castelo de vidro, com suas histórias, seus personagens e códigos tão particulares. Foi quando eu me apaixonei pelo negócio. Fui aos poucos deixando a atividade na agência para me dedicar à Vitrus em tempo integral.

Nada tem sido fácil desde então. Quando nosso processo de integração parecia estabilizado, veio a pandemia e ficamos seis meses sem vender um único copo aos nossos clientes tradicionais, que haviam fechado as portas. Aproveitamos para repensar toda a operação e criar oportunidades.

Primeiro, redesenhamos nosso *hub* de serviços de vendas digitais e entramos no segmento *business-to-consumer* por meio de *marketplaces* online. Aproveitamos para investir em um profundo reposicionamento estratégico e de marca. Um passo importante foi unificar os dois armazéns da empresa em uma nova sede, com *showroom* dedicado aos clientes.

Passamos a atuar com força em projetos de decoração e personalização para grandes marcas de bebidas. Uma estratégia que exige muito esforço comercial, qualidade de atendimento e capacidade de agregar soluções inovadoras.

Outro passo fundamental no esforço de reposicionamento foi a aproximação e o apoio da Vitrus à comunidade de *bartenders* e mixologistas, com atenção especial às profissionais femininas, que são vítimas frequentes de assédio no espaço ainda muito masculino dos bares.

Paralelamente, expandimos o portfólio com fornecedores internacionais de marcas importantes. Investimentos na participação de feiras e visitas a fabricantes internacionais para construir o que são alguns dos nossos maiores diferenciais, a curadoria e consultoria de produtos para atender à demanda dos clientes, sobretudo no exigente segmento *premium*.

Nesses cincos anos, modernizamos todo o modelo de gestão, trazendo muito do que vivenciei na cultura digital, e assim ganhamos uma enorme eficiência em benefício direto aos nossos clientes. Também abrimos novas áreas de negócio, passamos a atender às maiores redes de hotelaria e de restaurantes do mercado, triplicamos o faturamento da Vitrus e hoje somos reconhecidos como uma empresa de *glassware* de alta qualidade. Consolidamos ainda nossa reputação pela excelência de serviços em logística, reabastecimento confiável de estoque e consultoria, além do reconhecimento pelos profissionais de destaque da coquetelaria brasileira.

### E agora, Tati?

Em abril, completo 50 anos, uma idade importante de reflexão. Nesse ponto, fica claro que não temos mais como fugir do inevitável processo de envelhecimento, especialmente mais duro para as mulheres, em uma sociedade que cultua a beleza e a eterna juventude feminina. Daqui em diante, temos menos futuro do que passado, uma realidade que mexe com a gente. Entretanto, ao olhar para trás, repassar tudo o que realizei e reconhecer como a falta de experiência muitas vezes tornou o caminho mais difícil, eu me sinto grata e fortalecida como nunca. Em nenhum momento da minha trajetória, eu me senti tão preparada para enfrentar novos desafios, aprender o que não sei, cuidar da minha saúde e levar uma vida plena.

Aprendi, na prática e sem demagogia, que não se constrói nada só e que nós, mulheres, somos as grandes protagonistas das mudanças que realmente impactam a vida das pessoas. Essa conversa de que somos competitivas entre nós, e por isso nos diminuímos, é balela.

Em diversos momentos, seja entre minhas irmãs, colegas de trabalho, na parceria com as *bartenders* ou participando de grupos com um trabalho tão fantástico como o *uma sobe e puxa a outra*, eu vi a potência das sororidades e como elas nos inspiram. Ninguém tira a nossa força.

Mais do que sonhar com novos negócios e investidas ousadas no campo profissional, eu me sinto hoje energizada para contribuir, ao lado de outras tantas colegas, parceiras e empreendedoras como eu, com o que realmente importa: impactar positivamente as pessoas ao nosso redor e tornar o mundo um lugar melhor.

# 41

## ABRINDO ESPAÇOS PARA REIMAGINAÇÃO RADICAL

"Quem é você?", perguntou a lagarta em *Alice no País das Maravilhas*. Esta pergunta me pegou de jeito. No fim do buraco do coelho, quem eu era no começo já não existia e, ali, já não sabia quem era mais. Minhas excentricidades eram muitas: festas esquisitas, viagens para comunidades não turísticas, *ayahuasca*, morar com estranhos nos primórdios da internet. E o que tinham em comum? Eram portais para incerteza ontológica! Foi o começo da história de abrir buracos de coelho para permitir a minha própria reimaginação radical.

VANESSA MATHIAS

# Vanessa Mathias

**Contatos**
whiterabbittrends.com.br
hello@whiterabbit.house
LinkedIn: /vamathias
Instagram: @whiterabbittrends
11 99658 8100

Cofundadora da White Rabbit. Pesquisadora de narrativas emergentes e inovação. Pesquisadora de formação e vocação por mais de 20 anos, apaixonada por tirar as pessoas do conforto e ajudá-las a reimaginar seus futuros em utopias concretas. Colunista, professora e palestrante em eventos nacionais e internacionais. Facilita, em empresas, visões nas quais as marcas impactam positivamente os sistemas onde atuam e a sociedade.

## Abrindo espaços para reimaginação radical

"Nesse chá maluco, Alice sentiu-se terrivelmente perturbada. O comentário do Chapeleiro parecia, para a menina, palavras sem sentido e, ainda assim, era inglês. 'Eu não estou entendendo nada', ela disse, o mais educadamente que pôde".

"Por favor, olhe esse refrigerante. Pode me dizer, em uma escala de 0 a 10, na qual 0 você discorda totalmente e 10 você concorda totalmente, o quanto acredita que é refrescante? E, na mesma escala, o quanto acredita que seus ingredientes remetem à Amazônia?" Era a terceira vez que aplicávamos o mesmo teste de conceito de um comercial de refrigerante. Não aguentava mais ver a foto daquela garrafa PET e latinha na minha frente. Os atributos de marca tinham sempre notas baixas em credibilidade.

"Por que será que as pessoas não acreditam que esse alimento é natural e fresquinho da Amazônia, hein?" Algumas das mentes mais brilhantes que eu conhecia se debruçavam em cima daquele cartão-conceito. Será que precisamos trocar a foto de local? Tornar a garrafa mais verde? Colocar um logo maior? E afinal, o questionamento principal – mas será que... apenas talvez... os consumidores entendam que água carbonada, açúcar, acidulante, benzoato de sódio, corante, acesulfame de potássio talvez não seja assim, um alimento natural e fresquinho? Direto da mãe natureza para o seu copo americano?

Estou segura de que olhando de fora, como estamos fazendo agora, é fácil perceber que não.

## Às vezes, os mistérios mais insondáveis residem nas obviedades

Diz uma lenda que peixinhos nadavam no oceano; eles passaram pelo peixão, que perguntou: "E aí, peixinhos, como está a água hoje?". O peixinho pensou e perguntou: "O que é água?".

Água, naquele momento, simbolizava falar em bom som o que todos sabem, mas não se permitem falar ou sequer pensar sobre isso. Porém, na maior parte dos casos, o óbvio é exatamente o que precisa ser dito, em especial no contexto corporativo. Dessa vez, eu tive a coragem de falar na reunião.

Mas eu não era revolucionária no sistema – era parte dele. Quantas reuniões eu não havia falado? Precisava, também, encarar as escolhas que eu mesma havia feito... Mais de uma década, meses a fio, a fim de conseguir vender um pouco mais de um produto cheio de benzoato de sódio. Que de Amazônia só tinha a foto. Aliás, nem a foto, que era provavelmente de um banco de imagens; e, possivelmente, nem era da Amazônia realmente.

Havia mais de duas décadas que fazia isso – e, uma vez que você encara a água – pensa: "O que estou fazendo com a minha vida? O que estou fazendo com a vida dos outros?". E como eu poderia passar mais uma hora sequer naquele *job*, uma vez que você se permite pensar nele?

> A Lagarta e Alice olharam-se uma para a outra por algum tempo em silêncio; por fim, a Lagarta tirou o narguilé da boca e dirigiu-se à menina com voz lânguida, sonolenta. "Quem é você?", perguntou a Lagarta. 'Eu não sei muito bem, Senhora, no presente momento – pelo menos eu sei quem eu era quando levantei esta manhã, mas acho que tenho mudado muitas vezes desde então.

Uma vez que você enxerga a água, é difícil "desvê-la". A cada projeto que eu olhava, só enxergava isso. "Estou trabalhando para vender mais comida ultraprocessada para gato?" Estou trabalhando 8 horas para convencer alguém de que shampoo faz acabar com ponta dupla? Como vou trabalhar para vender mais tralha para gente que não precisa, quando o consumo desenfreado é o mal da nossa década? Como vou contribuir para interromper o programa favorito com comerciais que – além de tudo – eram uma farsa?

É tanto *budget*, conceito, *branding, insight, big idea*, narrativa, influência, *key purchase decision, ROI, call to action*... É tanta análise disso, análise daquilo... Meu cérebro dava voltas e voltas para justificar um sentido de autoimportância e relevância na minha vida, com mecanismos tão sofisticados que me distanciavam de enxergar o básico. Vender salgadinho. Vender açúcar com um pouco de achocolatado. Olhei lá para o fundo desse buraco do coelho e me joguei.

> — Você poderia me dizer, por favor, para que lado eu deveria ir a partir daqui? – perguntou Alice para o Gato que Ri.

— Isso depende muito de onde você quer chegar – disse o gato.
— Eu não me importo muito onde – disse Alice.

Questionei-me: "Vou vender água de coco na praia? Fazer *brownie* vegano em comunidade alternativa?" Seguindo o conselho do gato, decidi que a forma mais fácil de começar não era andar para o norte nem para o sul, mas sim para dentro.

Uma certeza que tinha era de que eu não faria diferença saindo do sistema. E, sim, queria atuar dentro do sistema. Não mudaria a quantidade de benzoato de sódio vendendo água de coco na praia. Queria ser uma agente de contribuição do lado de dentro. Do lado da empresa, do lado do sistema, do lado do agente com maior potencial de transformação do mundo. Queria ser o peixinho que falava para as pessoas: "Gente, mas nós estamos enxergando a água?".

Comecei, portanto, a pesquisar meus interesses, minhas vontades, onde eu brilhava. E me lembrei da motivação original para ter escolhido pesquisa de mercado: aprender, conhecer, compreender e descobrir.

"*Curiouser and curiouser*! Mais curiosa e mais curiosa!, gritou Alice. Agora estou me abrindo como o maior telescópio que já existiu!"

Curiosidade é a essência de fazer ciência. Questionar diariamente as escolhas das pessoas, o que fazem e por que fazem o que fazem. E o que deixam de fazer para fazer o que fazem. A arte de "curiosar" (afinal, se a Alice pode inventar palavras, talvez eu também possa) é resolver se aventurar por buracos de coelho sem saber onde vai dar – ou ainda, se você chega ao fim sendo a mesma pessoa que entrou.

Talvez a gente hesite em se jogar no buraco do coelho porque não tem como saber se, ao final da experiência, seremos a mesma pessoa. Todo mundo conhece a sensação de passar por eventos que nos fazem questionar nossa própria noção de "eu". Sabia que isso tem nome? Descobri há pouco tempo: incerteza ontológica. Muitas pessoas comentam que isso acontece após ter um filho, uma experiência espiritual, uma sessão de psicodélicos ou, ainda, a primeira vez que experimentam um orgasmo.

Foi nessa peregrinação interior que percebi ser uma caçadora de incerteza ontológica. Foi bom descobrir que existia um conceito para o estado mental que busquei tantas vezes na vida. Na primeira viagem internacional, aos 15 anos, quando andava em um trem na Bolívia, ao lado de uma senhora que fritava peixe em um assento que não tinha encosto, atravessando os Andes. Na bonequinha que uma indígena me deu em meio a uma sessão de *ayahuasca*.

No meu primeiro Afrika Burn, na Cidade do Cabo, uma cidade que nasce das cinzas e volta para elas em uma semana, onde as regras da sociedade atual não existem mais. E claro, ter um filho.

Foram muitos momentos de incerteza ontológica na minha vida. Hoje, a busca para saber a outra pessoa que vou sair do outro lado do buraco do coelho é o que me move para o futuro. Não à toa, é esta profissão que, não só escolhi, mas construí para mim. Essa vontade de mergulhar no caleidoscópio de futuros é o que fez que atraísse uma pessoa com a mesma vontade, que hoje tenho a honra de chamar de sócia e que me puxou para esse buraco. Do lado de lá dele, duas pessoas e uma empresa completamente diferentes – e, como não podia deixar de ser, batizamos o nome da nossa empresa de White Rabbit.

Por quê? O coelho é quem desperta a curiosidade da Alice, além do início da sua jornada por uma "realidade completamente nova".

No mundo de *Alice no País das Maravilhas*, as coisas não são o que parecem, e as regras normais não se aplicam. Alice se depara com criaturas estranhas e inesperadas, situações absurdas e eventos imprevisíveis. Ela é constantemente desafiada a questionar sua compreensão da realidade e a adaptar-se a um mundo que está em constante mudança. De maneira semelhante, na vida corporativa, muitas vezes, nos encontramos em situações em que as coisas não são claras ou previsíveis. Encontramos pessoas que têm pontos de vista diferentes dos nossos, enfrentamos situações imprevisíveis ou temos de tomar decisões sem informações completas. Como Alice, somos forçados a questionar nossas suposições e a nos adaptar a um mundo em constante mudança.

E, na nossa empresa, convidamos os clientes para encarar as mais nuas realidades, questionar-se e, principalmente, imaginar. Antes da crise econômica, da crise política, vivemos em uma crise da imaginação. É nela que atuamos – na capacidade de sonhar juntos.

Para ser capaz de mudar nas empresas, é preciso, primeiro, encarar a realidade e se permitir questionar. Ao fazer isso, podemos expandir nossa compreensão do mundo e tornar-nos mais resilientes diante da incerteza. Então, foi assim, dentro do sistema, dentro das empresas, que começamos a trabalhar com pesquisas, palestras, eventos, curadoria, conteúdo, cursos, *workshops* e experiências imersivas que promovem a alfabetização e a sensibilização sobre os espaços de reimaginação dos futuros, a partir do questionamento das obviedades do hoje.

Todos os nossos projetos são pensados para serem experiências de aprendizagem que expandem o repertório de futuro dos participantes e os provocam a exercer seu próprio entendimento sobre o futuro, que visam levar as pessoas a um "Estado de *Uau*" que expanda suas mentes, a ponto de elas não retornarem mais à normalidade anterior.

E é por isso que se jogar no buraco é a única forma de se transformar. Da mesma forma que fiz com minha carreira, queria ser a formiguinha que de algum modo celebraria processos de mudança, que abrem espaços para a reimaginação radical.

> Puxa, que sonho estranho eu tive! – disse Alice. Ela então contou para a irmã, tão bem quanto pôde lembrar, as estranhas aventuras. Depois que terminou, sua irmã lhe deu um beijo e disse – Foi um sonho curioso, querida, certamente. Mas agora apresse-se – é hora do chá.

Você lembra como termina o livro da Alice? Ela acorda e percebe que tudo o que viveu no País das Maravilhas era só um sonho. Mas talvez você não se lembre que ela conta para a irmã todo o sonho com coelho, chapeleiros, com as criaturas estranhas e aventuras incríveis que ela viveu lá. E então, a própria irmã da Alice cai no sono e começa a sonhar... Enquanto escutava, ou pensava escutar, todo o ambiente em torno dela foi ocupado pelas estranhas criaturas do sonho de sua irmãzinha.

As longas folhas de relva farfalhavam sob seus pés enquanto o Coelho Branco passava apressado. O Rato amedrontado agitava a água ao passar pela lagoa ali pertinho. Ela podia ouvir o tinir das xícaras de chá enquanto a Lebre de Março e seus amigos compartilhavam seu infindável chá da tarde, e a voz aguda da Rainha condenando à execução ecoava: "seus infelizes convidados".

A irmã de Alice continuou ali sentada, com os olhos fechados, quase acreditando estar no País das Maravilhas, mas sabendo que bastaria abrir de novo os olhos e tudo voltaria à prosaica realidade. Embora soubesse estar sonhando, preferiu permanecer no sonho do País das Maravilhas.

Se o País das Maravilhas não existia antes de Alice contar para a irmã, ele passou a existir quando foi compartilhado. Todas as criaturas começaram a ter um papel fora do sonho, todas as emoções se tornaram tangíveis, aquele mundo que se abriu ao sair da toca nunca mais foi fechado, mesmo quando ela voltou à realidade.

Foi a partir desse momento, quando ela contou o sonho, que o País das Maravilhas não foi mais esquecido, e é por isso que ele existe no nosso imaginário coletivo. Assim também é com imagens de futuros, mundos possíveis, que provocamos as pessoas a imaginar e que, uma vez compartilhados, passam a existir.

Virei uma provocadora de reimaginação profissional e, como tal, te convido: manifeste seus sonhos lúcidos. Assim como o sonho não existe antes do sonhador, o País das Maravilhas também não existe sem Alice.

# 42

# TENHA UM PLANO E FAÇA ACONTECER

Este é um capítulo do meu primeiro livro, lançado em 2021, *Quem é você na fila do pão?*, que decidi dividir com vocês por aqui também. Nele, falo sobre encarar os perrengues da vida e invalidar as vozes impostoras, que nos impedem de realizar nossos planos. Quero que você se inspire e fique atenta no jogo do mundo dos negócios, seja como empreendedora ou o que quiser ser. Meu objetivo é que você ocupe os melhores espaços e que se torne protagonista de sua própria história. E, claro, lembre-se sempre: uma sobe e puxa a outra, combinado?

VIVI DUARTE

# Vivi Duarte

**Contatos**
Instagram: @avividuarte
@planofeminino
@planodemeninaoficial

Viviane Duarte é CEO da Plano Feminino – consultoria para empresas e marcas com foco em gênero, raça e diversidade. É também presidente do Instituto Plano de Menina, projeto social com foco em capacitar por meio de *workshops* sobre autoestima, educação financeira, empreendedorismo e carreira, e conectar meninas de comunidades a vagas de emprego em grandes companhias do Brasil. Vivi também atua como executiva no cargo de *Head of Connection Planning Latin America* na Meta. Autora do livro *Quem é você na fila do pão?*, lançado em agosto de 2021. O livro é um manual para quem quer tirar os planos do papel, com exercícios e dinâmicas para construir uma marca pessoal de sucesso. Reconhecida pela *Veja* como "Paulistana Nota 10", colunista da revista *Marie Claire*, *TEDx Speaker, Women To Watch Brasil 2020* – maior prêmio da indústria de comunicação brasileira para mulheres – e eleita uma das 10 melhores profissionais de mídia digital do Brasil em 2020.

Dedico este capítulo às mulheres que vieram antes de mim; às minhas ancestrais, que suportaram tudo para que eu pudesse estar onde estou neste exato momento. À minha neta, Luísa, que desperta em mim ainda mais coragem para lutar por uma sociedade que honre meninas e mulheres.

## Para as empreendedoras anônimas, de todo coração

Toda madrugada uma dona Maria se levanta para preparar quitutes fresquinhos para os seus clientes. Pelas ruas, muitas Marias, Aparecidas, Augustas e Sônias transitam com suas sacolas. Roupas, acessórios, maquiagens, vasilhas de plástico e lingeries. Muitos as conhecem como sacoleiras, outros as chamam de mascates. São guerreiras, sobreviventes.

Talvez essas mulheres nem saibam o significado da palavra "empreendedorismo". Talvez elas imaginem que essa labuta faça parte da vida e que estão apenas se virando para pagar o aluguel, o curso de informática para o filho, para garantir o prato cheio no final do dia e sequer imaginam a força que carregam em suas sacolas.

Muitas dessas mulheres fazem a palavra "empreender" ter muito mais sentido. A maioria – longe dos holofotes, das cadeiras da universidade e dos cursos de MBA – está transformando não só as suas vidas, mas também as de dezenas de pessoas à sua volta. Incansáveis. Não, elas não querem aumentar a escalabilidade de seus negócios. Tampouco criar um modelo de franquia e expandir. Elas querem estar exatamente onde estão. Querem pagar as suas contas com o que acreditam fazer de melhor. Essas são mulheres que se esvaziaram delas mesmas e se encheram de fé, de coragem e de propósito. E não, o objetivo nunca foi, e talvez nunca será, sair dos arredores de sua comunidade. Mas, sim, proporcionar felicidade e um pouco mais de conforto aos seus. Com os seus negócios, elas estão trocando os móveis de casa, vestindo melhor a criançada e arcando com o churrasquinho do fim de semana. Elas pagam suas contas em dia. Têm o seu nome como o maior patrimônio e honram sua palavra. São supermulheres. Lindas de viver. Inspiradoras.

Quando cruzar com uma mulher dessas nas ruas, pare. Admire. Observe. Aprenda. Você vai ver que elas têm brilho nos olhos e uma esperança que faz a gente sufocar. Vai perceber que toda a energia dessas mulheres vai te fazer pensar o que tem feito da vida com tanto nas mãos. E então, você vai suspirar. E talvez renovar suas esperanças de que é possível fazer muito com pouco. Enquanto você estiver indo para casa pensando nisso e dormir com a imagem dessas mulheres na cabeça, elas estarão se preparando para o dia seguinte. Para o despertar na madrugadinha, com sorriso no rosto. Anônimas. Realizadas.

### Quem é você na fila do pão?

Desde os seis anos de idade eu já sabia que queria ser jornalista. Eu morava em um cortiço em São Paulo com minha mãe, minha irmã e meu pai. No mesmo quintal, moravam a dona Antônia e minha amiguinha Alice. Tinha também o Tadeu e sua avó, que vivia gritando: "Tadeu, onde você se meteu uuuuuu?". As tias dele viviam tirando seus piolhos no sol com um pente fino e esmagando os bichos nas unhas. Argh!

Na rua em que eu morava havia casas bonitas – a nossa era a mais simples de todas –, e as crianças dessas casas tinham certos privilégios. Algumas famílias tinham carros e casas próprias, e os filhos frequentavam aulas de inglês e de balé, além de estudar em escolas particulares.

Essas crianças comiam pão de forma com maionese todos os dias. Eu achava isso incrível. Na minha casa, só tinha pão de forma nos aniversários. Minha mãe preparava pasta de maionese com sardinha para passar no pão e cortava quadradinhos deliciosos para servir aos meus coleguinhas.

Naquela época, eu não sabia que aquilo era privilégio de classe nem que a minha família era pobre. Aliás, minha mãe nunca me contou. Acho que porque, na cabeça dela, pobre era uma questão de estado de espírito.

Minha mãe e minha avó sempre foram empreendedoras, mas sequer pronunciavam essa palavra. Elas diziam que "vendiam o almoço para pagar a janta" e que estava tudo certo porque no final do dia sempre tinha comida na mesa e a gente vivia feliz. Meu pai era mascate e vendia bichinhos de pelúcia e rifas na rua. Era um corre-corre para sobreviver e ultrapassar os obstáculos da vida na periferia.

Eu cresci acompanhando minha avó em um dos bairros mais populares de comércio de sacoleiras em São Paulo, o Brás. Gente de todo o Brasil vai lá para comprar e revender produtos diversos. Ela comprava e negociava com os comerciantes locais de uma forma tão encantadora que eu ficava cheia de orgulho. Ela sempre conseguia o que queria e brigava por isso. Voltávamos para casa com as sacolas cheias de doces e de roupas para revender. Eu sempre ganhava um docinho que vinha com um anel junto. Eu os colecionava e amava – mesmo que eles ficassem escuros depois.

Essa era a nossa vida, o nosso jeito de conseguir se manter em pé em meio às dificuldades que existiam.

Mas, mesmo com tanto perrengue, minha mãe e minha avó tinham uma coisa em comum que as diferenciava das demais mulheres moradoras daquele cortiço. Elas tinham planos. E não eram tímidos. As duas sonhavam em ver a mim e a minha irmã ingressando na faculdade: eu no curso de jornalismo e minha irmã no de administração. E a gente foi criada para isso. Para não se abater diante dos desafios nem abaixar a cabeça para os problemas ou para as privações.

Minha mãe sempre me ensinou a encarar as tretas da vida desde cedo. Certa vez uma menina riu da minha roupa porque era uma calça reformada de um tio. Cheguei em casa desolada e minha mãe levantou minha cabeça e me falou: "O que é mais importante agora para você alcançar seus sonhos, filha? Uma calça jeans de marca ou seu curso de informática?". Eu respondi que não sabia e ela logo me fez entender: "Então, vamos pensar... A calça de marca você vai usar por um ou dois anos e ela vai acabar. Passados esses anos, o que ela vai te ensinar? O que ela vai deixar para você e que você vai poder usar para ser uma garota mais inteligente e capaz de realizar seus sonhos?".

Eu queria poder responder que ela ia me deixar linda, maravilhosa, a mais poderosa, mas, no fundo, eu sabia do que ela estava falando e, com a voz embargada, eu simplesmente respondi "Nada...".

Minha mãe levantou minha cabeça novamente, me olhou nos olhos e disse firme – porque minha mãe não era de ficar adulando a gente; ela era firme e acredito que se ela fosse baixar a guarda talvez hoje eu não estaria aqui escrevendo isso para você: "Então, levanta essa cabeça e vá estudar. Foca nos seus livros e no seu curso. Calça não realiza os sonhos de ninguém, minha filha".

Claro que eu queria a calça nova. Óbvio que eu não gostava de usar calça reformada nem dos olhares das meninas da minha escola me julgando pelas minhas roupas. Mas eu sabia que minha mãe estava certa e todos os dias eu decidia que meu sonho era maior que qualquer outra coisa. E isso incluía a calça de marca.

### Qual é a sua "calça reformada?"

Você gostaria de ter ou de conquistar algo, mas, muitas vezes, acaba priorizando algo completamente diferente e que a impede de concretizar seus sonhos? O que tem feito você sabotar seus planos? Pode ser um objeto, uma atitude ou qualquer outro motivo que talvez a paralise e a faça tirar o foco do que realmente importa. Não caia nessa cilada!

É essencial que você tenha consciência de consumo e educação financeira para realizar seus planos. Então, mire na sua meta e siga firme. Não viva de aparências. Ter um plano implica comprometimento e disciplina para realizá-lo, ou então você fará parte do bloco de pessoas que sempre começam e não finalizam nada, das que se perdem no meio do caminho.

Para você conseguir realizar seus planos, tenha seus objetivos claros e bem definidos e cuide de seu orçamento. Antes de fazer uma compra, pergunte-se primeiro: Eu realmente preciso disso? Isso vai me fazer alcançar meus objetivos ou vai me comprometer? Procure manter sua vida financeira minimamente em ordem para tirar os planos do papel. Fique atenta porque investimentos equivocados podem colocar tudo por água abaixo.

## Customize e crie a sua identidade

No fim das contas, sabe o que eu aprendi a fazer com as calças reformadas? Aprendi a bordar, rasgar, desfiar e criar. Passei a imprimir o meu próprio estilo, e pasmem: as meninas do meu colégio me pediam para ajudá-las a fazer o mesmo com as calças de marca delas. É sobre isso, amores. É sobre valorizar e fazer acontecer com o que você tem nas mãos.

Você já deixou para lá um sonho, desistiu dele por não se sentir capaz – seja porque ouviu a voz de uma pessoa pessimista ou a sua mesma, desencorajando-a a ser o mulherão que você sonhava ser?

Muitas amigas minhas desistiram. Ouviram pessoas que diziam para a gente que faculdade não era coisa para pobre. Deram ouvidos aos seus namorados tóxicos que as chantageavam, dizendo que, se elas fossem estudar, sairiam para as baladas sem elas.

Muitas delas olhavam para o espelho e se invalidavam, achando que eram mesmo burras como os professores falavam e que nunca iriam ser nada na vida, porque não tinham nenhuma habilidade. E isso não era verdade. Todas nós temos habilidades para algo, a gente só precisa investir em nossa autoestima para encontrá-las.

É óbvio que, para realizar seus planos neste país, uma menina sem privilégios tem de contar com inúmeros fatores e lutar cinco vezes mais. Naquela época, com certeza, eu teria muitas amigas formadas se os fatores baixa autoestima e autossabotagem não influenciassem tanto.

Você já desistiu de algo porque não acreditou que era capaz? Sentiu-se esgotada por causa da invalidação de pessoas que deveriam acreditar em você? Desacreditou de seu potencial? Mais do que imaginamos, esse tipo de sentimento é muito presente na vida de nós, mulheres, especialmente se estamos em um momento de conquista. Você já sentiu que não deveria ocupar um cargo ou que não estaria preparada o suficiente para alçar novos e maiores voos? Ou você já conheceu alguma mulher que carregava esse sentimento? Essa falta de fé em si mesma não surgiu do nada. Isso é reflexo de um sistema patriarcal e machista que o tempo inteiro – independentemente de onde tenhamos vindo – tenta nos convencer de que não nascemos para realizar nossos planos e para sermos protagonistas de nossas histórias. Esse sentimento tem nome: síndrome do impostor. Inclusive, ele vem sendo debatido por muitos estudiosos nacionais e internacionais.

Quem sofre dessa síndrome se sente uma fraude e acredita que suas conquistas se devem ao fator sorte, e não à sua capacidade, aos seus valores e habilidades.

Uma pesquisa da Universidade Dominicana da Califórnia, nos Estados Unidos, apontou que a síndrome do impostor atinge cerca de 70% dos profissionais bem-sucedidos, especialmente mulheres e estudantes de pós-graduação e mestrado.

Quando eu era menina e adolescente, acreditava sempre em mim. Mas, assim que comecei a entrar para o mundo corporativo e realmente ocupar outros espaços, passei a me sentir incapaz. Tinha medo de compartilhar minhas ideias e ser ridicularizada. As pessoas contavam sobre suas experiências internacionais e eu ficava muda – afinal, o que eu tinha para dizer era sobre as enchentes que eu enfrentava para chegar ao trabalho e sobre os trens superlotados que eu pegava, com caras encostando-se em mim. O que isso teria de interessante? Eu sentia que a qualquer momento alguém me chamaria no RH e me diria que a minha contratação havia sido um engano. Que pesadelo!

Talvez você esteja se sentindo uma impostora ou uma pessoa incapaz de tirar um plano do papel. Talvez você tenha aberto tanto as portas para as pessoas te criticarem – sem nunca terem feito nem um terço do que você faz –, que esteja se sentindo cansada e acreditando que todos têm razão: você é mesmo uma fraude e a qualquer momento vai ser desmascarada. Eu sei exatamente como é essa sensação.

Sabe o que eu fazia – e ainda faço – para exterminar essa vozinha que sussurrava – e ainda, em algumas ocasiões, sussurra – que eu era uma fraude? Todas as vezes que estava ocupando e escrevendo um novo capítulo em minha jornada, aumentava o som da autoestima, respirava fundo, levantava minha cabeça e ia para cima. Faço isso até hoje. Não foco em minhas fragilidades e limitações, mas me obrigo a lembrar de todas as minhas habilidades, daquilo em que sou realmente boa e de tudo o que me fez chegar aonde cheguei. E mando a vozinha da impostora sumir da minha frente, porque não tenho tempo para ela. Validar-se e trabalhar diariamente sua autoestima faz toda a diferença para que você possa, de cabeça erguida, ocupar todos os espaços que desejar.

Pensa que só você passa por isso? Infelizmente, não! Até Michelle Obama, a ex-primeira-dama dos Estados Unidos, mulher engajada, politizada, maravilhosa, declarou que sofre com essa síndrome. Em uma visita a uma escola de Londres, Michelle admitiu questionar suas competências e se sentir insegura em diversas situações. Dá para acreditar?

A cantora Jennifer Lopez declarou que, apesar de ter vendido 70 milhões de discos, não se sentia boa no que faz. Sheryl Sandberg, chefe de operações do Facebook, por sua vez, disse que há alguns dias acordava com a sensação de ser uma fraude e que não estava certa de que deveria estar onde estava. Ou seja, a síndrome da impostora pode atacar nos momentos em que você está em ascensão em sua carreira. Você pode sentir, muitas vezes, que não é tão capaz assim e duvidar de suas potencialidades ou, também, pensar que alguns colegas seus poderiam ocupar, melhor que você, sua cadeira e seu cargo.

Fomos criadas para emprestar as nossas bonecas para as nossas amigas e falar "sim" para tudo. Aprendemos que falar bem de nós mesmas é arrogância, que aceitar elogio é prepotência. E esses ensinamentos nos prejudicaram. Não fomos ensinadas a lidar com poder – esse lugar sempre foi dos meninos. Subir e cair. Errar e tentar de novo. Achar-se o mais forte e bater no peito. Eles sempre receberam elogios por isso; nós, não – na maioria das casas de família, não. Consequentemente, isso fez a gente recusar elogios, falar em terceira pessoa sobre uma ideia concebida apenas por nós e se sentir uma fraude quando ocupa lugares negados a nós. CHEGA! Vamos ressignificar tudo isso valorizando cada vez mais nossas potências e sabendo quem a gente é na fila do pão. Quando ouvir vozes sabotadoras, querendo te paralisar para impedir seus planos, respire fundo e foque nas suas fortalezas e oportunidades, não se intimide.

Entenda seus sentimentos, valorize sua história e bote a cara no sol nas reuniões, nos palcos, quando estiver em cargos de liderança – quando conquistar um e em todos os espaços que puder e quiser. Você é mulher e é potente. Você é capaz. Você não é uma fraude. Tome posse da mulher poderosa que tem aí dentro de você e ocupe tudo. E, se der medo, vá assim mesmo!

Você não é metida, você é segura! Você não é estúpida, você é assertiva e objetiva. Você não é mãe de ninguém, você é uma líder acolhedora. Você não é soberba, você tem opinião. Você não é egoísta, você tem amor-próprio. Você não é ingrata, você só não é obrigada a ter dívidas eternas com ninguém. Você não é antissocial, você só não tolera gente tóxica. Você não é responsável por ninguém além de você. Você não é uma fraude, você tem valor. Você não é intrometida, você só quer dar sua opinião. Você não é obrigada a nada. Você não chegou aqui por acaso, você e sua história valem muito. Você é única. Você merece estar onde está. Você merece realizar seus planos.

# Conte sua história aqui